BASTEI
LÜBBE

Von Jule Brand erschienen bei BASTEI-LÜBBE:

12531 Ein Single kommt selten allein
12563 Liebe im Nachfüllpack
12615 So angelt man sich einen Typ
12639 Drei Männer sind einer zuviel
12683 Herrchen gesucht!
12711 Küsse niemals deinen Boß
12778 Herzattacken
12795 Sag nicht, ich hätte dich nicht gewarnt!
12843 Lügen haben schöne Beine
12858 Macho verzweifelt gesucht

Jule Brand

Zur Hölle mit den guten Sitten

BASTEI LÜBBE

BASTEI-LÜBBE-TASCHENBUCH
Band 12919

Originalausgabe

Printed in Germany Februar 1999
Einbandgestaltung: Herrlich & Herrlich
Titelfoto: ZEFA
Satz: hanseatenSatz-bremen, Bremen
Druck und Bindung: Ebner Ulm
ISBN 3-404-12919-9

»Anstatt die Teufel zu fürchten, fürchte die Menschen«

Russisches Sprichwort

Ich möchte Frank G. danken, von dem ich die Finnengeschichte klaute, ohne die Urheberrechte einzuholen, ferner meiner Freundin Birgit, weil sie mich nicht allein zu den Baywatchers hat gehen lassen, und wie immer meiner lieben Schwester für ihre vielen witzigen Einfälle.

J.B.

Meine Freundin Cosima sagt, diese Geschichte dürfe niemals aufgeschrieben werden, schon aus Gründen des Jugendschutzes nicht. Statt dessen solle ich gefälligst das Referat ausarbeiten, auf das mein Prof nun schon seit Wochen wartet.

»Originäre und derivative Funktionen der Unternehmenskultur in der modernen Firmengeschichte.« Ich frage Sie als unvoreingenommene Leserin: Möchten Sie allen Ernstes, daß ich meine Zeit mit derartigem Kram verschwende?

Na, sehen Sie!

Ich weiß sowieso nicht, ob ich überhaupt zu Ende studieren werde. Ich plane niemals, müssen Sie wissen, ich ergreife Gelegenheiten. (Unlängst las ich eben diesen Satz in einem Interview mit Verona Feldbusch – aber ich schwöre es, ich habe ihn zuerst gesagt!)

»Aber leider meistens die falschen«, sagt Cosima. Sie schaut mir über die Schulter und möchte immer noch verhindern, daß diese Geschichte aufgeschrieben wird.

Sie hat natürlich keine Chance. Es ist mir a) sozusagen ein inneres Bedürfnis. Außerdem gibt es b) Dinge, die sollte man der Nachwelt auf keinen Fall vorenthalten. Und c) bekomme ich Geld dafür, vorausgesetzt, es findet sich ein Verlag.

»Dann ändere aber wenigstens die Namen«, verlangt Cosima. »Ich würde gerne Isabell heißen, wenn's geht. Laß die unanständigen Wörter weg. Keine Drogen, kein Alkohol. Kein Sex! Und bau gefälligst eine Moral ein, an der der Leser sich aufrichten kann.«

Jetzt muß ich aber lachen. »So was interessiert doch kein Schwein. Ganz abgesehen davon: Wie verträgt sich das mit deiner Wahrheitsliebe – Isabell?«

Cosima läßt sich verunsichert auf meinen Sessel fallen und ist fürs erste still. Sehr gut.

Mein Name ist Kati. Katarina Gluboschinski, um genau zu sein, aber versuchen Sie gar nicht erst, sich diesen Namen zu merken. Schon in der Schule nannten mich die Lehrer nur Kati G. – so weit, so gut, bis irgendein Witzbold auf die Idee kam, den Punkt mitzusprechen: Kati G-Punkt.

Na toll! Kein Wunder, daß ich eine Zeitlang Fingernägel gekaut habe und schon von der Konfirmandenfahrt als Leider-nicht-mehr-Jungfrau zurückkehrte. Der Name ist eben Programm – obwohl ich Ihnen verraten kann, daß »den G-Punkt suchen« nicht unbedingt gleichzusetzen ist mit »den G-Punkt finden«.

Daß wir die Hoffnung nie aufgeben und weitersuchen, liegt bei uns in der Familie.

»Früh übt sich, wer ein Meister werden will«, sagte meine Mutter zu unserem Pfarrer, als er ihr mit gesetzten Worten beizubringen versuchte, was für ein Früchtchen von Tochter sie doch habe.

Der Pfarrer stutzte, kam aber dann zu dem Schluß, sich verhört zu haben. Ein Mädchen in meinem Alter brauche eine feste Hand und eine intakte Familie zum Vorbild, erklärte er.

»Dann adoptieren Sie sie doch«, erwiderte meine Mutter

und zog mich zu unserem Auto. Immerhin, eine feste Hand hatte sie, das mußte der Neid ihr lassen.

Von vorbildhafter Familie konnte bei uns aber nur im weitesten Sinne die Rede sein. Meine Mutter war in zweiter Ehe (immer auf der Suche nach dem G-Punkt) mit einem Mann verheiratet, den ich Onkel Willi nannte und manchmal mit Ehemann Nummer eins verwechselte, der Onkel Billy hieß und immer montags zu Onkel Willi zum Skatspielen kam. Mit einem dritten Onkel, der Pit hieß.

Ich mochte die Montagabende. Alle drei Onkel brachten mir kleine Geschenke mit, und meine Mutter war immer in bester Stimmung. Sie lachte viel, reichte leckere Schnittchen herum und erlaubte mir, so lange aufzubleiben, wie ich wollte. Die Stimmung an diesen Montagabenden war ausgesprochen friedlich und harmonisch und könnte im weitesten Sinne auch als vorbildhaft bezeichnet werden, aber an diese Art Vorbild hatte der Pfarrer wohl weniger gedacht. Weder Onkel Willi noch Onkel Billy waren mit mir blutsverwandt, um das vorneweg zu nehmen.

Was meinen Vater anging, da war sich meine Mutter nicht mehr ganz sicher, ob er Martin oder Matthias geheißen hat.

»O Gott«, sagt Cosima. Sie hat sich wieder hinter mich geschlichen. Ihre Augen sind entsetzt aufgerissen. »Du bist das Ergebnis eines one-night stand?«

»Ja, aber meine Mutter sagt, sie hat ihn wirklich gemocht«, erwidere ich.

Cosimas Mitleid ist so schnell verflogen, wie es gekommen ist. »Was hat deine verkorkste Biographie eigentlich mit *unserer* Geschichte zu tun?«

Ich schubse sie zurück in den Sessel. Sie soll den Mund halten und mich die Fäden von vorne aufnehmen lassen, wie es sich gehört. Wo war ich stehengeblieben? Ach ja, bei meinen Jugendtagen. Irgendwie habe ich Onkel Billy, Onkel Willi und all die anderen Onkel, die noch folgten, überlebt (überlebt in einem übertragenen Sinne: sie leben, soviel ich weiß, alle noch und erfreuen sich bester Gesundheit) und schaffte es bis zum Abitur, ohne allzuoft von der Schule zu fliegen.

Das Abi machte ich nur, um meine Mutter zu ärgern, die meinte, solche Extravaganzen habe es in unserer Familie noch nie gegeben und ich solle mir ja nicht einfallen lassen zu studieren. Um ehrlich zu sein, hatte ich das auch gar nicht vor. Ich hatte überhaupt keine Zukunftspläne, ich gehörte zu denen, die einfach nicht wissen, was sie wollen. Ich wußte lediglich, was ich nicht wollte, und zwar heiraten und Kinder kriegen. Ich wollte definitiv – komme, wer da wolle – ehe- und kinderlos bleiben.

Diese (aufgrund der Familiengeschichte verständliche) Einstellung änderte sich grundlegend, als ich die Lamberts kennenlernte. Die Lamberts waren meine Gastfamilie bei meinem Au-pair-Jahr in Paris, und sie vereinigten all jene Werte in sich und um sich herum, von denen ich bisher geglaubt hatte, sie existierten nur in den Köpfen einiger hoffnungsloser Romantiker.

Wahre Liebe.

Treue.

Perfekte Harmonie.

Vollkommenes Familienglück.

Das alles gab es wirklich! Madame und Monsieur Lambert, ihre beiden Töchter Fleur und Delphine und sogar Didier, der haarige Bobtail, hatten einander so hartnäckig lieb, daß sie eigentlich allesamt Flügel auf dem Rücken hätten tragen müssen. Ein halbes Jahr unter ihnen reichte aus, um mich komplett umzupolen. Ich wollte keine Gluboschinski mehr sein, ewig auf der Suche nach dem G-Punkt. Ich wollte eine Lambert sein.

Ein relativ aussichtsloser Wunsch, sollte man denken, aber doch nicht ganz ohne Chance auf Erfüllung: Wenn ich schon die Zeit nicht mehr zurückdrehen und mir Eltern wie die Lamberts aussuchen konnte, so war es doch noch nicht zu spät, einen Mann wie Monsieur Lambert zu finden und mit ihm eine Familie zu gründen, die denen der Lamberts so ähnlich wie möglich werden sollte.

»Was haben die da mit dir gemacht?« fragte meine Mutter bei meiner Rückkehr mißtrauisch. »Gehirnwäsche?«

Selbstverständlich hätte den Lamberts nichts ferner gelegen, als mich zu manipulieren – ihr leuchtendes Beispiel allein hatte mein ganzes Denken, Fühlen und Wollen nachhaltig verändert. Ich wollte eben nichts weiter als einen Hund wie Didier und einen Mann wie Monsieur Lambert und fortan im Bois de Bologne picknicken, bis daß der Tod uns scheidet. War das so schwer zu verstehen?

»Wie schade, daß du dein Keuschheitsgelübde so schnell wieder aufgegeben hast«, sagt Cosima. Sie hat sich wieder herangepirscht und atmet mir in den Nacken.

»Was denn für ein Keuschheitsgelübde?« frage ich verwundert.

»Du wolltest doch auf Mr. Right warten«, antwortet Cosima, die seit ihrer Geburt auf Mr. Right wartet ... und wartet und wartet.

Ich muß laut lachen. Trotz meines ehrlichen Bestrebens, eine Lambert zu werden, habe ich mein in mancher Beziehung durchaus vernünftiges Gluboschinski-Ich doch noch nicht ganz abgeschüttelt. Ich bin immer noch in der Lage, eine entscheidende Wahrheit zu erkennen: Man kann (liebe Cosima) durchaus auf Mr. Right alias *der Mann-der-ist-wie-Monsier-Lambert* warten, und sich trotzdem derweil mit Mr. Wrong alias all den Typen, die Monsieur Lambert nicht mal das Wasser reichen können, amüsieren.

»Da liegt des Pudels Kern«, sagt Cosima äußerst doppeldeutig. »Wegen genau dieser Einstellung ist das überhaupt erst passiert. All das jedenfalls, von dem du hartnäckig behauptest, daß es passiert ist.«

Natürlich ist es passiert! Aber alles der Reihe nach. Zunächst müssen wir noch eine kleine Lücke schließen. Um es kurz zu machen: Um die Wartezeit auf Mr. Right nicht unnötig in die Länge zu ziehen, begann ich mit dem Studium der Betriebswirtschaftslehre, nicht zufälligerweise exakt das Studienfach, in welchem Madame Lambert ihr Diplom erworben hat, bevor sie damals Monsieur Lambert das Jawort gab.

»Dir hat man wohl ins Gehirn gesch ...«, sagte meine Mutter und erklärte mich auf der Stelle für enterbt. (Ich werde wohl nur äußerst schwer darüber hinwegkommen, daß es mir nicht vergönnt sein wird, eine Tiefkühltruhe mit Abtauautomatik und einen Super-Trooper-Lockenstab zu erben, wenn es einmal soweit ist. Nicht zu vergessen den äußerst praktischen Nagellacktrockner, den für jeden Haushalt unentbehrlichen Tischstaubsauger und den einmaligen HaRa-Lappen.)

Da von mütterlicher Seite keine finanzielle und moralische Unterstützung zu erwarten war, suchte ich mir mehrere halbwegs einträgliche Jobs und ein Zimmer in einer WG.

»Und so lernten wir uns kennen«, sagt Cosima in dem Tonfall, den Ehefrauen auf ihrer Silberhochzeit anschlagen, wenn die verblassenden Dias früherer Tage vorgeführt werden. »Seht nur, wie viele Haare Hans-Joachim damals noch hatte.«

»Ach ja, das war, als Dietlinde ihre Kleider noch nicht beim Zeltverleih kaufen mußte!«

»Meine Güte, ist das jetzt schon zwei Jahre her?« seufzt Cosima.

Ja, fast. Vor fast genau zwei Jahren zog ich bei Cosima ein, die zwei Zimmer ihrer Wohnung recht preisgünstig (zunächst – der alte Geizhals erhöhte die Miete bei der nächstbesten Gelegenheit) untervermietete und, wie ich, Betriebswirtschaft studierte.

Das andere Zimmer war an eine Nervensäge namens Bernadette vermietet, die um drei Ecken mit Cosima verwandt und daher leider unkündbar war.

»Bitte, du wolltest mich Isabell nennen«, verlangt Cosima.

»*Du* wolltest, daß ich dich Isabell nenne«, verbessere ich. »Ich bleibe bei Cosima.«

»Isabell wäre aber viel schöner.«

»Eben deshalb«, sage ich. »Wenn ich schon beim Namen eine Ausnahme mache, dann verlangst du als nächstes, daß ich dir glänzende rote Locken andichte oder ein ausgesprochenes Talent fürs Klavierspielen.«

»Du bist gemein«, sagt Cosima und wirft ihr mausbraunes, glattes Haar in den Nacken. »Ich sehe es schon vor mir, wie du genüßlich auf meinen Schwächen herumhackst und dich selbst mit den schmeichelhaftesten Adjektiven beschreibst. In mir keimt auf einmal das dringende Bedürfnis, eine eigene Version dieser Geschichte aufzuschreiben.«

»Tu das!« antworte ich, in Gedanken schon wieder bei meiner Arbeit. Ich überlege, wo ich am besten anfange. Vielleicht da, wo Bernadette einen Tobsuchtsanfall bekam, weil ich meine Schuhe im Flur liegengelassen hatte.

Cosima verläßt leicht verstimmt das Zimmer.

»Und dich werde ich zur Strafe *Gertrud* nennen«, sagt sie noch über ihre Schulter.

Hahaha, das wird ein feines Buch werden, das Cosima da schreiben will. Kein Sex, keine Drogen, kein Alkohol und eine Heldin namens Gertrud – der Stoff, aus dem die Bestseller geschrieben sind. Aber zurück zu Bernadette und meinen Schuhen ...

1. Kapitel

»Paß toch auf, in aller Herrkottsnamen! Tu machst ja alles kanz naß. Fintest tu das etwa kut, nachtem ich ten ganzen Vormittak mit Putzen verpracht hape?«

»Wie bitte?« Der kalte Novemberregen hatte Katis Wolljacke sowie die darunterliegenden Kleidungsschichten völlig durchweicht. Ihre Zähne klapperten vor Kälte aufeinander, und sie ließ sich durch Bernadettes von Zisch- und Spucklauten begleitetes Gemecker nicht davon abbringen, sich der nassen Klamotten schleunigst zu entledigen.

»Stellst tu tich wieter einmal taub? Pittechön, ich kann auch anters!« Bernadettes Stimme legte noch ein paar Dezibel zu. »Nein! Nicht die Chuhe!«

Als Kati Bernadette kennengelernt hatte, war sie fest davon überzeugt gewesen, die Ärmste litte unter einem Sprachfehler. Sie lispelte nicht nur erbarmungswürdig, sondern ersetzte auch alle weichen Konsonanten durch harte und sprach grundsätzlich kein sch. Aber Cosima, die Bernadette von Jugend auf kannte, beteuerte, es handle sich hierbei nicht um einen Sprachfehler, sondern um die Sprechweise der Internatsschülerinnen, mit denen Bernadette großgeworden war. Cosima behauptete weiter, Bernadette halte ihre Art, gelegentlich so zu sprechen, für ausgesprochen vornehm.

Seit Kati das wußte, hielt sie Bernadette für geistig zurückgeblieben, trotz ihres bevorstehenden ersten Staatsexamens in Jura. Diese Einschätzung beruhte übrigens auf Gegenseitigkeit.

»Bernadette, halt den Rand«, sagte Kati jetzt. »Ich mache deinen heilig blinkenden Flur wieder sauber, aber erst muß ich raus aus den Klamotten und rein in die Wanne, sonst hole ich mir eine Lungenentzündung.«

»Denkst du eigentlich jemals auch an andere?« rief Bernadette und zeigte anklagend auf Katis durchweichte »Chuhe«, die in der Tat Spuren auf dem frischgeputzten Laminatboden hinterlassen hatten.

»Selten«, antwortete Kati wahrheitsgemäß und zog sich weiter aus.

»Mit tir zusammenzulepen ist eine Zumutunk.«

»Dir zuzuhören ist ebenfalls eine Zumutunk«, erwiderte Kati, tänzelte halbnackt ins Badezimmer und schloß die Tür vor Bernadettes Nase.

Endlich Ruhe!

»O nein!« der Aufschrei galt der Wanne, die mit grünem, ätzend stinkendem Pulver eingepudert worden war.

»Baden geht heute nicht«, erklärte Bernadette vor der Tür triumphierend. »Das Cheuermittel muß den ganzen Nachmittag einweichen. Gegen Kalk und Urinstein.«

»Urinstein in unserer Badewanne? Du hast doch vollkommen einen an der Waffel, Bernadette.« Kati hatte schon nach dem Duschkopf gegriffen und begonnen, die Wanne sauberzuspülen.

»Das kannst du nicht machen«, schrie Bernadette und begann gegen die Türe zu hämmern. »Tu machst die Arpeit von Taken wieter zunichte, Katarina Klupochinski!«

»Bernadette, du strapazierst meine Nerven«, brüllte Kati zurück. »Ich verspreche dir hiermit ein letztes Mal, daß ich gleich alles wieder saubermache, aber zuerst nehme ich jetzt ein Bad!«

»Das geht aber nicht! Tu kannst tich nicht einfach üper die Betürfnisse anterer hinwegsetzen, wie du gerate lustig pist ...«

»Von lustig pissen kann gar keine Rede sein«, unterbrach sie Kati am Ende ihrer Geduld. »Was du hier hörst, ist die Dusche. In diese Wanne hat noch niemand gepißt, daher ist es auch völlig überflüssig, hier Urinstein zu entfernen, du hysterische Sauberkeitsfanatikerin. Und jetzt mach, daß du von der Tür wegkommst, sonst sehe ich mich gezwungen, den Urinstein aus deinem Gehirn zu entfernen!«

»Du kannst mir gar nicht drohen«, schrie Bernadette, aber ihre Stimme entfernte sich.

Kati hörte sie giftigt »Ortinäre Chlampe!« zischen, dann herrschte Ruhe.

Sie atmete auf. Endlich!

Der letzte Rest des grünen Scheuermittels verschwand gurgelnd im Abfluß. Kati spülte noch ein wenig nach und ließ dann heißes Wasser einlaufen, dazu eine Verschlußkappe von Bernadettes entspannendem Melissenbadezusatz.

Zufrieden betrachtete sie die dampfenden Schaumberge. So ein Bad war immer noch das beste Mittel gegen eine drohende Erkältung und sonstige Unbilden des Alltags. Eigentlich fehlte jetzt nur noch ein heißer Grog und die passende Musik.

Warum eigentlich nicht? Mittlerweile ganz ausgezogen tappste Kati in die Küche, setzte heißes Wasser auf und suchte nach dem Rum, den Cosima für die diesjährige Weihnachtsbäckerei gekauft hatte. Da war er auch schon, ordentlich im

Schrank, wo er hingehörte. Die Flasche war noch nicht angebrochen, weil die traditionsbewußte Cosima erst nach dem Totensonntag mit dem Backen beginnen wollte. Kati schraubte den Deckel ab und inhalierte das Rumaroma, so tief sie konnte. Ja, Rum gehörte zu einem nassen Novembertag wie Gin-Fizz zu einem lauen Augustabend.

Kati lächelte zufrieden. Ein Tablett vor sich, hochbeladen mit Löffelbisquits, Kandiszucker, Tee und Rum sowie Cosimas tragbarem CD-Player und einem geliehenen Buch mit dem Titel: »Hommage an eine Schlampe« kam sie gerade rechtzeitig ins Badezimmer zurück, um das Wasser am Überlaufen zu hindern. Sie stellte das Tablett auf den Wäschepuffer und drehte den Hahn ab. Noch eine Kerze anzünden – und einem perfekten Nachmittag stand nichts mehr im Wege.

Dachte sie jedenfalls.

Immer wenn Kati später die Ereignisse dieses Novembernachmittags rekonstruierte, versuchte sie sich als erstes an die Menge Rum zu erinnern, die noch in der Flasche war, so als könne sie alles der Wirkung des Alkohols zuschreiben. Tatsache war, daß ihr der heiße Grog ausgesprochen gut schmeckte. Mit Kandis und Zitrone und besonders viel Rum. Möglicherweise war die Flasche noch halb voll, möglicherweise auch ein bißchen leerer. Auf keinen Fall ist abzustreiten, daß das Getränk allmählich seine Wirkung zeigte.

Das ekelhafte Wetter war vergessen, Kati war wohlig warm zumute, was natürlich auch durch das Badewasser bedingt war, und die Buchstaben des Romans verschwammen vor ihren Augen. Bald lag sie nur noch mit geschlossenen Augen im Wasser, den Nacken bequem auf ein zusammengerolltes Handtuch gelagert, und lauschte den Klängen von Madonna.

Ab und zu mixte sie sich – immer noch mit fast geschlossenen Augen – ein neues Getränk zusammen oder ließ mit den Füßen heißes Wasser zu- und lauwarmes ablaufen.

»Herrlich«, sagte jemand.

»Ja, nicht wahr?« seufzte Kati zufrieden.

»Man bekommt richtig Lust mitzumachen«, sagte die Stimme, und diesmal dämmerte Kati, daß sie nicht mehr allein war. Sie riß die Augen auf und erstarrte. Auf dem Wannenrand saß ein unbekannter junger Mann und lächelte auf sie herab.

»Wie – wer?« stotterte Kati und blinzelte an ihm vorbei auf die Tür. Sie hätte schwören können, daß sie abgeschlossen hatte, schon allein, um vor Bernadettes »Chuhe wek«-Gekeife sicher zu sein.

»Die Tür ist abgeschlossen«, sagte der junge Mann, ohne ihrem Blick zu folgen. Seine Stimme war tief und ein bißchen rauh. »Ich komme eher selten durch Türen.«

»Aha«, murmelte Kati und versuchte, durch Kopfschütteln ihr vernebeltes Hirn aufzuklaren.

»Es hat keinen Zweck«, sagte der Mann. »Du hast einfach zuviel getrunken.«

Jetzt wurde Kati aber böse. Okay, sie hatte vielleicht zuviel getrunken, aber deshalb war sie noch lange nicht im Delirium!

»Und wer bist du? Mein schlechtes Gewissen etwa?« fragte sie aggressiv.

Der Mann lachte. »Nicht mal schlecht getippt.«

Kati starrte ihn an. Er sah ausgesprochen gut aus, auf der

nach oben offenen Gluboschinski-Skala eine satte 10, gute fünf Punkte über dem Durchschnitt. Dunkelgrüne Augen, braune, kurzgeschnittene Locken, das Gesicht eine gelungene Mischung aus Pierce Brosnan in seinen besten Zeiten und – kaum zu fassen, aber unverkennbar – Monsieur Lambert, wie er vor zwanzig Jahren ausgesehen haben mochte.

»Gut hingekriegt, was?« sagte der Mann. »Satte zehn Punkte auf der nach oben offenen Gluboschinski-Skala.«

»Du bist nie im Leben mein schlechtes Gewissen«, dachte Kati laut, da ihr Gegenüber offenbar ohnehin ihre Gedanken lesen konnte. »Erstens habe ich überhaupt kein schlechtes Gewissen, und zweitens sähe es aus wie Bernadette, wenn ich eins hätte. Also, wer hat dich reingelassen?«

»Normalerweise müßte ich dir jetzt tief in die Augen schauen und mit hohler Stimme sagen: Das hast du selber getan, Katarina Gluboschinski.« Der Mann bückte sich, um seine Schnürsenkel aufzuknoten. »Aber das ist alles altmodischer Kram. Vorurteile – genau wie dieser Aberglaube mit dem Pferdefuß.«

»Was'n für'n Pferdefuß?« Irritiert beobachtete Kati, wie ihr ungebetener Besuch seine Schuhe abstreifte.

»Pferdefuß, Schwefelgeruch, Buckel – alles, was man mir gerne anhängt.« Der Mann bewegte seine Zehen. »Ist aber eine Lüge, wie du siehst. Nicht mal mit Schweißgeruch kann ich aufwarten. Darf ich zu dir in die Wanne kommen? Draußen ist es so teuflisch ungemütlich.«

»Spinnst du jetzt total?« rief Kati aus. »Ich bade doch nicht mit einem wildfremden – Teufel?«

Der Teufel nickte. »Schon gut, Wasser ist ohnehin nicht mein Element. Nur dein wohliger Gesichtsausdruck hätte mich dazu verführt, es auszuprobieren. Aber ich hätte auf dem Abfluß sitzen müssen, den harten Wasserhahn im Rükken.«

Er stand auf und sah auf Kati nieder. Der Badeschaum löste sich plötzlich in nichts auf, und Kati spürte, wie sie errötete. Der Kerl hatte einen bodenlos unverschämten Blick drauf. Wenn sie nicht schon nackt gewesen wäre, dann wäre sie sich spätestens jetzt so vorgekommen.

Jetzt grinste er. »Eigentlich bin ich ja auch nicht zum Baden gekommen. Und eilig habe ich's auch. Also, um es direkt zu sagen: Du hast drei Wünsche frei.«

»Ich? Drei Wünsche? Dieser Rum-Trip beginnt mir Spaß zu machen.« Kati beschloß, ihre Halluzination von der spaßigen Seite zu nehmen. »Ich habe tatsächlich jede Menge Wünsche.«

»Ich weiß, ich weiß. Wer hat das nicht?« erwiderte der Teufel und ließ sich wieder auf dem Badewannenrand nieder. »Drei davon kann ich dir erfüllen. Also, was darf's sein?«

»Ich bin zwar betrunken, aber nicht doof«, sagte Kati. »Außerdem habe ich als Kind jede Menge Märchenkassetten gehört, weil meine Mutter zu faul war, mir vorzulesen. So was will gut überlegt sein. Erst recht, wenn es einem vom Teufel angeboten wird. Du bist doch der Teufel, oder? Ich meine natürlich, du bist die Art Teufel, die meine Phantasie und der Rum mir als Bären, ähm, als Teufel aufbinden will, wenn du mir folgen kannst.«

»Aber sicher.« Die grünen Augen ihres Wannengastes funkelten. »Einen Koffer voll Gold, Keanu Reeves zum Lover und dein Examen schon bald in der Tasche, ganz ohne zu lernen. Wie wär das?«

»Nicht schlecht«, gab Kati zu. Sie wunderte sich nicht, daß ihr Gast ihre geheimsten Teenie-Sehnsüchte kannte. »Aber eigentlich macht es keinen Sinn. Keanu Reeves ist wahrscheinlich nur halb so süß, wenn man ihn mal richtig kennenlernt, und der Koffer voller Gold ist erstens zu schwer, und zweitens bin ich nicht Pippi Langstrumpf. Und mal ehrlich, *sooo* materialistisch bin ich doch gar nicht orientiert – oder doch? Was das Examen angeht, das schaffe ich sowieso ohne die ätzende Lernerei. Wozu habe ich denn Cosima? Die lernt genug für uns beide. Nein, nein, da mußt du schon was Besseres vorschlagen.«

»Nun, Geld ist auf keinen Fall zu verachten. Du kennst doch das Sprichwort: Des Reichen Arsch gilt mehr als des Armen Gesicht. Wie wäre denn das? Ein prächtiger Palazzo in Venedig, ein Chauffeur für den Rolls-Royce und das schnittige Cabrio, und der Mann an deiner Seite ist der jüngere Bruder von Monsieur Lambert«, schlug der ungebetene Besucher vor.

Zwischen seinen dunklen Locken konnte Kati jetzt zwei kleine, hellere Ausbuchtungen erkennen, jeweils auf halbem Weg zwischen Ohr und Scheitel (wenn er einen Scheitel gehabt hätte).

»Monsieur Lambert hatte keinen jüngeren Bruder«, sagte sie. »Sind das Hörner?«

»So was in der Art«, erwiderte der Teufel und blickte sie streng an. »Hör mal, Kati, jetzt tu hier bloß nicht so, als seist du wunschlos glücklich. Wenn du das wärst, säßest du nicht mitten am Tag besoffen in der Badewanne.«

»Du hörst dich an wie meine Freundin Cosima und willst tatsächlich der Teufel sein?«

»Sagen wir mal, *ein* Teufel«, verbesserte ihr Besuch. »Wenn ich mich vorstellen darf: Mein Name ist Jaromir.«

»Sehr erfreut, Jaromir«, meinte Kati. »Ich bin wirklich

überrascht, welche Namen mein Unterbewußtsein so alles speichert.«

»So, so«, sagte Jaromir und kniff die Augen zusammen. »Daß ihr Menschen immer glaubt, wir seien ein Produkt eurer Phantasie. Aber egal. Deine Wünsche, Kati! Du bist zu jung, um ohne Wunsch zu sein.«

»Natürlich. Aber lassen wir die dümmlichen materiellen Wünsche mal weg, die schon im Märchen immer nur ins Verderben führen«, sagte Kati. »Ich würde gerne fliegen können und mich unsichtbar machen. Und dann würde ich gerne die Fähigkeit besitzen, Menschen in Gegenstände oder Tiere zu verwandeln.«

Jaromir mit den Hörnchen seufzte. »Ich rede hier von *vernünftigen* Wünschen.«

Kati prustete vergnügt in ihr Badewasser. »Vernünftig! Ein durch den übermäßigen Genuß von billigem Rum herbeihalluzinierter Teufel sagt mir, ich solle *vernünftig* sein! Da muß ich aber lachen. Im übrigen, wenn du wirklich der Teufel wärst, dann könntest du auch machen, daß ich fliegen kann.«

»Nein, denn dazu müßtest du nicht nur wie ein Engel aussehen, sondern auch einer sein«, sagte Jaromir ein wenig herablassend. »Und das bist nun mal nicht. Obwohl du mich an einen Engel erinnerst, den ich mal kannte. An einen besonders hübschen.«

»Danke«, antwortete Kati und fuhr sich kokett durch die feuchten goldblonden Kringellocken. »Meine Haare sind das einzig Gute, das die Gluboschinski-Gene draufhaben.«

»Engelshaar eben«, sagte Jaromir. »Allein wegen solcher Haare hat manch eine schon einen kostbaren Wunsch hergegeben.«

»Selber schuld«, meinte Kati. »Wo es doch Blondiercreme und Dauerwellen gibt.«

»Katarina! Du plockierst seit Stunten tas Pat. Antere Menschen hapen auch natürliche Petürfnisse!« Bernadette unterstrich ihre Worte mit heftigem Hämmern gegen die Badezimmertür.

»Ah, da draußen tobt immer noch das wirkliche Leben«, sagte Kati. »Warum kannst du nicht einfach sagen, daß du mal pinkeln mußt, Bernadette? Ich empfange allerdings gerade Männerbesuch, also mußt du noch ein bißchen die Beine zusammenkneifen.«

An Jaromir gewandt erklärte sie: »Bernadette ist nicht sprachgestört, sie ist einfach nur blöd. Aber das weißt du natürlich alles. Du bist ja der Teufel.«

Jaromir hatte es plötzlich eilig. Er zog in Windeseile seine Schuhe wieder an.

»Deine Wünsche, Kati!« drängte er.

»Katarina Klupochinski!« rief Bernadette vor der Tür. »Du weißt ganz genau, wie empfindlich meine Blase ist!«

Kati pustete einen Rest Badeschaum von ihrem Oberarm.

»Vernünftige Wünsche, wie du das nennst, muß ich mir gut überlegen. Ich fürchte gar, ich habe überhaupt keine vernünftigen Wünsche. Ich meine, liegt es nicht sogar in der Natur der Wünsche, daß sie unvernünftig sind?«

»Wir haben keine Zeit zum Philosophieren«, erklärte Jaromir mit Blick auf die Türklinke, die von Bernadette heftig auf- und abgeschwenkt wurde. »Ich muß gehen.«

»Hast du Angst, Bernadette könnte dich sehen? Das ist lächerlich, sie hat so wenig Phantasie, daß sie dich nicht mal sehen könnte, wenn du *ihre* Halluzination wärst. Abgesehen davon ist sie Antialkoholikerin. Und Vegetarierin.«

»Katarina! Öffne die Tür, oder ich brauche Gewalt!« brüllte es vom Flur.

»So, du glaubst also immer noch, ich sei eine Halluzination«, sagte Jaromir und verzog resigniert die Mundwinkel. »Na, dann bin ich mal gespannt, wie du dir das hier erklärst.«

Er drehte sich um und spuckte ins mittlerweile lauwarme Badewasser.

»Pfui«, meinte Kati unbeeindruckt. »Das erkläre ich mit schlechten Manieren.«

»Ka-ta-ri-na!« skandierte Bernadette mit überschnappender Stimme vor der Tür.

»Allmählich bekomme ich Lust, einen meiner Wünsche für Bernadette zu verschwenden«, knurrte Kati.

Im gleichen Augenblick riß sie erstaunt die Augen auf. Jaromir, oder wie immer sein Name gewesen sein mochte, war verschwunden. Er hatte sich vor ihren Augen in nichts aufgelöst.

Kati sah sich suchend um, aber es war niemand mehr zu sehen. Es gab auch keinen Winkel, an dem er sich hätte verstecken können. Es sei denn ... Sie griff neben sich und klappte den Klodeckel hoch. Aber da war auch niemand.

»Hey, Halluzination, komm zurück«, rief sie zwischen Erleichterung und Bedauern hin und her schwankend. »Es war gerade so nett mit dir. Außerdem wären da immer noch meine drei Wünsche. Es wäre doch zu schade, sie einfach verkommen zu lassen!«

Aber Jaromir blieb verschwunden. Ganz im Gegensatz zu Bernadette, die immer noch an der Tür rüttelte und wüste Beschimpfungen austieß.

»Ich komme schon!« Kati erhob sich, wobei ihr leicht

schwindelig wurde, und ließ das Wasser an sich herablaufen. Dabei warf sie einen nachdenklichen Blick auf die Rumflasche.

»Den sollte Cosima besser nicht zum Backen verwenden«, murmelte sie. »Er scheint irgendwie besonders heftig zu wirken.«

»Wenn meine Plase platzt, tann hast tas kanz alleine tu zu verantworten!« schrie Bernadette.

Kati stieg aus der Wanne und öffnete die Tür. Ihre Mitbewohnerin fegte an ihr vorbei zum Klo. Dort ließ sie sich auf dem zugeklappten Deckel nieder und hatte es plötzlich gar nicht mehr so eilig.

»Eine Alkoholorgie, was?« sagte sie säuerlich und deutete auf das Tablett. Kati bückte sich, um das Badewasser abzulassen.

»Das kannst du laut sagen.«

»Deine Chuhe liegen immer noch im Flur.«

Kati antwortete nicht. Ihr stockte soeben der Atem, zum zweitenmal an diesem Nachmittag.

Das war einfach nicht zu fassen! Mitten im gurgelnd abfließenden Wasser saß ein zierlicher sattgrüner Frosch und glotzte sie aus seltsamen goldfarbenen Augen an.

Kati glotzte fassungslos zurück.

»O Schreck, es fängt schon wieder an«, sagte sie. »Dieser verdammte Rum!«

»Ich muß mal«, erinnerte sie Bernadette.

Kati hörte ihr nicht zu. Der Frosch hockte auf dem Boden der Wanne und wirkte irgendwie griesgrämig. Kein Wunder, das arme Tier.

»Hallo«, sagte Kati zu ihm. »Willkommen, Halluzination Nummer zwei. Wieder mal einen herzlichen Dank an mein

Unterbewußtsein. Ich kann wohl froh sein, daß du keine Spinne bist. Vor denen habe ich nämlich Angst.«

Der Frosch gab keine Antwort. Kati konnte sehen, wie schnell und regelmäßig er atmete.

»Na komm schon, sag was«, forderte ihn Kati auf.

»Raus hier«, beschwerte sich Bernadette und sprang wütend vom Klodeckel auf. »Das Badezimmer gehört nicht dir allein! Und es gibt Dinge, bei denen man unbeobachtet sein möchte.«

»Du hast es gehört«, meinte Kati zu dem Frosch. »Ich muß gehen oder Bernadette beim Pinkeln zusehen.«

»Iiiiiiiiiiiiiiih«, kreischte Bernadette, die mit der Absicht neben Kati getreten war, sie handgreiflich aus dem Raum zu entfernen. »Tas ist ein schlechter Cherz! Mach es weg.«

Kati musterte sie verblüfft. »Regst du dich über die schmutzige Wanne auf, oder siehst du tatsächlich, was ich sehe?«

»Ich sehe einen ekelhaften Froch! Unt tas ist kar nicht komich!«

»Du kannst ihn nicht sehen! Er ist *meine* Halluzination«, sagte Kati und spürte eine Art Verzweiflung in sich hochkommen. Obwohl sie nicht unbedingt in der Lage war, klar zu denken, formulierte sich doch fast automatisch eine Frage in ihrem Kopf, auf die sie definitiv keine Antwort wußte: Wenn der Frosch keine Halluzination war, wie um Himmels willen – oder besser, wie zur Hölle – kam er denn dann in ihr Badewasser?

»Mir reicht's«, brüllte Bernadette. »Ich suche mir eine neue Wohnung!« Und ungeachtet ihres angeblich so dringenden »natürlichen Bedürfnisses« rauschte sie aus dem Zimmer.

Kati blieb immer noch nackt vor der Wanne stehen und starrte auf den Frosch hinab. Erst ein zaghaftes Quaken von seiten des Tieres rüttelte sie aus ihrem Trancezustand auf.

»Das ist mir jetzt zwar unheimlich«, flüsterte sie. »Aber leider bin ich zu betrunken, um eine vernünftige Erklärung für deine Anwesenheit zu finden. Wie dem auch sei, du mußt raus da. Der Badeschaum hat dir bestimmt nicht gutgetan.« Vorsichtig duschte sie den Frosch mit kaltem Wasser ab, dann nahm sie ihn aus der Wanne, was er sich auch widerstandslos gefallen ließ. Es war ein kleiner Frosch, aber aus der Nähe sah er nicht mehr ganz so niedlich aus. Er musterte Kati, wie ihr schien, ein wenig ängstlich, machte aber keinerlei Anstalten, zu fliehen.

»Komm erst mal mit in mein Zimmer«, sagte Kati seufzend. »Wenn ich wieder nüchtern bin, bringe ich dich zum Weiher im Stadtwald. Falls du dann noch da bist.«

2. Kapitel

»Kati? Schläfst du?«

»Hm.« Kati grummelte unwillig. Sie träumte gerade so schön. Sie saß in einem Rolls-Royce, und neben ihr saß Monsieur Lamberts jüngerer Bruder.

»Wach auf!« Jemand rüttelte sie an der Schulter.

Schwerfällig setzte Kati sich auf und rieb sich die Augen.

»Monsieur Lambert hat keinen Bruder«, erklärte sie der erstaunten Cosima, ihrer Freundin und Vermieterin, die neben dem Bett stand und auf sie herunterstarrte. Kati hatte keine Ahnung, wie lange sie geschlafen hatte, wahrscheinlich drei Tage, aus dem pelzigen Gefühl zu schließen, das sie im Mund hatte. Ihre Zunge fühlte sich an wie ein toter Zwerghamster.

Außerdem schmerzte ihr Kopf ziemlich heftig.

»Hast du den ganzen Rum allein getrunken?« erkundigte sich Cosima wenig mitleidig.

Kati nickte. »Sauzeug, das du da gekauft hast. Du kannst dir überhaupt nicht vorstellen, was ich Verrücktes geträumt habe. Zuerst bin ich in der Badewanne eingeschlafen und habe geträumt, da hätte der – ähm – jemand am Wannenrand gesessen und mir drei Wünsche angeboten. Und dann habe ich geträumt, in der Wanne säße ein Frosch und hätte Bernadette zu Tode erschreckt.«

»Meinst du den hier?« Cosima zeigte auf die Salatschüssel, die auf Katis Schreibtisch stand. Durch das Glas sah Kati etwas Grünes schimmern, das eindeutig wie ein Frosch aussah.

»O nein«, stöhnte sie. »Er ist immer noch da.«

Sie hatte dem Tier die große Salatschüssel zur Hälfte mit Wasser gefüllt und in die Mitte den Messerblock aus der Küche gestellt – ohne Messer, versteht sich –, auf den sich der Frosch wie auf eine Insel zurückziehen konnte, wenn er vom Wasser genug hatte. Anschließend hatte sie sich aufs Bett geworfen und war beinahe sofort eingeschlafen, trotz des unüberhörbaren Gezeters, das aus Bernadettes Zimmer gedrungen war. Ein Blick auf ihren Radiowecker sagte ihr, daß sie über drei Stunden geschlafen hatte. Es war kurz nach neun Uhr abends, und sie mußte in weniger als einer Stunde zur Arbeit.

Cosima betrachtete den Frosch aus sicherem Abstand. »Er sieht aus wie aus einem Märchenbuch. Sieh nur, die goldenen Augen. Wenn man ihn küßt, wird er sicher ein Prinz.«

»Bitteschön, er steht ganz zu deiner Verfügung. Küß ihn meinetwegen. Ich lasse dir den Vorrang.«

»Ich weiß nicht. Vielleicht spare ich es mir noch eine Weile auf. Wo hast du ihn her?«

»Ich sage doch, ich habe ihn nur halluziniert! Er saß in der Badewanne. Dank *deines* Rums!«

»Der Rum war ja auch zum Backen gedacht!« Cosima wandte sich wieder ihrer Freundin zu. »Wenn du Bernadette verärgern wolltest, dann ist es dir gelungen. Sie hat mir eine Viertelstunde vorgejammert, wie gräßlich brutal du mit drekkigen Schuhen um dich geschmissen und wie hinterhältig du sie mit ekelerregenden Amphibien erschreckt hättest. Jetzt weigert sie sich, die Nacht über hier zu schlafen, weil sie Angst hat, der Frosch könnte sie überfallen. Gerade telefoniert sie mit ihren Freunden, damit jemand sie abholt.«

»Bernadette hat doch keine Freunde«, meinte Kati zerstreut, während sie ihre Klamotten zusammensuchte.

»Freund*innen*«, verbesserte Cosima.

»Erst recht keine Freundinnen.«

»Dann eben Kommilitonen«, meinte Cosima geduldig. »Sie telefoniert mit ihren Kommilitonen und Kommilitoninnen. Und mit der Zeitung hat sie auch schon telefoniert und eine Wohnungsanzeige aufgegeben. Du hast es geschafft, das Faß zum Überlaufen zu bringen.« Sie machte eine kleine Pause und lächelte. »Danke! Tausend Dank. Wenn sie wirklich auszieht, dann spendiere ich uns ein Essen beim Italiener. Obwohl Pasta ja so wahnsinnig dick macht.« Cosima bemühte sich ständig, die zehn Kilo, die sie ihrer Ansicht nach zuviel hatte, durch irgendeine Art von Diät loszuwerden.

Kati schaute zu der Salatschüssel hinüber und stöhnte.

»Dabei war es diesmal noch nicht mal Absicht«, beteuerte sie. »Dieser Frosch da – ich habe keine Ahnung, wie er in die Wohnung gekommen ist. Vielleicht stimmt ja was mit den Abflußrohren nicht.«

»Hm«, machte Cosima zweifelnd.

»Doch, das gibt's. In der Zeitung stand mal, daß eine Schlange aus dem Terrarium ausgerissen und im Klo des Obergeschosses wieder aufgetaucht ist. Wieso nicht auch mal ein Frosch?«

»In diesem Haus besitzt keiner Frösche, da bin ich mir fast sicher. Das ist schon äußerst mysteriös«, sagte Cosima. »Wenn's eine Ratte wäre, okay – aber ein Frosch?«

Kati raufte sich die Haare. »Das mußt du mir nicht sagen. Aber es muß doch eine plausible Erklärung dafür geben, oder?«

»Natürlich«, stimmte Cosima zu. »Nur welche?«

Aus dem Flur hörte man ein lautes Poltern, dann einen schrillen Aufschrei.

»Die plöten Chuhe stehen ja immer noch hier!«

Cosima sah Kati verschwörerisch an. »Bernadette darf sich nicht wieder einkriegen. Wir müssen jetzt sehr behutsam vorgehen, damit sie es sich nicht wieder anders überlegt.«

»Ach nee! Das sind ja ganz neue Töne. Warst du das nicht, die immer gesagt hat, Bernadette gehörte zu dieser Wohnung wie die Badezimmerfliesen? Sie sind scheußlich, aber man muß mit ihnen leben.«

Cosima machte ein schuldbewußtes Gesicht. »Sie ist immerhin meine Cousine. Das hätte den allergrößten Familienkrach gegeben, wenn ich sie rausgeschmissen hätte. Aber wenn sie von allein geht – Reisende soll man nicht aufhalten. Und das Beste ist: Niemand kann sagen, ich hätte sie rausgeekelt. Das warst eindeutig du!«

»Vermutlich hast du mir das Zimmer nur vermietet, damit ich deine gestörte Cousine hier rausekele«, sagte Kati.

»Aber nein! Ich hatte im Gegenteil Angst, daß Bernadette dich wieder rausekelt! Immerhin haben es deine beiden Vorgängerinnen hier nie länger als zwei Monate ausgehalten. Aber damals kannte ich dich ja auch noch nicht.«

»Freu dich bloß nicht zu früh. Erst mal muß sie eine neue Wohnung finden. Und das kann dauern. Die muß sich nur am Telefon melden, Pernatett Häckel, mein Name, und jeder potentielle Vermieter legt wieder auf. Was passiert jetzt mit dem Frosch? Ich wollte ihn in den Weiher am Stadtwald bringen, bevor ich zur Arbeit gehe.«

Es war Freitag abend, da kellnerte Kati in der Lilobar, einer der drei Geldquellen, die sie über Wasser hielten.

Cosima besah sich den Frosch noch einmal gründlich.

»Das kannst du nicht machen«, sagte sie. »Das Vieh sieht gar nicht wie ein herkömmlicher Feld-Wald-und-Stadtweiher-Frosch aus, sondern irgendwie exotisch. Wahrscheinlich überlebt er nur bei Dschungeltemperaturen. Außerdem sind alle normalen Frösche um diese Jahreszeit schon im Winterschlaf. Wenn du ihn mitten im November in den Weiher setzt, ist das sein Todesurteil.«

»Na und? In der Salatschüssel hat er ja auch nicht gerade ideale Lebensbedingungen. Das arme Tierchen braucht außerdem was zu fressen, und dank Bernadettes Putzwahn gibt es in dieser Wohnung nicht mal das kleinste Spinnchen, ja nicht mal eine Mikrobe zu fressen. Vielleicht sollte ich ihn in den Zoo bringen. Wenn ich nicht pünktlich in der Bar erscheine, bin ich meinen Job los. Du kennst doch Heinz.«

Cosima lief beim Gedanken an Katis Arbeitgeber (Heinz) ein kalter Schauer den Rücken hinab.

»Gott sei Dank nur von weitem«, sagte sie. »Ich verstehe einfach nicht, warum du da freiwillig hingehst.«

»Wegen der Miete, die du mir monatlich abknöpfst«, erwiderte Kati, und Cosima schwieg.

Es klingelte an der Wohnungstür.

»Komme chon!« Bernadette öffnete Katis Zimmertür und steckte ihren Kopf hinein. »So, ich bin weg und komme erst wieder, wenn der gräßliche Frosch entfernt ist, damit das klar ist.«

»Wo gehst du denn hin?« fragte Cosima.

»Vincent holt mich ab. Ich kann bei ihm wohnen, bis sich die Lage hier entspannt hat oder ich eine eigene Wohnung gefunden habe.«

»Vincent?« fragte Cosima ungläubig. »Also, ehe ich zu Vincent zöge, würde ich lieber knietief durch Frösche waten ...«

Bernadette warf den Kopf in den Nacken. »Vincent ist ein respektabler junger Mann. Seine Eltern besitzen eine pharmazeutische Fabrik.«

»Dann sollten sie mal ein Mittel gegen Vincents Mundgeruch erfinden«, murmelte Kati. »Und gegen seine schwitzigen Hände.«

»Und seine fettigen Haare«, ergänzte Cosima. »Und ...«

»Ihr seid ja nur neidisch«, behauptete Bernadette. »Weil er sich für mich interessiert, und nicht für euch. Und weil ich eine Beziehung vorzuweisen habe, und ihr nicht!«

»Was? Du und Vincent, ihr habt eine Beziehung?« schrie Cosima entsetzt. »So tief kannst selbst du nicht sinken.«

»Ach, du hast ja keine Ahnung. Vincent ist die beste Partie der Stadt. Aber weil die meisten Frauen – so wie ihr – die Männer nach ihren oberflächlichen Maßstäben beurteilen, sind ihnen die tieferen Qualitäten verborgengeblieben. Ich hingegen ... ähm ... ich habe ...« Aus verständlichen Gründen gingen Bernadette die Argumente aus. »Ihr wertet jetenfalls noch vor Neit erplassen! Unsere Kinder werden auf Eliteschulen gehen, während eure ...«

Es klingelte erneut. Bernadette eilte fliegenden Schrittes in den Flur zurück und drückte auf den automatischen Türöffner.

»Kinder?« Cosima und Kati sahen einander ratlos an.

»Jawohl, Kinder!« keifte Bernadette über ihre Schulter. »Vincent ist nämlich entgegen allen kursierenden, gemeinen, verleumderischen Gerüchten *nicht* schwul!« (Sie sagte: »chwul«.)

»Vincent und schwul!« amüsierte sich Kati. »Nur weil der keine Frau abkriegt, heißt das doch nicht, daß er deshalb bei Männern landen kann. Lächerlich!«

»Ich hoffe, das mit dem Nicht-schwul-Sein hast du nicht am eigenen Leib überprüft«, sagte Cosima und schüttelte sich.

Bernadette zog ihren Mantel an und würdigte ihre Mitbewohnerinnen keines Blickes mehr. »Sagt Bescheid, wenn das Untier verschwunden ist. Vincents Nummer liegt neben dem Telefon.«

Cosima wartete, bis die Tür hinter ihr ins Schloß gefallen war, dann sagte sie: »So ein Mist! Wenn sie bei Vincent wohnt, ist es nur eine Frage von Stunden, bis sie demütig um Aufnahme flehend vor unserer Tür steht.«

»Wer weiß? Bernadette sieht Vincent offenbar mit anderen Augen als wir.«

»Und riecht mit einer anderen Nase? Ich bitte dich!«

»So ist das, Cosima. Für manche Frauen riecht allein die Tatsache, daß die Eltern eine pharmazeutische Fabrik haben, wie das allerbeste Eau de Toilette.« Kati zog eine billige, straßverzierte Nylonstrumpfhose aus ihrer Kommodenschublade und sah genervt zu dem Frosch hinüber. »Und was machen wir bloß mit dem?«

»Meinst du, die beiden haben schon miteinander …?« fragte Cosima.

»Wer, der Frosch und Bernadette?« fragte Kati irritiert. »Ach so, du meinst Vincent und Bernadette. Wer weiß? Also, der Pharmaindustrie traue ich alles zu. Wahrscheinlich haben die Aphrodisiaka aller Art und für später dann Viagra.

Ist nur die Frage, sollen wir Bernadette jetzt beneiden oder bedauern?«

»Iiiiiih«, sagte Cosima. »Ist doch klar: Da küsse ich schon lieber einen Frosch.«

Kati hatte drei Jobs, von denen sie ihren Lebensunterhalt bestritt. Die Lilobar war der einträglichste davon, und das lag an den unglaublich guten Trinkgeldern. In der Lilobar kellnerten nämlich nur Transvestiten, und Transvestiten waren gerade mega-in bei den Reichen und Schönen. Das Publikum war entsprechend spendabel, wenn's ums Trinkgeld ging, und trinkfest waren sie auch.

Niemand in der Lilobar wußte, daß Kati in Wirklichkeit eine Frau war, und das war auch gut so, denn Heinz, der Besitzer, war ein Frauenhasser. Na ja, Heinz haßte eigentlich alles, was atmete, Männer, Frauen, Kinder, Schwule, Lesben, Transsexuelle und Tiere. Er selber war eine Mischung aus allem: Mann, Frau, Tier, wobei letzteres meistens die Oberhand behielt. Er trug schwer an einem Sortiment aus Springmessern, klirrenden Schlagringen und rasselnden Ketten sowie der Leine seines Pittbullterrier-Liebchens. Ungefähr einmal pro Stunde suchte er sich ein Opfer, dem er erklärte, daß er nicht übel Lust hätte, mal wieder jemandem so richtig die Schnauze zu polieren, und manchmal tat er's dann auch.

Außer der Lilobar unterhielt Heinz noch zwei mehr oder weniger illegale Etablissements in der Stadt sowie eine Sonnenbank und eine Sauna, und obwohl er nach Katis Ansicht höchstens den IQ von Knäckebrot aufzuweisen hatte, war er als Geschäftsmann (haha!) überaus erfolgreich.

Wie dem auch sei, Heinz hätte Kati sofort rausgeschmissen, wenn er auch nur geahnt hätte, daß unter den schrillen, mehrfach gerafften Gewändern, der postgelben Ponyperükke und dem mit Geldbeuteln gefüllten BH, Körbchengröße DD, ein waschechtes Mädchen steckte.

Tatsache war, daß weder die anderen Kellner noch die Gäste auf die Idee kamen, Kati könne ihre glatten Wangen keiner besonders gründlichen Rasur, sondern der Tatsache verdanken, eine Frau zu sein. Man hielt sie nicht einmal für einen besonders echt aussehenden Transvestiten, sondern machte sich im Gegenteil oft über Katis angeblich so männlichen Gang lustig.

Kati war es nur recht so. Sie verzog gekonnt ihren grellrosa geschminkten Mund und lachte so tief und heiser, wie es ihr möglich war.

Dieser Job war eine wahre Goldgrube, auch wenn die Arbeitskleidung reichlich unbequem war. In keinem Schuppen der ganzen Stadt konnte man an einem Abend mehr verdienen als in der Lilobar – jedenfalls nicht mit Kellnern.

Die einzige, die wußte, welcher Tätigkeit Kati an den Wochenenden nachging, war Cosima, und seit sie Heinz einmal aus der Ferne gesehen hatte, starb sie regelmäßig vor Angst, wenn Kati sich in »Alwin alias Alwine« verwandelte.

»Ich wäre viel glücklicher, wenn du einen weniger lebensgefährlichen Job annehmen würdest, Kati«, sagte sie.

»Und ich wäre viel glücklicher, wenn du weniger Miete nehmen würdest«, entgegnete Kati dann, und die Diskussion war beendet. Über Geld ließ Cosima nie mit sich reden.

Katis Verwandlung mußte aus verständlichen Gründen schon zu Hause stattfinden, und nicht, wie bei den anderen üblich, in der Garderobe der Lilobar.

Das Radfahren in voller Montur gestaltete sich anschließend immer etwas schwieriger. Durch die falschen Wimpern und die zentimeterdicke Schminke war Katis Blick getrübt, der riesige, schwabbernde BH veränderte ihren Körperschwerpunkt und verursachte leichte Gleichgewichtsprobleme, und die unbequemen Klamotten einschließlich der hochhackigen Pumps, Größe 44, schränkten ihre Bewegungsfähigkeit stark ein.

So war es auch heute.

Um nicht zu spät zu kommen, mußte sie ein halsbrecherisches Tempo vorlegen. Ebendies wurde der Rentnerin Walburga Päffgen zum Verhängnis, die, wie immer um diese Zeit, mit ihrem Dackel Waldo Gassi ging. *Aktenzeichen XY ungelöst* war soeben zu Ende gegangen, und Waldo hatte schon ungeduldig an der Tür gescharrt. Er hatte es sehr eilig, zu seiner angestammten Laterne auf der gegenüberliegenden Straßenseite zu kommen, und zerrte wie immer an der Leine. Ebenfalls wie immer überquerte Walburga Päffgen die Straße, ohne vorher nach links oder rechts zu schauen. Sie war der völlig abwegigen Ansicht, Waldos Führinstinkt sei so sicher wie der eines ausgebildeten Blindenhundes.

Da Walburga einen lichtreflektierenden Regenmantel aus fliederfarbener Mikrofaser und einen dazu passenden Regenschirm trug, konnte Kati sie im letzten Augenblick erkennen und versuchte ein Ausweichmanöver. Dabei hatte sie ihre Rechnung ohne Waldo gemacht, der zwar ein den Jahreszeiten angepaßtes Norwegerpullöverchen trug, aber dies war aus tarnfarbener Wolle und damit unsichtbar. Katis Vorderreifen blieb an der straffgespannten Leine hängen, und Kati, das Fahrrad, der Dackel und Walburga Päffgen wurden zu einem strampelnden Haufen auf dem Asphalt.

In der ersten Schrecksekunde spürte Kati gar nichts, aber dann brach der Schmerz gleich von allen Körperstellen über sie herein. Der fliederfarbene Regenschirm hatte sich mit der Spitze zwischen ihre Rippen gebohrt, die Beine brannten wie Feuer, und den Kopf hatte sie sich offenbar auch irgendwo angeschlagen. Ihr linker Fuß war zwischen Fahrradpedalen und Walburgas Bein eingeklemmt und fühlte sich an wie Pudding.

»Isch zeig' Sie an, Sie!« brüllte Walburga, die sich viel schneller von dem Schreck erholte als Kati. Waldo kläffte zustimmend. »Wir sind in der Allianz versischert, der Waldo und isch, und die machen Ihnen die Hölle heiß, dat kann isch Ihnen verspreschen, so wahr isch hier sitze! Terror auf der Straße, wo jibbet denn su jet? Dat lassen wir Rentner uns nit mehr jefallen! Hilfe! Hilfe! Hilft uns denn niemand?«

Kati stöhnte nur.

Vom Bürgersteig eilten Passanten herbei und versuchten, das Chaos von Fahrrad, Hundeleine, Schirm, Armen und Beinen zu entwirren. Jemand half auch Kati auf die Beine.

»Ich habe alles mit angesehen«, erklärte ein älterer Herr mit Hut. »Die Dame und der Hund wollten die Straße überqueren, und diese – ähm – diese Kreatur da hat sie angefahren und zu Fall gebracht.«

Mißbilligend betrachtete er Katis Aufzug.

»Sind Sie bereit, das vor Gericht zu bezeugen?« erkundigte sich Walburga Päffgen eifrig, während sie sich bückte, um Waldo auf etwaige Verletzungen zu untersuchen. Er schien wie durch ein Wunder genau wie sein Frauchen mit heiler Haut davongekommen zu sein. Vor Schreck hatte er lediglich sein dringendes Geschäft erledigt, ohne auf seine angestammte Laterne zu warten. (Was im übrigen auch der

Grund für den feuchten Fleck an Katis Mantel war, den sie allerdings erst später bemerkte.) Der einzige, der zu Schaden gekommen war, war der Regenschirm.

»Unverschämtheit«, rief Walburga Päffgen und hielt Kati die Schirmleiche unter die Nase. »Sehen Sie, wat Sie anjerichtet haben?«

»Was ist das? Ein Nachtsichtgerät?« fragte Kati hilflos. »Wenn ja, dann hat es schon vorher nicht mehr funktioniert.«

»Wir sind bei der Allianz versischert, der Waldo und isch!« rief Walburga Päffgen drohend aus.

»Eine Allianz fürs Leben«, sang der junge Mann, der Kati auf die Beine geholfen hatte und sie immer noch fürsorglich umfaßt hielt.

»Ich kann bezeugen, daß sie ... ähm ... es diese Dame völlig rücksichtslos über den Haufen gefahren hat«, mischte sich der ältere Herr wieder ein. Walburga Päffgen nickte er beruhigend zu. »Wir Rentner müssen doch zusammenhalten, nicht wahr?«

»Sind Sie in Ordnung?« fragte der andere Mann. Seine Stimme klang besorgt. Wenigstens einer, der sich nicht der Rentnerverschwörung anschloß.

»Nein, nichts ist in Ordnung«, sagte sie und faßte sich an den Kopf. Er schmerzte immer noch wie verrückt. Die gelbe Perücke war verrutscht. Sie hatte den Aufprall offenbar deutlich gemildert, und Kati war zum ersten Mal dankbar, sie tragen zu müssen.

»Hat jemand die Polizei gerufen?« wollte Walburga Päffgen wissen. »Der Frau gehört doch ein Alkoholtest gemacht!«

»Ich glaube, das ist ein Mann«, meinte der alte Herr unsicher. »Verkleidet wie für den Karneval.«

Kati untersuchte ihre geschmacklosen Perlonstrümpfe. Sie waren blutdurchtränkt und voller Laufmaschen.

»Scheiße! Scheiße! Scheiße!« stieß sie zwischen zusammengebissenen Zähnen hervor, wobei ihr die Tränen in die Augen schossen. Der ältere Herr sah sie tadelnd an.

»Ich glaube, das sind nur Abschürfungen«, meinte der junge Mann, der sie immer noch hartnäckig festhielt. »An Ihrer Stelle würde ich aber trotzdem ins Krankenhaus fahren, um mich untersuchen zu lassen.«

»Ich kann aber nicht«, stöhnte Kati und fühlte nach, ob sie noch alle Zähne im Mund hatte. »Ich muß mich beeilen!«

Sie befreite sich aus dem Griff ihres freundlichen Helfers.

»Das Fahrrad ist auch ziemlich hinüber«, meinte der.

»Nicht das noch«, seufzte Kati. »Was für ein beschissener Tag. Teufel noch mal! Wenn ich nicht in drei Minuten in der Lilobar bin, wirft Heinz mich raus.«

»In die Lilobar? Da wollte ich auch hin«, sagte ihr Helfer. »Ich kann bezeugen, daß Sie einen Unfall hatten.«

Kati versuchte ein Lächeln und sah sich den Mann genauer an.

»Sehr nett«, sagte sie schließlich, und meinte damit seine ganze Erscheinung. Der Tag mochte so beschissen sein, wie er wollte, er hielt auch immer wieder angenehme Überraschungen bereit. Die hier erhielt mindestens acht Punkte auf der nach oben offenen Gluboschinski-Skala. Dunkelblonde, etwas längere Haare, im Brad-Pitt-Stil frisiert, ein Grübchen im Kinn und so ein unerschütterliches, tröstendes Lächeln, das Kati ganz entfernt an Monsieur Lambert erinnerte. Sie ertappte sich dabei, wie sie überprüfte, ob irgendwo etwas Hornähnliches an seinem Kopf zu erkennen war, und zuckte im gleichen Augenblick wie ertappt zusammen. Was für eine alberne Reaktion! Erstens war sie wieder vollkommen nüchtern, und zweitens hatte sie die Begegnung mit Jaromir nur geträumt. Ja.

Dieses Exemplar vor ihr war real. So etwas nannte man »Glück im Unglück«.

Zu blöde, daß sie ihm ausgerechnet als »Alwin alias Alwine« begegnen mußte! Und das, nachdem ein Zusammenstoß mit dem crashfesten Rentner-Hunde-Gespann sie derart ramponiert hatte.

Trotzdem – man mußte das Beste aus der Situation machen.

»Freut mich sehr«, zwitscherte sie und streckte ihm ihre Hand hin. »Ich bin Alwine! Oder Alwin, ganz wie du willst.«

»Frederic«, sagte der Achtpunktemann und schüttelte verlegen ihre Hand.

Frederic! Wie schön. Für den Namen gab es gleich noch einen Viertelpunkt auf der nach oben offenen Gluboschinski-Skala.

Während Frederic sich nach ihrem Fahrrad oder vielmehr dem, was noch davon übrig war, bückte und es aufhob, rückte Kati ihre Perücke gerade und folgte ihm humpelnd bis zum Bürgersteig. Sie durfte auf keinen Fall vergessen, ihn nach seiner Telefonnummer zu fragen.

Der alte Herr hielt sie am Mantel zurück. »Nee, nee, nee! So einfach ist das aber nicht. Erst einmal entschuldigen Sie sich bei der Dame, verstanden? Das ist ja wohl das mindeste, was Sie tun können.«

»Geh nach Hause und trink 'ne Runde Doppelherz, Opa, damit dein Herzschrittmacher sich wieder einkriegt«, sagte Kati.

Alle Anwesenden, Frederic eingeschlossen, starrten sie

entsetzt an. Kati merkte es nicht. Sie merkte niemals, wenn sie etwas Unpassendes sagte, nicht mal, wenn sie sich mit beiden Beinen in einen Fettnapf stellte.

Frederic klopfte dem alten Herrn verlegen auf die Schulter. »Nun ja, vielleicht gehen wir jetzt wirklich besser allesamt nach Hause. Soviel Aufregung ...«

»Hat eigentlisch jemand die Polizei jerufen?« fragte Walburga Päffgen erneut.

»Jetzt lassen Sie die ... ähm ... die junge Dame doch erst mal gehen. Sie sehen doch, daß sie verletzt ist, im Gegensatz zu Ihnen«, sagte Frederic zu ihr. »Ich habe das Unfallgeschehen ebenfalls beobachtet. Sie sind ohne zu gucken völlig unerwartet zwischen den parkenden Autos hervorgeschossen. Sie können von Glück sagen, wenn die junge ... ähm ... Dame hier keine Anzeige erstattet.«

»Das kann sie ja mal versuchen. Wir sind bei der Allianz versischert!« rief Walburga Päffgen empört, und der ältere Herr sagte: »Mit uns Rentnern kann man es ja machen, wie? Wenn Sie jetzt gehen, dann ist das Fahrerflucht, und da steht Zuchthaus drauf.«

»Kommen Sie«, meinte Frederic zu Kati. »Die sollen uns erst mal einholen, wenn sie können. Das Fahrrad lassen wir hier stehen.«

»Danke«, sagte Kati. »Sehr mutig von Ihnen, mich gegen diese gefährliche Rentnergang zu verteidigen.«

»Ja, das finde ich auch«, erwiderte Frederic. »Wo die doch bis unter die Zähne bewaffnet sind mit Regenschirmen, Krücken und Gebißdosen aus knallhartem Kunststoff.«

Kati konnte nicht anders, sie mußte lachen. Der Kerl hatte Humor, das gab gleich noch einmal einen Punkt auf der nach oben offenen Gluboschinski-Skala.

»Eigentlich mag ich alte Leute ja furchtbar gern«, sagte Frederic. »Ehrlich. Aber manchmal können sie einem doch auf den Nerv gehen.«

»Mir gehen die *immer* auf den Nerv«, sagte Kati. Beinahe beschwingt humpelte sie neben Frederic her. Die letzten Meter bis zur Lilobar hatte sie geradezu das Gefühl zu schweben.

»N'Abend, Marlene«, begrüßte sie die ein Meter achtundneunzig große Marlene-Dietrich-Imitation, die im Eingang stand und sich die künstlichen Fingernägel feilte. Marlene hieß mit bürgerlichem Namen Clotwig Schläger, war schwul und Heinzens schlagkrägftigster Türsteher.

Er und Kati konnten einander nicht leiden. Um so erstaunter war Kati, als sie sah, daß sich auf Marlenes Gesicht ein entzücktes Lächeln ausbreitete. Sie merkte allerdings schnell, daß das Lächeln nicht ihr, sondern ihrem Begleiter galt.

»Fredi! Süßer! Du bist tatsächlich gekommen! Wahnsinn!« flötete Marlene.

»Ihr kennt euch?« erkundigte sich Kati verblüfft.

»Kennen? Ob wir uns kennen?« rief Marlene aus. »Wir sind die besten Freunde, der Fredi und ich.«

Frederic lächelte Marlene verlegen an. In Gedanken subtrahierte Kati einen Punkt auf der nach oben offenen Globoschinski-Skala. Schade!

Aber egal, acht Punkte waren immer noch besser als alles, was ihr bisher begegnet war. Es mußte sich ganz dringend eine Gelegenheit ergeben, ihm seine Telefonnummer zu entlocken.

»Ich hatte einen Unfall«, sagte sie zu Marlene.

»Sieht man«, antwortete Marlene desinteressiert. »Du siehst aus wie ein Haufen Scheiße.«

Er zeigte Frederic die Lippenstiftreste auf seinen großen

gelben Vorderzähnen. »Wahnsinn, daß du gekommen bist, Fredi, Wahnsinn. Ich hatte die Hoffnung ja schon fast aufgegeben.«

Frederics Lächeln wurde noch eine Spur verlegener. »Na ja, weißt du, ich habe mir Heinz' Vorschlag durch den Kopf gehen lassen und da dachte ich, es kann ja nicht schaden, wenn ich mir das mal angucke.«

»Wahnsinn«, sagte Marlene wieder.

Kati wurde das Geplänkel zu blöde. Ihre Beine brannten wie die Hölle, und außerdem war ihr kalt. »Jedenfalls muß ich zum Arzt und kann heute unmöglich arbeiten. Kannst du Heinz Bescheid sagen?«

Marlene wandte seinen Blick von Frederic ab und verzog die wulstigen Lippen zu einem hämischen Grinsen. »Kann ich machen. Aber dann brauchst du nächste Woche gar nicht erst wiederzukommen, Herzchen. Du weißt doch, wenn du nicht rechtzeitig absagst oder für Ersatz sorgst, schmeißt der Heinz dich raus.«

»Ich hatte einen Unfall, wie man sieht«, wiederholte Kati gereizt und zeigte auf ihre blutdurchtränkten Strumpfhosen. »Das ist ja wohl eine Ausnahme. Wo soll ich denn so schnell Ersatz herkriegen?«

»Weiß ich nicht. Ich weiß nur, der Heinz macht keine Ausnahmen«, sagte Marlene achselzuckend. »Es sei denn ...« Wieder richtete er ein strahlendes Lächeln auf Frederic. »Es sei denn, der liebe Fredi springt für dich ein.«

»Der ...?« rief Kati aus.

»Wo er doch ohnehin bald anfangen wird – oder Fredi-Mäuschen? Dann kannst du dem Alwin doch aus der Patsche helfen, oder? Auf diese Weise kannst du dir den Laden direkt mal richtig angucken. Was meinst du, Fredi-Baby?«

»Also ... ähm ... weiß nicht. Ich habe ja noch nie in Frauenklamotten, also ... ähm ...«, murmelte Frederic und wand sich vor Verlegenheit.

»Daran gewöhnt man sich ganz schnell«, versicherte Marlene. »Ich leih' dir meine zweitbeste Perücke und ganz, ganz scharfe Sachen, und wir können gleich sehen, ob du dich für den Job eignest oder nicht. Und du brauchst doch die Knete – oder etwa nicht mehr?«

»Schon«, sagte Frederic und sah plötzlich wild entschlossen aus. »Also gut, ich tu's.«

»Wahnsinn, der Fredi! Ich bin sicher, rote Locken stehen dir ganz wunderbar«, freute sich Marlene. »Alwin-Baby, da kannste aber mal schön danke sagen.«

»Danke«, sagte Kati und wunderte sich, wie verstimmt sie auf einmal war. »Dann wird man sich ja wohl demnächst öfter sehen.«

Frederic nickte. »Möglich.«

»Möglich?« kreischte Marlene. »Ich wette, der Heinz wird begeistert sein, Fredi. Wahnsinn! Ich kann es gar nicht erwarten, deinen Arsch in einem richtig scharfen Fummel zu sehen.«

Er legte Frederic den Arm um die Schulter und zog ihn in Richtung Garderobe.

»Na dann«, sagte Kati hinter ihnen her. »Bis demnächst mal.«

Niemand antwortete. Sie nahm ein Taxi ins Krankenhaus, wo man ihre Schürfwunden versorgte und feststellte, daß sie vermutlich eine leichte Gehirnerschütterung hatte. Es würde aber reichen, wenn sie sich in den nächsten Tagen hinlegen und ruhig verhalten würde, meinte der freundliche Notarzt.

»Was passiert, wenn ich mich nicht daran halte?« erkundigte sich Kati, die es schlechthin für unmöglich hielt, sich tagelang ruhigzustellen.

In diesem Fall, erklärte der nette Notarzt, könne es durchaus zu gefährlichen Hirnblutungen kommen, und das wolle Kati doch sicher nicht.

Nein, das wollte Kati ganz sicher nicht. Mißgestimmt nahm sie ein Taxi nach Hause und verfluchte in Gedanken den ganzen Tag. Allein fürs Taxi hatte sie mehr Geld ausgegeben, als ihr in der Lilobar heute durch die Lappen gegangen war.

»Tja«, sagte der Taxifahrer. »Freitag der Dreizehnte. Da geht schon mal was schief, das weiß doch jedes Kind.«

»Aberglaube«, sagte Kati trotzig. Sie sah, weiß Gott, ramponiert aus, aber deshalb mußte der Taxifahrer sie noch lange nicht mit seinen Belehrungen belästigen.

Kurzentschlossen tippte sie ihm auf die Schulter. »Halten Sie da vorne beim Kiosk. Ich brauche etwas gegen meine Kopfschmerzen.«

»Ich dachte, der Arzt hätte dir was gegeben«, wunderte sich der Taxifahrer. »Beim Kiosk bekommst du nur Gummibärchen und etwas gegen den Durst.«

»Genau das brauche ich«, knurrte Kati. »Einen guten Rotwein. Oder Whisky. Im übrigen wüßte ich nicht, wann ich Ihnen das Du angeboten hätte.«

»Du hast noch genug Rum im Blut«, versicherte ihr der Taxifahrer und drehte sich, ohne die Geschwindigkeit zu drosseln, zu ihr um. Dabei nahm er seine Mütze ab, so daß die Hörner zum Vorschein kamen, die zwischen seinen dichten, dunklen Locken wuchsen.

Kati erstarrte zur Salzsäule.

3. Kapitel

»Na, und ich dachte, du freust dich«, sagte Jaromir.

Kati sah ihn verzweifelt an. »Das ist die Gehirnerschütterung, stimmt's?«

Der Teufel zuckte mit den Schultern. »Wie du meinst. Wo waren wir stehengeblieben?«

Kati sah auf die vorbeiflitzenden Straßenlaternen und stöhnte: »Leider gar nicht! Ich werde von einer Halluzination mit Tempo achtzig durch die Stadt kutschiert!«

»Fünfundneunzig«, verbesserte der Teufel. »Wir befinden uns auf der Rheinuferstraße, und es ist nach elf. Leider weit und breit keine Oma, die man überfahren kann. Ich hörte übrigens, daß du heute abend das Glück hattest, eine zu erwischen.«

»Die hast du mir über den Weg gehetzt, diese widerwärtige Person«, sagte Kati aufgebracht. »Ich hätte es wissen sollen. Du hast natürlich überall deine Finger drin. Diesen Frederic hast du mir todsicher auch auf den Hals geschickt. Er war einfach zu schön, um wahr zu sein! So fürsorglich hilft niemand einem angeschlagenen Transvestiten auf die Beine!«

»Was denn für einen Frederic?« fragte Jaromir erstaunt. »Doch nicht etwa Frederic DiAngelo? Das darf doch wohl nicht wahr sein!«

»Woher soll ich wissen, wie er mit Nachnamen heißt?« fragte Kati zurück.

Jaromir schlug mit der Faust aufs Lenkrad. »So ein Brad Pitt für Arme? Acht Punkte auf der nach oben offenen Gluboschinski-Skala?«

Kati nickte. »Was fragst du denn, wenn du ihn kennst?«

»Verdammt!« Jaromir trat das Gaspedal durch, daß der Wagen einen Sprung nach vorn machte. »Kaum zu fassen. Immer mischen die mit. Jetzt schicken sie uns diesen frommen Kirchenmusiker auf den Hals.«

»Gerade hast du eine rote Ampel überfahren«, sagte Kati, die in den Sitz gepreßt wurde wie beim Start eines Raumschiffes.

»Wahrscheinlich will man, daß du dich in diesen Kerl verliebst, um meine Pläne zu durchkreuzen«, murmelte Jaromir. »Wir sollten uns allmählich etwas beeilen.«

Kati hörte ihm nicht zu. »Paß auf, da vorne kommt eine Geschwindigkeitskontrolle.«

»Das Taxi gehört nicht mir«, sagte Jaromir. »Hast du dir mittlerweile deine Wünsche überlegt?«

»Nein!« Kati schloß geblendet die Augen. Der automatische Auslöser der Kamera war betätigt wurden. Wahrscheinlich hatte man soeben einen neuen Geschwindigkeitsrekord aufgezeichnet. »Ich habe mir überlegt, daß es das beste ist, du fährst mich noch mal zum Krankenhaus zurück. Diesmal in die Neurologie. Ich bin so nüchtern wie ein neugeborenes Kind, und dennoch sehe ich taxifahrende Teufel! Mit mir stimmt doch was nicht!«

»Was glaubst du denn, wieviel Zeit ich noch darauf verplempern kann, mit dir darüber zu diskutieren, ob mit deinen Nerven was nicht stimmt?« fragte Jaromir ärgerlich.

»Selten hat jemand um drei Wünsche so ein Gezicke gemacht. Die meisten freuen sich!«

»Vielleicht ist jetzt nicht der richtige Zeitpunkt«, sagte Kati. »Ich hatte einen beschissenen Tag, es gibt keine Körperstelle, die mir nicht weh tut, und der Arzt hat gesagt, ich solle Aufregungen meiden.«

»Hat er nicht auch gesagt, du sollst Alkohol meiden?«

»Ich habe ja auch gar nichts getrunken!«

»Noch nicht! Wie geht es eigentlich meinem Freund, dem Frosch?«

»Keine Ahnung.« Kati rieb sich die Augen ohne Rücksicht auf die falschen Wimpern. »Der arme Kerl muß in einer Salatschüssel wohnen, ganz ohne Futter. Morgen bringen wir ihn in den Zoo.«

»Die werden sich freuen«, meinte Jaromir. »Es ist ein seltener abessinischer Grasfrosch, vom Aussterben bedroht. Am liebsten frißt er Regenwürmer, gekocht.«

»Oh, das ist ja interessant. Ein Frosch, der sich Regenwürmer kocht!«

»In freier Natur ißt er sie natürlich roh. Aber wegen der Salmonellen ... Ich sehe schon, mit dir ist heute nicht gut zu kommunizieren. Wie wäre es, wenn du mir einfach deine drei Wünsche sagst, und ich sage dir, was du dafür tun mußt, hm?«

»Aha«, sagte Kati. »Ich wußte doch, die Sache hat einen Haken. Du willst meine unsterbliche Seele kaufen, das kennt man doch. Die Geschichte ist uralt!«

»Unsterbliche Seele kaufen«, wiederholte Jaromir spöttisch, während er schnittig eine Kurve nahm. »So was Albernes! Aber eine Hand wäscht die andere, so ist das unter Teufeln und Menschen. Und ich finde, für drei Wünsche kann man sich ruhig mal etwas anstrengen.«

»Mit dem Teufel macht man keine Geschäfte«, sagte Kati streng. »Ich habe ›Timm Thaler‹ gelesen. Ich weiß, was passiert, wenn man sich auf einen Deal mit dir einläßt. Am Ende hat man überhaupt nichts von seinen Wünschen, jedenfalls nichts als Ärger. Egal, was man sich wünscht, es erweist sich immer als falsch. Und dann wünscht man sich nichts sehnlicher, als daß man sich nichts gewünscht hätte.«

»Kinderbücher sollten verboten werden«, sagte Jaromir und verdrehte die Augen. »Oder besser noch, das Lesen! Du hältst jetzt einfach mal den Mund und hörst dir an, was ich als Gegenleistung will.«

»Als Gegenleistung für was denn?« fragte Kati. »Ich habe noch keinen einzigen Wunsch geäußert!«

»Das wirst du schon noch! Nur Idioten sind wunschlos glücklich oder Menschen ohne Phantasie. Du gehörst weder zu der einen noch zu der anderen Kategorie. Die Arbeit, die du für mich erledigen sollst, ist vergleichsweise harmlos. Wenn man bedenkt, was in euren Büchern immer hergegeben werden muß: Die unsterbliche Seele, das erste Kind, das Lachen, die Fähigkeit zu lieben ...« Er winkte gelangweilt ab. »Ich dagegen fordere lediglich ...«

»Es reicht, es reicht«, würgte Kati ihn wütend ab. »Ich habe es satt, mir von dir die Zeit stehlen zu lassen. Eine Halluzination, die mich desillusioniert. Ich will auf der Stelle aussteigen.«

»Also gut.« Jaromir bremste so scharf, daß Kati ohne Gurt gegen die Windschutzscheibe geknallt wäre. »Ganz wie du willst. Das macht dann dreizehn fünfzig.«

»Das ist ja wohl das letzte. Du kannst unmöglich Geld von mir nehmen«, empörte sich Kati.

»Dreizehn fünfzig«, wiederholte der Teufel unnachgiebig.

Kati nahm ihren letzten Zwanzigmarkschein aus dem Portemonnaie. »Dreizehn fünfzig und keinen Pfennig mehr.«

»Heute nicht in Spendierlaune, Lady, was?« Jaromir hatte ein Pokerface aufgesetzt, so daß Kati nicht sehen konnte, ob er verärgert war. Er reichte ihr das Wechselgeld und eine Tüte mit undefinierbaren bräunlichen Krümeln.

»Das kannst du behalten, davon habe ich selber noch genug in meiner Schreibtischschublade«, winkte Kati ab.

»Das ist kein Hasch, das ist Spezialfutter für abessinische Laubfrösche, du Klugscheißerin«, erwiderte Jaromir. »Wiedersehen.«

»Bloß nicht!« Sie nahm das Geld und die Tüte und schaute dem entschwindenden Wagen hinterher.

»Jetzt fährt er mindestens mit Worp-Geschwindigkeit«, sagte sie.

Der Frosch saß auf Cosimas Handfläche und sah zufrieden aus.

»Ich habe ihn schon so richtig ins Herz geschlossen«, sagte Cosima. »Ich glaube, ich behalte ihn. Schon als Anti-Bernadette-Mittel wenn du verstehst, was ich meine. Ich glaube nicht, daß sie es bei Vincent lange aushält. Sie hat schon zweimal angerufen und sich erkundigt, ob der Frosch noch da ist. Natürlich immer so nebenbei, damit ich nicht merke, wie gern sie eigentlich wieder zurückkäme. Und immer mit einem albernen Vorwand. Beim erstenmal hat sie gesagt, sie habe die elektrische Ladestation ihrer Zahnbürste vergessen, aber ich habe gesagt, das wäre doch sicher nicht so schlimm, bei Vincent würde Zahnpflege ohnehin nicht großgeschrieben und auf ein bißchen Mundgeruch mehr oder weniger käme es jetzt auch nicht mehr an. Haha, komisch, nicht? Langsam werde ich genauso gemein wie du.«

Kati stöhnte. »Cosima, tu mir einen Gefallen und sei still. Mein Kopf schmerzt, und ich habe eine Menge Probleme, über die ich nachdenken muß.«

»Das tust du doch jetzt schon seit zwei Tagen«, sagte Cosima. »Du liegst hier nur rum und denkst nach.«

»Der Arzt hat gesagt, ich soll mich ruhig verhalten. Ich bin sicher, er hat nur vergessen zu sagen, daß das gleiche auch für meine Mitbewohnerin gilt.«

»Ich will dich nur etwas aufmuntern. Schau nur, wie süß er guckt! Er ist der allerniedlichste Frosch, den es gibt. Wir werden ihm ein Terrarium einrichten, in dem er sich wie zu Hause fühlen kann.«

»Kommt überhaupt nicht in Frage. Das Vieh kommt in den Zoo. Ich habe ihn gefunden, also kann ich auch über ihn bestimmen.«

»Kannst du nicht, denn du hast ihn in *meiner* Badewanne gefunden. Also bestimme ich, was mit ihm passiert, verstanden?«

»Streitsüchtiges Luder«, knurrte Kati. »Cosima, ich sag' dir jetzt mal was: Das mit dem Frosch ist nicht geheuer – hier gehen merkwürdige Dinge vor.«

Nach einer kurzen Pause setzte sie mit niedergedrückter Stimme hinzu: »Oder ich werde verrückt.«

»Wenn ich eine Flasche Rum saufen würde, dann würde ich noch ganz andere Sachen sehen als komische Teufel, die aus den Badezimmerfliesen wachsen und Taxi fahren, das kannst du mir glauben«, versuchte sie Cosima zu beruhigen. »Und wenn ich dann auch noch vom Rad mit dem Kopf voraus auf Asphalt fallen würde – also, ich glaube, jeder würde unter diesen Umständen ein bißchen durchknallen.«

»So? Meinst du? Ich würde dir ja nur zu gerne glauben, aber wie bin ich dann überhaupt nach Hause gekommen? Ich meine, wer hat das Taxi gefahren, und wer hat mir diese verdammte Tüte mit Froschfutter gegeben? Na?«

»Es gibt für alles eine logische Erklärung«, behauptete Cosima. »Sieh mal, wenn man auf den Kopf fällt, dann erlebt man häufig so etwas wie Gedächtnisverlust. Es könnte also gut sein, daß du bei einer Zoohandlung vorbeigegangen bist. Anschließend im Taxi bist du eingeschlafen ...«

»Mitten in der Nacht bin ich also bei einer Zoohandlung vorbeigegangen, ja? Und weil die nicht geöffnet hat, habe ich das Schaufenster eingeschlagen und die Tüte mit dem Spezialfutter geklaut, so war's doch, oder? Deine logischen Erklärungen, liebe Cosima, haben alle einen Haken. Kannst du mir sagen, warum ich wußte, daß dieses Vieh da auf deiner Hand ein seltener abessinischer Grasfrosch ist?«

»Vielleicht hast du in der Schule besonders gut aufgepaßt?« schlug Cosima kleinlaut vor. »Oder du hast im Tierlexikon nachgeschlagen und es wieder vergessen.«

Kati schaute sie nachdenklich an. »Nee, vergiß es, Cosima. Ich komme wahrscheinlich auf meine Tante Alicia. Die ist eines Tages aus heiterem Himmel auf den Briefträger losgegangen.«

»Tatsächlich? Hatte sie keinen Hund?«

»Sie wollte ihn doch nicht beißen! Sie ist mit einem Büchsenöffner auf ihn losgegangen.«

»Was hatte er ihr denn getan?«

»Nichts! Tante Alicia war fest davon überzeugt, er sei eine Büchse Ölsardinen.«

»Tja, das ist allerdings eine erhebliche erbliche Vorbelastung«, gab Cosima zu. »War sie in direkter Linie mit dir verwandt?«

»Na ja, das weiß man bei den Gluboschinskis nie so genau«, sagte Kati. »Aber Tante Alicia ist auch nicht die einzige Irre in der Verwandtschaft«

»Du bist nicht verrückt! Es gibt für alles eine logische Erklärung, nur wissen wir eben im Augenblick noch nicht genau, welche. Erst mal erholst du dich jetzt von deiner Gehirnerschütterung, und in Zukunft läßt du ganz einfach die Finger vom Alkohol. Ich fange ab morgen auch ganz neu an. Trennkost nach dem Prinzip von Michel Montignac. Dabei kann man essen, soviel man will, es kommt nur auf die Zusammenstellung an. Die Bauchspeicheldrüse wird reguliert, und dadurch nimmt man ganz rasant und spielend ab. Und das tollste: Man nimmt nie wieder zu. In wenigen Wochen werde ich endlich in Größe 36 passen. Dann kann ich auch dem Mann fürs Leben gegenübertreten, ohne den Bauch einzuziehen. Falls er mir endlich über den Weg läuft.«

»Hast du eigentlich jemals mit irgendeiner Diät Erfolg gehabt, Cosima?«

Cosima nickte eifrig. »Also, mit der Max-Planck-Diät habe ich eine Menge abgenommen, mindestens sechs Kilo, aber damals war ich auch noch dicker als jetzt. Außerdem habe ich danach wieder zugenommen. Und weil ich nicht weiter zunehmen wollte, habe ich dann die Hollywood-Diät, die Oxford-Diät, die Cambrigde-Diät und die Haysche Trennkost ausprobiert. Wenn ich nicht ständig auf die Kalorien achten würde, würde ich aufgehen wie ein Hefekloß.«

»Du kasteist dich also permanent mit irgendeiner Diät, bloß um nicht zuzunehmen«, faßte Kati zusammen. »Ha, da sieht man's doch: Du bist keinen Deut weniger verrückt als ich oder meine Tante Alicia.«

»Du hast gut reden, du bist dünn und kannst essen, was du willst. Wie diese blöde Tusse in der Yoghurette-Reklame. Ich hingegen ... Na ja, aber laut Montignac liegt das alles nur an meiner Bauchspeicheldrüse, die durch die ganzen Diäten und die falsche Ernährung total im Ungleichgewicht ist. Ab morgen ist Schluß mit diesem albernen Diäthalten.«

»So so, dieser Montessouri-Mist ist also keine Diät?«

»Montignac. Nein, es ist keine Diät. Es ist lediglich eine andere Ernährungsweise. Man darf alles essen außer Zucker, Weißmehl, Bananen, Erbsen, Melonen, Nudeln, Kartoffeln, Möhren ...«

Kati stieß ein schrilles Lachen aus. »Ha! Und das soll keine Diät sein? Daß ich nicht lache! Dein Montecristo läßt ja gar nichts mehr übrig.«

»Montignac«, verbesserte Cosima. »Und der täte dir auch mal ganz gut. Möglicherweise hättest du nämlich keine Probleme mehr mit Halluzinationen, wenn du deinen einseitigen Kartoffelchips- und Milchreisverbrauch umstellen würdest.«

»Da haben wir endlich eine logische Erklärung, nicht wahr? Meine Halluzinationen beruhen auf einer Fehlfunktion meiner Bauchspeicheldrüse, sehr gut zu wissen.«

Das Telefon klingelte.

Cosima sprang auf. »Sicher ist das Bernadette, die uns anbetteln will, wieder nach Hause zurückkehren zu dürfen. Ich werde ihr sagen, daß unser Frosch sehr schwanger aussieht. Die ganze Wohnung wird bald von Fröschen wimmeln.«

»Frösche legen Eier. Laich. So 'n wabbeliges Zeug. Frösche sind nicht schwanger!« stöhnte Kati. »Hoffentlich sorgt diese Montblanc-Ernährung nicht nur für eine regulierte Bauchspeicheldrüse, sondern auch für eine bessere Durchblutung deines Gehirns.«

Wider Erwarten kehrte Bernadette nicht nach Hause zurück, nicht nach drei Tagen, und auch nicht nach vier. Cosima und Kati konnten nicht glauben, daß ein Frosch in der Wohnung schlimmer sein sollte als Vincents Gesellschaft. Aber offenbar sah Bernadette das anders.

Als sie nach fünf Tagen immer noch nicht zurückkam, begann Cosima zu glauben, sie für immer losgeworden zu sein. Sie erneuerte ihr Angebot, Kati aus Dankbarkeit zum Italiener einzuladen.

Während der ganzen Woche hatte sie sich den Anweisungen des Arztes entsprechend ruhig verhalten und die Tage mit Schlafen und Grübeln verbracht. Schließlich war sie zu dem Schluß gelangt, daß Cosima womöglich recht hatte und Rum plus Gehirnerschütterung sowie eine ganz kleine Veranlagung zur Schizophrenie (siehe Tante Alicia) zu den Ereignissen des letzten Freitags geführt hatten.

Außerdem hatte sie im nachhinein festgestellt, daß es ein Freitag der Dreizehnte gewesen war, und da mußte man sich ja bekanntlich über gar nichts wundern. Beinahe ängstlich hatte sie dennoch Alkohol und andere Drogen vermieden, um das Schicksal, sprich die Halluzination, nicht herauszufordern. Jetzt, nach fast einer Woche, war sie der berechtigten Hoffnung, gänzlich über den Berg zu sein, und freute sich, mal wieder aus dem Haus zu kommen.

Beim Italiener genehmigte sie sich ein Viertel Rosé zum Essen und war richtig guter Laune.

Cosima, die ebenfalls bester Laune war, weil sie trotz einer riesigen Portion Pommes mit Mayo am Tag vorher ein Kilo abgenommen hatte, genehmigte sich eine Pizza.

»Darf man das denn nach deinem Monsignore?« erkundigte sich Kati, als der Kellner die Pizza vor sie hinstellte.

»Montignac«, verbesserte Cosima. »Nein, eigentlich nicht. Erstens ist Weißmehl drin, und zweitens kombiniert die Pizza Fett mit Kohlehydraten, und das ist strengstens verboten. Aber Ausnahmen bestätigen die Regel.«

»Ich finde dich sowieso gerade richtig, wie du jetzt bist«, meinte Kati friedfertig.

»Mensch, Kati, guck mich doch mal richtig an! Cellulitis bis unter das Doppelkinn, und ein riesiger Schwimmring um die Hüften«, rief Cosima aus. »Wenn ich am Montag meinen neuen Job anfange, dann werden sich die Leute vor Ekel abwenden.«

»Für welchen Job brauchst du perfekte Beine? Möchtest du Stützstrümpfe vorführen? Und überhaupt, wolltest du in diesem Semester nicht vier Scheine machen und sonst gar nichts?«

»Schon, aber diesen Job konnte ich mir nicht durch die Lappen gehen lassen. Mein Vater hat mir eine Stelle als Aushilfssekretärin bei Oktavian Harper besorgt!«

»Bei diesem Verleger, der ständig für *Greenpeace* und *Brot für die Welt* spendet und Hilfetrecks nach Rumänien organisiert? Klingt nach einem langweiligen Job.«

»Du weißt nicht, was du sagst. Jeder will Arbeit bei Oktavian Harper. Und nicht nur, weil er weit über Tarif bezahlt. Er ist ein Heiliger! Ich Glückspilz habe einen Job im Vorzimmer seines Vorzimmers ergattert.«

»Gratuliere.«

»Dumm ist nur, daß ich so dick bin«, fuhr Cosima bekümmert fort. »Bei Harper arbeiten wahrscheinlich nur gutaussehende, schlanke Mädels und tolle Männer. Man wird mich mit meinem Übergewicht sofort als Außenseiterin abstempeln!«

»Ich kann es langsam nicht mehr hören, von wegen Übergewicht, Cellulitis und so weiter. Du bist stinknormal, von Kopf bis Fuß. Das ist alles nur Einbildung!«

»Ach ja? Und daß sich kein Mann für mich interessiert, das bilde ich mir auch nur ein?«

»Nein, *das* liegt daran, daß du dich für zu dick hältst«, sagte Kati. »Solange du dich für dick und häßlich hältst, interessiert sich auch kein Mann für dich. Das kann man psychologisch ganz einfach erklären. Ich bin so dick, keiner kann mich liebhaben – diese Botschaft verströmst du sozusagen aus jeder Pore.«

»Eben deshalb will ich ja abnehmen«, versuchte Cosima ihr zu erklären, während sie sich die Pizza schmecken ließ. »Damit ich mich nicht mehr dick und häßlich fühle und endlich einen abkriege. Meine biologische Uhr beginnt zu tikken. Hörst du sie? Tick-tack-tick-tack? Wußtest du, daß Bernadette und ich die einzigen in unserer Familie sind, die keinen Mann haben? Man redet hinter unserem Rücken über uns.«

Kati schüttelte verständnislos den Kopf. »Was du brauchst, ist eine Psychotherapie. Biologisches Uhrticken mit vierundzwanzig – da faßt man sich ja an den Kopf!«

»Haha, und das sagt mir eine, die von Teufeln halluziniert.«

»Das ist vorbei«, meinte Kati. »Es war lediglich eine unglückliche Kombination von überreizten Nerven, Rum, einer

Novemberdepression, einer Gehirnerschütterung und Freitag dem Dreizehnten. Aus und vorbei! Morgen gehe ich auch wieder arbeiten.«

»Das ist gut, denn nächste Woche ist die Dezembermiete fällig«, sagte Cosima. Im gleichen Augenblick fiel ihr die Gabel auf den Teller. »O Gott! Halt mich fest!«

Ihr Mund blieb sperrangelweit offenstehen und ließ tief blicken. Kati sah sie irritiert an.

»Ich fasse es nicht«, flüsterte Cosima. »Wenn man den Teufel nennt, kommt er gerennt!«

»Wer? Der Teufel?« Katis Blick irrte aufgeschreckt durch den Raum.

Soeben hatte eine Gruppe jüngerer Leute das Restaurant betreten. Der Kellner wies ihnen einen großen Tisch in der Ecke zu.

»Quatsch! Oktavian Harper!« zischte Cosima. »Siehst du? Es ist der Große, ganz in Schwarz.«

»Die sind alle ganz in Schwarz«, sagte Kati.

»Ja, weil es alle Künstler sind«, erklärte Cosima begeistert. »Oktavian fördert die Künstler in dieser Stadt. Er hat ein Faible für Ästhethik und moderne Kunst. Ein Schöngeist! Und sieht er nicht phantastisch aus?«

»Welcher von denen ist es denn jetzt? Ich finde, die sehen alle gleich aus mit ihren Rollkragenpullovern und den Dreitagebärten.« Mittlerweile hatten Künstler und Mäzen Platz genommen.

»Es ist der, der Champagner bestellt«, erklärte Cosima. »O Gott, ich faß' es nicht! Gerade haben wir noch von ihm geredet, und jetzt sitzt er hier, nur wenige Meter von mir entfernt. Und ab Montag ist er mein Chef!«

»Trotzdem kannst du deine Pizza mal runterschlucken. Ist

ja ekelhaft, das halbgekaute Zeug angucken zu müssen. Und starr da nicht so rüber. So interessant ist das nun auch wieder nicht, wenn ein paar schwarzangezogene Möchtegernkünstler Pizza bestellen.«

»Doch«, sagte Cosima.

»Sag mal, was passiert eigentlich mit dem freien Zimmer? Wie ich Bernadette kenne, promoviert sie demnächst über Mietrecht und weiß alles über Frösche in Wohngemeinschaften. Paragraph dreihundertsiebzehn E, Absatz neun: Das Halten von Fröschen ist strengstens untersagt und wird mit einer Freiheitsstrafe nicht unter zehn Jahren geahndet. Wie ich sie kenne, wird sie keinen Pfennig zahlen.«

»Wenn sie nicht zahlt, dann brauchen wir schnellstens einen neuen Mieter«, meinte Cosima und nahm ihre Mahlzeit wieder auf, nicht ohne bei jedem Bissen zu ihrem künftigen Chef hinüberzuschauen.

»Hast du nicht noch mehr reizende Cousinen?«

»Doch, jede Menge, aber davon kommt mir keine mehr ins Haus. Überhaupt will ich keine Frau mehr. Drei Frauen unter einem Dach zanken sich ja doch nur.«

»Zwei zanken sich auch, wie man an uns sieht. Also ein Mann als Mieter? Cosima, wunderbar! Diese Montmatre-Diät scheint dir wirklich zu bekommen.«

»Montignac«, verbesserte Cosima gereizt. »Und es ist auch keine Diät, wie oft soll ich dir das noch sagen? Und um eins klarzustellen: Mir kommt auch kein Mann ins Haus.«

»Aha! Du willst das freie Zimmer also weder an eine Frau noch an einen Mann vermieten?«

»Genau.«

»Na, ich würde sagen, das beschränkt den Personenkreis doch auf eine erfreulich niedrige Anzahl«, meinte Kati trokken. »Nicht männlich, nicht weiblich – bleiben nur noch Kinder und Tiere!«

»Fast! Mir schwebt ein Schwuler vor!« Cosima säbelte voller Wonne ein knuspriges Dreieck aus ihrer Pizza.

»Schwule sind aber Männer, Cosima, das mußt doch selbst du wissen.«

»Ja, aber keine gewöhnlichen Männer. Sie sind viel netter zu Frauen, höflich, hilfsbereit, ordentlich ... Oh, ist das lekker! Für Pizza könnte ich sterben.«

Kati verzog den Mund. »Du müßtest nur mal einen Tag in der Lilobar arbeiten, dann würdest du dieses alberne Klischee sofort korrigieren. Die Hälfte der Schwulen, die dort rumlaufen, sind Arschlöcher, genau wie die Hälfte der Heteros. Ich sag's dir: Die Hälfte der Menschheit besteht aus Arschlöchern, egal, ob schwul oder nicht.«

»Kann schon sein. Aber unser Mieter wird einer von der anderen Hälfte sein. Ruhig. Höflich. Freundlich. Ordentlich. Hilfsbereit.« Cosima kaute eifrig. »Mir kommt keiner von diesen Schlägertypen aus deiner Lilobar ins Haus!«

»Ich bin gespannt«, sagte Kati. »Ich meine, schon allein der Anzeigentext wird interessant werden. Vorzeigeschwuler als Mitbewohner in vorurteilsfreie WG gesucht. Haha!«

»Laß mich nur machen«, sagte Cosima.

Krachend biß sie in ihre Pizza.

»Hey, Kati! Erst verbietest du mir, zu Oktavian rüberzustarren, und jetzt glotzt du selber wie ein Auto!«

Kati starrte in der Tat mit weitaufgerissenen Augen zu den Künstlern hinüber. Einer der Männer hatte sich nämlich zu ihr umgedreht und ihr zugezwinkert. Obwohl er einen Schlapphut trug und jetzt wieder mit dem Rücken zu ihr saß, hätte sie schwören können, daß sie ihn kannte.

Es war niemand anders als Jaromir.

»Die Rechnung bitte«, flüsterte Kati.

4. Kapitel

Katis zweiter Job war vor allem deshalb nicht so einträglich wie das Kellnern in der Lilobar, weil sie ihn nicht regelmäßig ausüben konnte. Sie arbeitete für einen privaten Reiseveranstalter, dessen Spezialität es war, ausländischen Gruppen die Schönheit und die vielfältige Sagenwelt des Rheinlandes nahezubringen.

Im Sommer, wenn Reisegruppen aus Japan, Schweden und den USA das Land heimsuchten, waren diese Führungen äußerst gefragt. Kati betreute in dieser Zeit ein- bis zweimal die Woche eine Stadtrundfahrt durch Köln oder eine Tagestour auf einem Ausflugsschiff den Rhein hinab.

Sie erzählte dann, was sie über die Römer, die Heinzelmännchen und die Loreley wußte – und was sie nicht wußte, erfand sie kurzerhand dazu. Auf jede Frage wußte sie eine Antwort, und wenn ihre Antwort nicht mit dem Inhalt des Reiseführers übereinstimmte, dann war der Autor eben nicht auf dem neuesten Forschungsstand, und damit basta. Je nach Situation behauptete Kati, Studentin der Archäologie, der Mediävistik oder der Kunstgeschichte zu sein, und zwar unmittelbar vor dem Examen. So wagte niemand, ihre Kompetenz anzuzweifeln.

Kati liebte diesen Job. Sie bekam zwar nur fünfzehn Mark

die Stunde, aber die Touristen waren immer ausgesprochen großzügig mit dem Trinkgeld, so daß sich etwas Einsatz immer lohnte.

Leider waren derartige Reisen in der kalten Jahreszeit weniger gefragt, und im Winter fror diese Einnahmequelle meistens ganz ein.

Um so erstaunter war sie, als an diesem kalten Novemberabend der Veranstalter bei ihr anrief und sie bat, gleich morgen eine Gruppe finnischer Geschäftsleute auf einer Rheintour zu betreuen. Der nächste Tag war zwar ein Freitag, was bedeutete, daß Kati ab neun Uhr abends Dienst in der Lilobar hatte, aber in Anbetracht ihrer derzeitigen finanziellen Lage sagte sie trotzdem zu.

Es würde zwar ein bißchen anstrengend werden, tagsüber die Finnen herumzuführen und nachts zu kellnern, aber zwischen den Jobs konnte sie sich noch zwei Stündchen erholen, bevor sie in ihre Alwin-alias-Alwine-Kluft schlüpfen mußte.

Kein Problem also, zumal von ihren Kopfschmerzen nichts mehr zu spüren war.

Die Finnen erwarteten sie am Anlegesteg und schienen trotz Dauerregen und lausiger Temperaturen allerbester Laune zu sein. Es handelte sich um eine fünfzehnköpfige Gruppe aus einer Stadt mit Namen Outokumpu, vier Frauen, elf Männer, ungefähr zwischen fünfunddreißig und fünfzig, alle mit auffallend rosigen Wangen und Nasen.

Bei der Begrüßung registrierte Kati den Alkoholdunst, der ihre Schützlinge umgab. Aus Erfahrung wußte sie, daß das von einem Trinkgelage herrührte, das vermutlich die ganze

Nacht gedauert hatte. Reisegruppen aus Skandinavien neigten dazu, sich vollaufen zu lassen, sobald sie die Grenzen ihres Landes hinter sich gelassen hatten. Bei ihnen zu Hause war Alkohol ja bekanntermaßen unerschwinglich.

»Gibt es da drinne etwas ssu trinke?« wollte dann auch gleich ein rosawangiger Herr von ihr wissen. »Iss meine, gibt es eine Bar?«

»Ganz bestimmt«, beruhigte ihn Kati.

»Und ab wann kann man da trinke?«

»Ich denke, Sie können gleich nach dem Frühstück damit anfangen« meinte Kati, woraufhin alle in freudiges Gegröle ausbrachen.

Na, das konnte ja heiter werden. Mit fünfzehn besoffenen Finnen auf einem Ausflugsdampfer.

Kati hoffte, der Barmixer konnte eine gute Margherita mixen. Wenn sich ihre Finnen danebenbenähmen, dann ging ihr das nach zwei Margheritas am Arsch vorbei.

Zumal sowieso nicht viele Leute unterwegs waren, vor denen man sich schämen konnte. Außer ihnen wollte sich nur noch eine Seniorengruppe, einige im Rollstuhl, auf den Dampfer wagen.

Kati musterte die kleine Gruppe und ihre Begleiter flüchtig – und zuckte überrascht zusammen.

Einer der Rollstuhlschieber kam ihr bekannt vor.

Selbst im grauen Morgenlicht konnte er locker acht Punkte auf der nach oben offenen Gluboschinski-Skala verbuchen.

Kein Zweifel, es war Frederic, der Mann, der ihr neulich gegen die allianzversicherte Rentnerin beigestanden hatte.

Frederic erkannte Kati nicht, denn er hatte sie nur als ramponierten Alwin alias Alwine kennengelernt. Kati lächelte ihm zwar kurz zu, als sie im Schiffsinneren nebeneinander zu stehen kamen, aber er hatte nur Augen für die alte Dame im Rollstuhl, die er schob.

Das Wetter erlaubte es nicht, an Deck zu bleiben und die Aussicht zu bewundern, es sei denn, man hatte nichts gegen Regen und Wind einzuwenden und trug wasserfeste Kleidung.

Sowohl die Senioren als auch die Finnen machten es sich im Schiffrestaurant gemütlich, jede Gruppe in einer anderen Ecke.

Die Finnen freuten sich, daß die Bar bereits geöffnet hatte, und bestellten eine Runde Kölsch vom Faß. Die Senioren packten derweil ihre Tupperdosen mit belegten Broten und hartgekochten Eiern aus.

»Wir werden am frühen Nachmittag anlegen und in einem sehr schönen Restaurant mit Blick über die Rheinterrassen Kaffee trinken und Kuchen essen«, erklärte Kati. »Bis dahin kommen wir an vielen interessanten Sehenswürdigkeiten und historischen Schauplätzen vorbei, zu denen ich Ihnen spannende Geschichten erzählen werde. Außerdem möchte ich Sie auf lohnenswerte Fotomotive aufmerksam machen.«

»Bier her, Bier her, oder iss fall um«, sangen die Finnen einstimmig.

»Wir ssind alle im Belegssafts-Chor«, wurde Kati von einer pummeligen Blondine aufgeklärt. »Wir singen und wir trinken gern.«

»Ich verstehe«, sagte Kati. »Die Sehenswürdigkeiten interessieren Sie nicht so sehr?«

»Vielleicht ein anderes Mal«, sagte die Pummelige. »Wenn das Wetter besser ist und das Bier sslesster. Übrigens, iss bin die Hedi.«

»Sehr erfreut«, sagte Kati.

»Bier her, Bier her«, sangen die Finnen, und der Barmixer zapfte, was das Zeug hielt.

»Haben Sie auch Margheritas?« fragte Kati ihn.

»Sicher. Eine Margherita für die Dame.«

Ein fremder Mann schob sich neben Kati auf einen Barhocker. »Für mich ein Mineralwasser, bitte.«

»Kommt sofort.«

»Bist du ein Kollege von Frederic?« fragte Kati. Sie hielt ihn für einen Pfleger aus dem Seniorenheim.

»Kann man so sagen.«

Der Barmixer stellte Mineralwasser und Margherita vor die beiden hin.

»Ist das nicht ein bißchen früh für solch hochprozentige Getränke?« erkundigte sich der Pfleger bei Kati.

»Zu früh? Sagen Sie das denen da«, sagte sie und zeigte über ihre Schulter auf die fröhlich zechenden Finnen. »Das Trinken gehört gewissermaßen zu ihrem Job. Wenn ich ganz nüchtern bleibe, verderbe ich ihnen doch bloß den Tag.«

»Arme verblendete skandinavische Schäfchen!« Der Mann ließ seinen Blick über die angetrunkene Schar schweifen. »Denn sie wissen nicht, was sie tun ... Es stimmt wohl, der Schnaps öffnet dem Teufel Tor und Tür. Aber so ist das: Hänge eine Melone an eine Pappel, so wird es genug Einfaltspinsel geben, welche die Pappel für einen Melonenbaum halten!«

»Hä?« Kati genoß ihre Margherita mit geschlossenen Augen. »Was die Melonen mit meinen Finnen zu tun haben, habe ich nicht verstanden, aber an der Sache mit dem Teufel mag was dran sein. Kaum trinkt man einen Tropfen, klopft er einem auf die Schulter. Ich frage mich allerdings, ob das jedem passiert oder ob man dazu eine Tante wie Alicia mit dem Dosenöffner in der Familie haben muß. Kann ich noch eine Margherita haben?«

»Kommt sofort«, sagte der Barmixer.

»Wußtest du, daß Frederic niemals trinkt?« fragte der Pfleger. »Außer einen Schluck Wein zum Essen und natürlich bei der Kommunion.«

»Du scheinst ihn aber gut zu kennen«, sagte Kati leicht verwundert und sah zu Frederic hinüber. Er stand am Fenster und schilderte zwei Sehbehinderten die trübe Landschaft, die draußen vorbeizog, in den schillerndsten Farben. »Wie ist er denn so?«

Der Pfleger war ihrem Blick gefolgt und ließ einen Seufzer hören. »Einer von den ganz guten. Du wirst viel von ihm lernen können.«

Kati nippte an ihrer zweiten Margherita und lächelte. »Genaugenommen kennen wir uns noch gar nicht.«

»Ihr werdet euch schon noch kennenlernen«, sagte der Pfleger überzeugt. »Ich werde euch einander vorstellen.«

»Wie nett«, erwiderte Kati erfreut.

»Mußt du dich schon wieder einmischen«, ließ sich der Barmixer mit tiefer Stimme vernehmen. »Könnt ihr nicht einmal die Finger aus meinen Geschäften lassen.«

Kati wandte ruckartig den Kopf. Die Stimme war ihr bekannt vorgekommen. Kein Zweifel, hinter der Bar stand niemand anders als Jaromir, der Teufel.

»Seit wann bist du denn hier?« fragte sie erschrocken.

»Er kam beim zweiten Drink«, sagte der Pfleger. »Ich sagte doch, Schnaps öffnet dem Teufel Tor und Tür.«

»O nein«, stöhnte Kati. »Jetzt wagst du es schon, mich am hellichten Tag aufzusuchen. Inmitten lauter Menschen.«

»Und *wie* laut«, stimmte Jaromir zu. Die Finnen hatten nämlich soeben ein finnisches Lied angestimmt, auf die Melodie von »Zehn kleine Negerlein«.

Er stellte eine dritte Margherita vor Kati hin.

»Danke, nein«, winkte Kati ab. »Ich brauche einen klaren Kopf.«

Der Pfleger nickte ihr anerkennend zu. »Ein Nein ist oft der erste Schritt zur Besserung.«

Kati schloß die Augen und zählte innerlich bis zehn. Als sie sie wieder öffnete, waren die beiden Gestalten immer noch da.

»Um eines klarzustellen: Kati arbeitet für mich«, sagte Jaromir. »Es ist vergebliche Liebesmüh', ihr diesen fanatischen Altenpfleger auf den Hals zu schicken. Meine Pläne kannst du damit ohnehin nicht vereiteln.«

»Soviel ich weiß, hat sie ihre Wünsche noch nicht getätigt«, sagte der Weißgekleidete, von dem Kati nun nicht mehr länger glaubte, daß er ein gewöhnlicher Pfleger war. »Bis jetzt hat sie dir jedenfalls standhaft widerstanden, wo schon ganz andere schwach geworden sind. Das zeigt uns doch, daß ein guter Kern in ihr steckt, besser als man auf den ersten Blick vielleicht glaubt.«

»Und diesen guten Kern soll euer orgelspielender Heiligenanwärter nun zutage fördern?« Jaromir brach in rauhes Gelächter aus. »Das ist lächerlich. Er ist überhaupt nicht ihr Typ. Jedenfalls nicht, wenn man die äußere Hülle mal beiseite läßt.«

»Es sei denn ...« Der Pfleger klopfte sich bedeutungsvoll auf die Brusttasche seines Sakkos und lächelte. »Ich habe immer einen kleinen Vorrat Amorpfeile bei mir. Na ja, und wir beide wissen: Wo die Liebe hinfällt ...«

»Oho, ich sehe, du kämpfst mit unfairen Mitteln«, sagte Jaromir. »Das zeigt mir aber, wie unsicher ihr euch in der Sache seid. Die Pfeile Amors sollen ja immer schwerer zu beschaffen sein in den letzten Jahrhunderten.«

»Der Barmixer mixt Whisky, der Barmixer mixt Whisky, der Barmixer mixt Whisky«, skandierte Kati laut. »Seht ihr? Kein einziger, Versprecher, probiert ihr das mal!«

»Der Barmixer wichst Mixky ...«, versuchte es der Pfleger und stockte schamrot. »Das ist wirklich ein schwerer Zungenbrecher.«

»Der Barmixer mixt Whisky«, wiederholte Kati. »Fehlerfrei! Das bedeutet, *ich* bin noch nüchtern. Bei vollem Verstand. Ihr dürftet überhaupt nicht hier sein.«

»Niemand ist nach meinen Margheritas nüchtern«, stellte Jaromir klar. »Kati, hast du dir deine drei Wünsche in der Zwischenzeit überlegt?«

»An den Spieß der Versuchung steckt der Teufel den größten Braten«, sagte der Pfleger mahnend.

»Ach was«, korrigierte Kati ihn wütend. »Von wegen! Ich hatte mir gewünscht, fliegen und mich unsichtbar machen zu können, aber Jaromir hat erklärt, er könne mir nur *vernünftige* Wünsche erfüllen. Wenn das ein großer Braten am Spieß der Versuchung sein soll, dann hungere ich lieber!«

»Sehr gut«, lobte der Pfleger und warf Jaromir einen triumphierenden Blick zu.

»Freu dich nicht zu früh«, sagte der verächtlich. »Kati ist klug wie ein Wiesel, aber ihr guter Kern hat allenfalls die

Größe einer Kellerassel, wenn nicht einer Bakterie. Und deshalb gehört sie mir!«

»Das werden wir noch sehen«, entgegnete der Pfleger. Er drehte einen hübsch geschnitzten Pfeil zwischen seinen Fingern.

»Auch eure miesen Tricks werden euch nichts nutzen«, behauptete Jaromir selbstsicher. »Im Gegenteil. Ich sage nur: Es ist schon mancher Pfeil nach hinten losgegangen.«

»Wovon, zur Hölle, sprecht ihr eigentlich?« wollte Kati wissen. Sie hatte sich entschlossen, die dritte Margherita doch zu trinken. Schlimmer konnte es ja nicht mehr werden.

Ein Finne torkelte neben ihr an die Bar.

»Noch mal eine Runde Kölss für uns alle«, rief er. »Und dazu ein Schnaps für den Magen.«

»Kommt sofort«, sagte Jaromir.

»Und wir beide gehen hinüber zu Frederic«, sagte der Pfleger und legte den Arm um Kati. »Er wird sich sicher freuen, dich kennenzulernen.«

»Na, ich weiß nicht«, erwiderte Kati. »Sie sind mir auch nicht ganz geheuer. Dieses ganze Gerede von Pfeilen und so – da wird man doch mißtrauisch.«

»Möchtest du ihn nun kennenlernen oder nicht?«

»Auf jeden Fall.« Kati leerte ihr Glas und stellte es auf der Theke ab. »Nur scheint es mir eventuell geboten, zu warten, bis ich wieder nüchtern bin. Ich meine, ich bin wohl im Augenblick nicht ganz zurechnungsfähig, und ich will nicht ausschließen, daß ich in die Fußstapfen meiner Tante Alicia trete und mit dem Dosenöffner auf meinen neuen Bekannten losgehe ...«

»Das wird schon nicht passieren«, beteuerte der Pfleger und führte sie sanft, aber unnachgiebig auf Frederic und die Senioren zu, die mittlerweile das Frühstück beendet hatten und »Alle Vögel fliegen hoch!« spielten. »Das ist Kati, Frederic, die begleitet die finnische Reisegruppe dort«, sagte er.

Frederic trommelte mit den Fingern auf die Tischplatte.

»Alle Elefanten fliegen hooooch«, rief er. »Freut mich, dich kennenzulernen, Kati. Möchtest du mitspielen?«

»Eher nein«, sagte Kati. Etwas zog sie mit Macht zurück zur Bar.

»Und jetzt wird es ganz schwierig«, sagte Frederic trommelnd. »Alle Emus fliegen hoooch!«

»Ach du lieber Herr Gesangverein«, murmelte Kati und wandte sich zum Gehen. »Und dabei sieht er wirklich nicht aus wie ein Fünfjähriger.«

»Hiergeblieben«, befahl der Pfleger und packte sie am Ellbogen.

»Nein. Als ich sagte, ich möchte ihn näher kennenlernen, war ich im Irrtum«, wollte Kati sagen, als sie einen schmerzhaften Stich in der Herzgegend spürte. Sie stieß einen leisen Schrei aus.

»Au! Was war das?«

Der Pfleger antwortete nicht. Er lächelte nur.

»Alle Pinguine fliegen hoooooch!« rief Frederic. »Wie sieht's aus, Kati, hast du nicht Lust, mitzuspielen? Gleich machen wir noch Schokoladenessen und ›Hänschen, piep einmal.‹«

»Klingt toll«, sagte Kati und ließ sich seltsam benommen am Tisch nieder. Der Schmerz ließ langsam nach, es blieb nur ein warmes Gefühl zurück.

O Himmel, wie blau Frederics Augen waren! Und dieses Lächeln! Einfach unwiderstehlich!

»Meine Finnen kommen ganz gut ohne mich aus, glaube ich.«

Sie veranstaltete einen Trommelwirbel mit ihren Fingern. Gar nicht so übel, dieses Spiel.

»Alle Wildesel fliegen hooooch!« rief sie.

Jaromir hinter der Bar schlug sich die flache Hand vor die Stirn. »Nicht zu fassen! Diese Pfeile sollten wirklich aus dem Verkehr gezogen werden.«

Die Bootsfahrt verlief ohne größere Zwischenfälle. Die Finnen tranken das Kölschfaß völlig leer und gingen dann zu Whisky über, während Kati, um in Frederics Nähe zu bleiben, den Senioren Gesellschaft leistete. Als der Regen gegen Mittag wieder etwas weniger wurde, half sie, ein paar der alten Leute im Rollstuhl an Deck zu hieven. Sie erzählte ihnen sogar die Geschichte von der Loreley, zumindest ihre Version davon, was ihr ein dickes Lob von Frederic eintrug.

»Du kannst ganz toll mit Senioren umgehen«, sagte er, und Kati schmolz bei seinen Worten dahin. Die Begegnung mit Jaromir und dem seltsamen Pfleger sowie der schmerzhafte Stich waren völlig aus ihrem Gedächtnis verschwunden.

Jetzt zählte nur noch Frederic. Je näher sie ihn kennenlernte, desto netter fand sie ihn.

»Alte Leute sind einfach wunderbar. Weise, bewundernswert, tapfer«, sagte er mit leuchtenden Augen.

Gut, es wäre schön gewesen, wenn er sich etwas mehr um sie anstatt um die alten Leute gekümmert hätte, aber alles zu seiner Zeit.

»Ist Altenpfleger eigentlich dein Hauptberuf?« erkundigte sie sich.

»O nein. Ich studiere Kirchenmusik an der Hochschule. Im Altenheim arbeite ich nur mittwochs und freitags. Geld springt dabei viel zu wenig rum, aber ich mach's ja auch nicht für Geld. Ich hab' die alten Leutchen einfach liebgewonnen, verstehst du?«

»Ähm, ja«, log Kati und betrachtete einen alten Herrn, der sich gerade die Reste des Frühstücks aus den Zähnen entfernte. Er versuchte offensichtlich, damit die Möwen zu füttern, die das Schiff unter lautem Krächzen umschwirrten.

»Und was machst du so?« wollte Frederic wissen.

»Ich studiere auch«, teilte ihm Kati mit. »Und natürlich jobbe ich auch nebenher. Ich mache hier ab und zu den Reiseleiter, und dann gehe ich noch kellnern. Immer freitags.« Ihren dritten Job verschwieg sie wohlweislich.

»Ich kellnere auch«, sagte Frederic. »Auch freitags.«

Sieh mal einer an! »Tatsächlich?«

Und ich weiß auch wo, dachte Kati. Allerdings wette ich hundert zu eins, daß du's mir nicht verrätst.

»Und wo?« fragte sie dennoch.

»Ähm.« Frederic wurde knallrot. Offenbar war ihm sein Job als kellnernder Transvestit in der Lilobar peinlich, genau wie Kati vermutet hatte.

Ein Aufschrei des alten Mannes, der die Möwen gefüttert hatte, enthob ihn einer Antwort.

»Mein Gebiff ift weg!«

»Herr Großkötter! Was sagen Sie denn da? Wir waren doch erst letzte Woche beim Zahnarzt!«

»Eff ift einfach über die Reling geflogen!« rief Herr Großkötter aus. Offenbar hatte er statt der Brotkrümel gleich seine ganze Zahngarnitur über Bord geworfen und wollte es jetzt nicht zugeben.

»Da! Da!« schrie eine alte Dame aufgeregt und zeigte auf eine Möwe. Es war nicht genau zu erkennen, aber es sah aus, als trüge der Vogel Herrn Großkötters Gebiß im Schnabel.

»Achttausend Mark zum Teufel«, stöhnte Frederic. »Herr Großkötter, wie konnte das nur passieren?«

»Weiff ich auch nicht«, behauptete Herr Großkötter bokkig. »Plötzlich war eff einfach weg.«

Der Augenblick der schönen Zweisamkeit war augenscheinlich vorüber. Jemand nutzte die Gelegenheit, das letzte bißchen Romantik zu vertreiben, schubste Kati grob auf die Seite und beugte sich über die Reling.

Es war einer ihrer Finnen, der einen Großteil seines Mageninhaltes in den Rhein entleerte. Die Geräusche, die er dabei von sich gab, machten es Kati schwer, sich nicht danebenzustellen und es ihm gleichzutun.

Aber der Finne schien nicht wirklich zu leiden.

Als er endlich fertig war, wischte er sich den Mund ab, drehte sich um und grinste ohne die geringste Verlegenheit.

»Kilpinen«, sagte er (oder so ähnlich), und Kati vermutete, daß das auf finnisch hieß: »Weiter geht's.«

Auf jeden Fall torkelte der Gute die Treppe hinab ins Restaurant und verlangte einen neuen Schnaps. Einen doppelten.

Am Nachmittag kam die Sonne heraus und tauchte die abgeernteten Weinberge rings um das Restaurant, in welchem Kati samt Reisegruppe und – welch Zufall – auch Frederic mit seinen Senioren abgestiegen war, in goldenes Licht.

Aber der schöne Ausblick war an die Finnen gänzlich verschwendet. Sie hatten auch hier nur eines im Kopf: Statt des Kaffees verlangten sie Wein, piep egal, welchen, und die Wirtin freute sich, ihren unbeliebtesten Ladenhütertropfen endlich an den Mann bringen zu können.

Den Kuchen ließen sich die Finnen allerdings schmecken. Danach gingen sie wieder dazu über, »Bier her, Bier her« zu singen und dasselbe auch zu trinken.

Kati gesellte sich wieder zu Frederic.

»Wo waren wir stehengeblieben?« fragte sie. »Ach ja, bei deinen Nebenjobs. Wo arbeitest du noch mal?«

»Sonntags spiele ich Orgel in der Messe. Ich vertrete die hauptamtlichen Kantoren bei Krankheit«, antwortete Frederic ausweichend.

»Aha, wie interessant!« Es mußte doch möglich sein, dem Kerl noch ihre Telefonnummer aufzuschwatzen und ein Wiedersehen zu organisieren, bevor der Bus kam. Sie würden sich zwar vermutlich noch heute nacht in der Lilobar treffen, aber dort war sie schließlich als Alwin alias Alwine, und nicht als Kati Gluboschinski, in ihrer ganzen unwiderstehlichen Schönheit.

Ein Strahl der Novembersonne schien soeben wie bestellt auf ihre Lockenpracht und verlieh ihr eine Art goldenen Heiligenschein. Das schien sogar dem beschäftigten Frederic aufzufallen. Für einen Augenblick waren seine Schutzbefohlenen völlig vergessen. Er schenkte ihr eines seiner hinreißenden Brad-Pitt-Lächeln.

Kati wollte zurücklächeln, und zwar mit ihrem mindestens ebenso hinreißenden Julia-Roberts-Lächeln, als ihr jemand auf die Schulter tippte. Aus dem Julia-Roberts-Lächeln wurde ein Glenn-Close-Blick der übelsten Sorte, dazu gedacht, 101 kleine Dalmatiner einzuschüchtern. Er traf die kleine dikke Finnin namens Hedi, die als einzige noch einen nüchternen Eindruck machte. Na ja, jedenfalls verglichen mit den anderen.

»Jöran iss weg.«

»Was ist Jöran?« fragte Kati ungehalten. Konnte die nicht sehen, daß sie sich gerade unterhielt?

»Jöran iss der in den gestreiften Hosen«, erklärte die Finnin. »Der, der kein Deutss sprisst.«

Sie sah Kati aufmunternd an. Kati schüttelte den Kopf.

»Der, der über die Reling ...«, sagte Hedi.

»Ach der«, sagte Kati. »Ja, wo ist er denn?«

»Wissen wir eben nisst«, sagte Hedi fröhlich. »Auf dem Boot war er jedenfalls noch da. Hat am Tiss gesslafen wie ein Baby.«

Kati schwante Böses.

»Vielleicht ist er ja hier und kotzt nur gerade das Klo voll«, sagte sie hoffnungsvoll.

»Nein, das tut er nisst. Das Klo kotzen Björn und Lasse voll, Jöran ist weg.«

»Dann ist er auf dem Boot geblieben?«

»Ja, das haben wir uns auch überlegt.«

»Armer Jöran«, sagte Frederic.

»Armer Jöran?« wiederholte Kati böse. Arme Kati paßte doch wohl eher. Verlor mal eben einen ihrer Schutzbefohlenen. Auf der anderen Seite – was sollte ihr schon groß passieren? Die Finnen waren ja schließlich volljährig, und wenn einer von ihnen sich überlegte, auf dem Dampfer bis nach Bingen zu schippern, bitteschön! Das war ein freies Land.

»Das ist ja entsetzlich!« Frederic sah ehrlich besorgt aus. »Der arme Mann. Und er kann wirklich kein Deutsch, sagen Sie?«

Die Finnin schüttelte den Kopf. »Machen Sie siss keine Sorgen. Wir Finnen sind wie eine Herde Ssafe. Ab und zu verirrt siss ein Lamm, aber früher oder später findet es immer zur Herde zurück!«

»Na hoffentlich.« Kati war wirklich verärgert.

»Ich verstehe, daß du dir Sorgen machst«, sagte Frederic. »Das ist wirklich schlimm. Dagegen ist der Verlust von Herrn Großkötters Gebiß ja geradezu harmlos. Was willst du denn jetzt machen?«

Kati warf ihm einen irritierten Blick zu. Machte der sich etwa über sie lustig? Aber nein, in seinem Gesicht war nichts zu lesen außer ehrlicher Sorge.

»Ich ähm ...« Eigentlich hatte sie nicht vor, wegen dieses bescheuerten Jörans irgend etwas zu unternehmen. Es war schließlich nicht ihre Schuld, wenn der Mann zu besoffen war, um auszusteigen. Und wie die dicke Hedi schon sagte: Die Finnen waren wie Schafe ...

»Der findet sson wieder zurück nach Köln«, meinte Hedi auch jetzt. »Sisser gibt es in Bingen Taxi – oder?«

»Sicher«, bestätigte Kati erleichtert. »Das wird Jöran ja wohl noch auf die Reihe kriegen.« Damit war die Angelegenheit für sie erledigt.

Aber Frederic wollte sich damit nicht zufriedengeben. »Das mindeste, was wir für ihn tun können, ist in Bingen am Hafenbüro anrufen und jemanden bitten, Jöran abzuholen und in ein Taxi nach Köln zu setzen. Oder besser noch in einen Zug. Ein Taxi würde ein Vermögen kosten.«

»Ja, wenn du meinst«, sagte Kati. Es lag ihr sehr daran, daß Frederic gut von ihr dachte. Und wenn sie dafür den barmherzigen Samariter spielen mußte. Sie setzte eine engelsgleiche Miene auf, schenkte Hedi und Frederic ein beruhigendes Lächeln und suchte den öffentlichen Fernsprecher vor dem Lokal auf. Dort hielt sie sich eine Weile den Hörer ans Ohr.

»Wahrscheinlich gibt es ohnehin kein Hafenbüro in Bingen«, sagte sie, nur um die Lippen zu bewegen. »Und selbst wenn, die würden sich bedanken, wenn ich sie bäte, einen besoffenen Finnen aus einem Ausflugsdampfer zu zerren.« Ein Anruf war wirklich überflüssig. Dieser Idiot Jöran würde schon von allein von Bord wanken, »Taxi, Taxi« rufen und irgendwie nach Köln zurückkommen. Und falls er nicht wach wurde, konnte er die Tour immer noch rückwärts antreten. Oder fuhr das Schiff weiter bis Basel? Auch egal.

Hauptsache, Frederic hielt sie für freundlich und fürsorglich. Nicht alle Männer schwärmten bekanntlich für Biester. Und warum sollte man den Mann gleich mit der grausamen Wahrheit konfrontieren?

Nach ein paar Minuten verließ sie die Zelle und gesellte sich wieder zu ihren Finnen. Frederic, der mit einer alten Dame Händchen hielt, sah neugierig zu ihr herüber.

Sie winkte ihm zu.

»Alles in Ordnung«, sagte sie strahlend zu ihrer Reisegruppe. »Euer Jöran wird in Bingen abgeholt und in ein Taxi gesetzt.«

Die Finnen brachen in begeistertes Gegröle aus.

»Fünfssehn kleine Finnen, die fuhren mal nach Köln!« sangen sie vielstimmig. »Der Jöran nahm ein Taxi, da waren es nur noch viersssehn.«

»Wir sind alle im Belegssafts-Chor«, erklärte Hedi wieder.

»Das hört man«, erwiderte Kati matt.

Die Begeisterung der Sänger ließ allerdings schlagartig nach, als Kati sie wissen ließ, daß ihr Bus in einer Viertelstunde einträfe, um sie zurück nach Köln zu bringen.

Eine hektische Betriebsamkeit begann. Die Finnen versuchten, die Wirtin zu beschwatzen, ihnen Wein und Schnaps für die lange Rückfahrt zu verkaufen.

Kati schlenderte derweil noch einmal hinüber zu Frederic und seinen Senioren. Es war noch Zeit für einen letzten Flirt.

Frederic unterhielt sich mit einer alten Dame, die seine Hand mit ihren beiden Händen umfaßt hielt.

»Das ist Trautchen«, stellte Frederic vor. »Trautchen spricht sechs Sprachen fließend. Sie hat Brieffreunde in der ganzen Welt. Trautchen, das ist Kati.«

Kati lächelte und schüttelte Trautchens zarte, ringbestückte Hand. »Freut mich, Trautchen.«

Trautchen lächelte zurück. »Quelle belle jeune fille! Aber nennen Sie mich doch ruhig Frau Irlenbusch, meine Liebe.«

Frederic lachte.

»Ist sie nicht reizend?« fragte er und meinte damit Trautchen Irlenbusch, nicht etwa Kati.

»Alles in Ordnung mit deinen Finnen?« erkundigte er sich immerhin.

Kati nickte. »Wir fahren jetzt gleich.«

»Oh, das ist aber schade. It's a pity«, sagte Trautchen. »N'est pas, Frederic?«

»War nett, dich kennenzulernen, Kati«, sagte Frederic. Nach ihrer Telefonnummer fragte er nicht.

Kati machte ein enttäuschtes Gesicht.

»C' est la vie«, sagte Trautchen nicht ohne Schadenfreude, wie Kati schien.

»Sie haben da was an den Zähnen, *Frau Irlenbusch«,* sagte sie. »Sieht aus wie Haftcreme.«

Trautchen hörte auf zu feixen.

»Vielleicht sehen wir uns ja mal wieder«, versuchte es Kati noch einmal bei Frederic. »Obwohl, so wahrscheinlich ist das ja nicht in einer Stadt wie Köln. Immerhin gibt es dort über eine Million Einwohner.«

Trautchen zupfte Frederic am Ärmel.

»Man weiß ja nie«, erwiderte er heiter.

»Lectione due. Est libero questo posto?« fragte Trautchen.

»Ich glaube, das soll heißen: Meine Stützstrümpfe rutschen«, sagte Kati.

Frederic verstand glücklicherweise nicht, daß Kati nur einen geschmacklosen Scherz gemacht hatte, sondern beugte sich sofort über Trautchen. »Das haben wir gleich, Trautchen.«

»Tja dann«, sagte Kati. »Wiedersehen.«

»Hasta la vista, Baby«, sagte Trautchen.

»Arrivederci«, sagte Frederic, ohne aufzuschauen.

Kati überließ ihn seiner Arbeit, natürlich nur, weil sie felsenfest daran glaubte, daß sie sich wiedersehen würden, und zwar in der Lilobar, noch heute abend. Aber eines wußte sie jetzt schon: Es würde sicher nicht einfach werden mit diesem Kerl.

Statt eines natürlichen Unbehagens spürte sie nur ein angenehmes Kribbeln im Magen.

Sie wußte es nicht, aber das lag an dem geheimnisvollen Pfeil, der sie getroffen hatte. Sein Gift, wenn man es so nennen will, sorgte dafür, daß ihr die Vorstellung, Frederic einer Achtzigjährigen mit rutschenden Stützstrümpfen abspenstig zu machen, als lohnendes Abenteuer erschien.

Das Leben war voller wunderbarer Herausforderungen.

5. Kapitel

»Ich habe alles wieder zugenommen und noch ein Kilo drauf!« schleuderte Cosima Kati entgegen, kaum daß sie die Wohnungstür aufgeschlossen hatte. »Ist das nicht gemein? Und jetzt sieh nur, was ich vor lauter Frust gekauft habe.« Sie zeigte auf den Stapel Schokoladetafeln in ihrer Hand.

»Gib sie mir, wenn du sie nicht essen willst«, sagte Kati. »Ich sorge schon dafür, daß du nicht eine Kalorie davon zu dir nehmen mußt.«

»Wer hat gesagt, daß ich sie nicht essen will?« rief Cosima. »Meinst du, ich kaufe acht Tafeln Schokolade, um sie nicht zu essen?«

»Ich dachte, das sei Psychotraining und gehöre zu deinem Montedingsda.«

»Montignac. Komm mir bloß nicht mit dem!«

»Schon gut! Du brauchst nicht so zu schreien!«

»Ich soll nicht schreien? Ich halte mich eine ganze Woche an alle Vorschriften, die dieser Montignac einem macht, und das sind, weiß Gott, eine Menge. Und trotzdem nehme ich ein Kilo zu! Soll man dabei noch fröhlich sein?«

»Und was war mit der Pizza?« fragte Kati vorsichtig. Sie hatte keine große Lust, Cosimas Wut auf sich zu ziehen.

»Pizza? Komm mir nicht mit Pizza«, rief Cosima außer sich.

»Eine einzige Pizza, die kann doch nicht die Arbeit von Wochen über den Haufen werfen! Diesen Montignac müßte man anzeigen. Von wegen, man darf so viel essen, wie man will!«

»Ich halte ohnehin nichts von Diäten. Aber ich bin sicher, daß dein Montezuma dir auch nicht die Fritten mit Mayo und Currywurst erlaubt, die du vorgestern gegessen hast.«

»O doch. Das tut er«, behauptete Cosima. »Man darf Ausnahmen machen, das schreibt er ausdrücklich. Und vorgestern war eine Ausnahme. Die Pizza war schließlich auch nur ausnahmsweise! Ist das etwa ein Grund, gleich zuzunehmen?«

Kati hatte allmählich genug von dieser Diskussion. Sie schwieg. Cosima riß die Verpackung der obersten Schokoladetafel auf, schob sich einen Riegel in den Mund und folgte ihr in die Küche.

»Was soll's? Wechseln wir das Thema. Weißt du, wer heute hier war?«

»Nein, aber wohin ist der Kühlschrank verschwunden? Oder ist das wieder eine Halluzination? So hungrig wie ich bin, ist eine Halluzination nicht auszuschließen.«

Cosima hielt ihr die Schokolade hin. »Das wollte ich dir gerade erzählen. Rate doch mal, wer hier war und den Kühlschrank mitgenommen hat.«

»Godzilla? Der Gerichtsvollzieher?«

»Nein. Falsch.«

»Der Mann vom Bauknecht-Kundendienst?«

»Auch nicht «

»Wer dann? Jetzt sag's schon!«

Cosima wartete noch eine Sekunde, dann sagte sie: »Bernadette und Vincent und mehrere Möbelpacker waren hier und haben Bernadettes Sachen geholt. Und wenn ich sage, ihre Sachen, dann meine ich wirklich alles, sogar die Baumwolleinkaufsbeutel, die in der Abstellkammer hängen – vielmehr hingen. Die Alte läßt wirklich nichts verkommen, sage ich dir. Sie hatte auch noch die Quittung vom Kühlschrank und drohte mit einer Klage, als ich zaghaft zu protestieren wagte.«

»Frechheit!« schnaubte Kati. »Dabei hat Vincent doch unter Garantie einen Kühlschrank in seiner Wohnung! Alles Schikane!«

»Vincents Kühlschrank hat angeblich kein, Viersterne-Fach, aber das Beste kommt noch! Weißt du, was Bernadette ist?«

»Tiefkühlkost?«

»Nein, nicht was sie ißt, sondern was sie ist!«

»Nicht ganz zurechnungsfähig? Geizig? Rachsüchtig? Ein Fall für den Vorschlaghammer?«

»Das auch! Nein, noch viel schlimmer! Sie sagt, sie ist ...«, Cosima legte eine dramatische Pause ein, in der sie sich noch einen Riegel Schokolade in den Mund schob, »... schwanger.«

»Bernadette?«

»Wer sonst?« erklärte Cosima mit vollem Mund.

»Ich hätte niemals gedacht, daß sie über weibliche Geschlechtsorgane verfügt«, sagte Kati.

»Doch, ganz frisch geschwängert ist sie. Erste Woche oder so. Ich finde, sie kann sich bei uns bedanken, wäre der Frosch nicht gewesen, hätte sie Vincent niemals entjungfert. Wie findest du das? Bernadette ist damit die letzte meiner Cousinen, die ein Kind bekommt. Das heißt, ich bin als einzige übrig! Weißt du, was das bedeutet? Das bedeutet, daß ich die einzige in unserer Familie bin, die weder verheiratet noch schwanger noch Mutter ist! Weißt du, wie ich mich dabei fühle?«

Kati durchsuchte die Küchenschränke nach etwas Eßbarem.

»Jung? Frei?« schlug sie vor. »So, als würde dein ganzes Leben noch vor dir liegen?«

»Nein!« rief Cosima, den Mund wieder voller Schokolade. »Ich fühle mich beschissen. Und soll ich dir mal was sagen?«

»Nein«, sagte Kati. Sie haßte es, wenn sich Cosima in dieser hysterischen »Keinerliebtmich«-Stimmung befand.

»Mein Leben ist eine einzige Katastrophe. Ich habe keinen Mann, kein Kind, keine Karriere, *und ich bin nicht mal schlank!!!* Ich könnte heulen!« Glücklicherweise tat sie es aber nicht. Statt dessen schob sie sich noch ein Stück Schokolade in den Mund.

»Mensch, Cosima. Ich bin auch unbemannt, ohne Nachwuchs und ohne Karriere, wenn dich das tröstet.«

»Nein!« sagte Cosima. »Das tröstet mich überhaupt nicht.«

Na, Alwin-Baby, wieder gesund?« fragte Marlene alias Clotwig Schläger, als Kati durch den Eingang der Lilobar stöckelte.

»Ja«, erwiderte sie knapp.

»Sahst ganz schön mies aus«, sagte Marlene und streichelte zärtlich den Pittbullterrier, der zu seinen Füßen saß und durch den Maulkorb nicht eben schöner aussah. Der Pittbull gehörte Heinz und hieß Liebchen.

»Danke, das Kompliment gebe ich zurück«, murmelte Kati so leise, daß Marlene es nicht hören konnte. Sie stöckelte auf ihren pinkfarbenen High-Heels (Größe 43, mit Tape und

Watte halbwegs passend an ihren 39er Fuß angepaßt) an ihm vorbei in die Garderobe.

»Hi, alle zusammen«, sagte sie zu den Männern, die dort gerade dabei waren, sich in Frauen zu verwandeln.

Da war der/die rothaarige Lilo, der im echten Leben eine gutgehende psychiatrische Praxis unterhielt, daneben Robert/a, dessen Frau und Kinder ihn mit einem Freund zum Squashspielen und anschließend in einer Kneipe glaubten, und schließlich die schwarze Barbara, die tagsüber Johann hieß (frei nach dem Heino-Song: »Es öffnet die schwa-harze Barbara, und es schenkte der grobe Johann«) und angeblich Oberstudienrat war.

Neben dem groben Johann saß ein Neuer, dem das Ankleben der falschen Wimpern offenbar große Probleme bereitete. In der zarten Blondine erkannte Kati ihren Frederic.

Zugegeben, er sah niedlich aus in diesem hautengen Fummel in Bleu mit Glitzersteinchen am Kragen und dem obligatorischen Gelbeutel-BH Körbchengröße C (weniger Oberweite hatte Heinz strengstens untersagt), aber er war so gar nicht mehr Katis Typ. Da hatte er heute auf dem Dampfer in Zivilkleidung doch bedeutend mehr hergemacht – na ja, zumindest hatte er entschieden männlicher ausgesehen.

Sie bot ihm dennoch ihre Hilfe bei den Wimpern an, und das trug ihr einen dankbaren Augenaufschlag von Frederic ein.

»Sie kleben überall, nur nicht an meinem Augenlid.«

»Das kenne ich«, sagte Kati, während sie mit geschickten Händen das Lid abpuderte, damit es fettfrei war. »Man gewöhnt sich dran. Glaub mir, nach einem halben Jahr ist das auch für dich nur noch Routine.«

»Ich glaube nicht, daß ich ein halbes Jahr hierbleibe.« In

Frederics Stimme schwang so etwas wie Abscheu. Er merkte es offenbar selbst und versuchte es mit einem kleinen Lachen zu vertuschen. »Ich hoffe nur, ich bekomme soviel Trinkgeld, wie die anderen sagen.«

»Das kommt ganz auf dich an«, sagte Oberstudienrat Johann und schwenkte seine schwarze Barbaraperücke nach hinten. »Wie gut du mit deinem Hintern wackelst.«

»Und wie gut du dir die Bestellungen merken kannst«, ergänzte Lola. »Letzten Freitag hast du hier ein ganz schönes Chaos angerichtet. Du hattest Glück, daß der Heinz das nicht miterlebt hat, sonst wärst du gleich wieder rausgeflogen. Und Clotwig hat ausnahmsweise mal nicht gepetzt. Scheint auf dich zu stehen.«

»Kann sein«, sagte Frederic verlegen. »Heute wird es besser klappen. Ich hab' zu Hause geübt, auf den hohen Absätzen zu laufen, und werde diesmal kein Tablett fallen lassen, das ist versprochen.«

Heinz streckte seinen dicken Schweinekopf in den kleinen Raum: »Was ist los, die Damen? Draußen sind die ersten Gäste, und ihr haltet hier noch einen Kaffeeklatsch ab. Ist das eure Art von Fitneßtraining? Statt Jogging Kaffeklatsching? Haha! Marsch an die Arbeit, sonst bekomme ich nicht übel Lust, mal wieder jemandem die Schnauze zu polieren.«

»Na dann, Hals und Beinbruch«, sagte Kati zu Frederic. Er lächelte sie schief an.

Zum Kellner schien er wirklich nicht geboren zu sein, das konnte Kati im Laufe des Abends feststellen. Er hatte offensichtlich null Ahnung auf diesem Gebiet, und von den meisten Drinks hatte er noch nie gehört.

»Eine Pinacola, einen Gin-Fick und ein Mais-Teil bitte«, gab er in aller Unschuld seine Bestellungen weiter, und der/

die Mann/Frau hinter der Bar schlug genervt mit der Faust auf die Platte.

»Am Anfang fand ich's ja noch lustig, du Flachwichser, aber allmählich könntest du dir die Sachen mal merken. Gin-Fizz, Mai Tai und Pina Colada, kapiert?«

»Hab' ich doch gesagt«, behauptete Frederic, wischte sich die feuchte Stirn ab und schmierte dabei Make-up an sein Kleid.

Kati beobachtete ihn mitleidig. Na ja, da mußte er durch, das hatte jeder von ihnen mitgemacht. Obwohl, so dämlich hatte sich eigentlich noch niemand angestellt. Warum tat er sich das nur an? Er hatte doch seinen Job im Altersheim.

Als sie ihn später am Abend auf der Toilette traf, bot sie ihm einen ihrer selbstgedrehten Joints an.

»Macht dich ein bißchen cooler.«

»Ist das Hasch?«

»Yeah«, sagte Kati. »Einer der Stammgäste gibt das immer statt Trinkgeld.«

»Ich rauche nicht«, sagte Frederic und versuchte ungeschickt, sein ramponiertes Make-up zu restaurieren. »Ich brauche überhaupt keine Drogen, ich lebe auch so sehr intensiv.«

»Nun ja.« Kati nahm ihm den Rougepinsel aus der Hand und bearbeitete damit sein Gesicht. »Dann bist du in diesem Laden wirklich fehl am Platz. Ich frage mich sowieso, wie jemand wie du sich hierher verirrt hat.«

»Bin eben Heinz einen Gefallen schuldig«, sagte Frederic vage. »Und Geld kann ja jeder brauchen, oder?«

»Klar. Die Frage ist nur, wie kommt so'n Typ wie du an Freunde wie Heinz und seine brutalen Schläger?«

»Freundschaft kann man das nicht nennen«, erklärte Frederic ausweichend. »Mehr so eine lockere Bekanntschaft.«

»Verstehe«, sagte Kati. »Halt still, jetzt ist der Lidstrich dran.« In Wirklichkeit verstand sie immer noch nichts, nur daß Frederic etwas vor ihr geheimhalten wollte. Das machte ihn doch gleich wieder interessanter. Ein Mann mit Geheimnissen wirkte auch in Frauenkleidern sexy.

»Also, wenn ich dich richtig verstehe, dann hast du Geldprobleme« sagte sie einfach so ins Blaue hinein.

»Hm«, machte Frederic zustimmend. »Ich bin da in so eine Sache reingeraten. Und Heinz ... also, dem bin ich jetzt was schuldig. Und das kann ich hier abarbeiten. Marlene sagt, vom Trinkgeld kann ich sogar die Hälfte behalten.«

»Verstehe«, sagte Kati wieder.

»Letzten Monat mußte ich zu allem Überfluß aus meiner Wohnung raus, und was Neues habe ich nicht in Aussicht. Im Studentenwohnheim haben sie erst im Jahr 2000 wieder ein Zimmer frei.«

»Dann wohnst du zur Zeit auf der Straße?« Das waren ja ganz neue Einblicke, die Frederic da preisgab.

»Noch nicht. Noch wohne ich vorübergehend in einem Auffangheim für katholische Männer. Das geht aber nur noch für zwei Wochen, dann muß ich da auch raus.«

Die Klotür öffnete sich, und Marlene kam herein.

»Ein Privatplausch?« fragte er säuerlich. »Das sieht der Heinz aber gar nicht gern.«

»Alwin hat mir nur geholfen, das Make-up zu erneuern«, beeilte sich Frederic zu erklären. »Und ich habe ihm erzählt, daß ich eine Wohnung suche.«

»Du suchst eine Bleibe?« rief Marlene aus. »Also, wenn du nicht weißt wohin, meine Tür steht dir immer offen. Du bräuchtest auch keine Miete zu zahlen, Schnuckelchen. Dazu gefällt mir dein Hintern viel zu gut.«

»Ja, vielen Dank«, sagte Frederic. »Aber ich suche eigentlich ein Zimmer in einer Studenten-WG.«

»Aber bei deiner Finanzlage darf es nur ganz, ganz wenig kosten, nicht wahr, Fredi-Baby?«

»Richtig«, sagte Frederic.

»Bei Freunden von mir wird ein Zimmer in einer WG frei«, sagte Kati langsam. »Vielleicht fragst du da mal nach.«

»Wie teuer?« fragte Frederic.

»Dreihundertzehn warm«, antwortete Kati wie aus der Pistole geschossen. Wenn einer den Preis kannte, dann sie!

»Das ist bezahlbar«, meinte Frederic.

»Toll!« freute sich Kati. »Dann gebe ich dir gleich mal die Telefonnummer.«

»Fredilein, da bin ich aber jetzt beleidigt«, mischte sich Marlene ein. »Du könntest noch heute nacht bei mir einziehen und ganz mietfrei mein Bettchen mit mir teilen, und du willst lieber zu wildfremden Menschen ziehen. Was sind denn das überhaupt für Leute?«

»Zwei Studentinnen, vierundzwanzig Jahre, sehr nett, sehr intelligent«, sagte Kati. »Vor allem die hübschere von beiden. «

»Und gute Freunde von dir?« fragte Frederic.

Kati glaubte, einen mißtrauischen Unterton herauszuhören, und entschloß sich zu sagen: »Nein, eigentlich nur Bekannte. Mehr oder weniger unverbindlich. Besser sagst du gar nicht, daß der Tip von mir kommt.« Das unterließ er tatsächlich besser, denn Cosima hatte eine Menge Vorurteile gegen die Leute aus der Lilobar.

»Das würd' ich mir aber noch mal überlegen, Fredi. Ich schlafe zur Zeit in auberginenfarbener Satinbettwäsche«, ließ sich Marlene vernehmen und kratzte mit seinen künstlichen

Nägeln an seinen Bartstoppeln. »Und wie es in Studentenwohnungen aussieht, kennt man ja.«

»Die Sache hat nur einen Haken«, fiel Kati noch ein, während sie ihre Telefonnummer auf einen Bierdeckel kritzelte. »Die Häßlichere und Langweiligere von beiden will das Zimmer an einen Schwulen vermieten.« *Aber ich werde die Häßlichere und Langweiligere von beiden so lange bearbeiten, bis du das Zimmer kriegst, darauf kannst du dich verlassen,* setzte sie in Gedanken hinzu. Schließlich hing ihr Lebensglück davon ab. Sozusagen.

Eine kleine Pause entstand. Frederic drehte den Bierdeckel unschlüssig zwischen seinen Fingern hin und her.

»Tja«, sagte er schließlich. »Das paßt ja ganz gut.«

»Wie meinst du das?« fragte Kati und riß die Augen so weit auf, daß die falschen Wimpern ihre Stirn streiften.

Frederic schaute auf den Boden. »Na ja, ich *bin* schwul, Alwin.«

Marlene brach in rauhes Gelächter aus. »Das geht dir aber jetzt schon schön locker über die Lippen, Fredi-Baby, Wahnsinn! Du machst dich.«

»Du bist *nicht* schwul«, rief Kati aus.

Frederic guckte verwirrt. »Warum wundert dich das so? Ich dachte, hier sind alle schwul.«

»Nicht alle«, sagte Marlene immer noch lachend. »Ein paar ziehen eben einfach nur gerne Frauenkleider an. Und unser Alwin hier weiß nicht mal selber, was er eigentlich ist. Ich wette, du hattest noch nie einen richtig guten F …«

»Halt den Mund«, fauchte ihn Kati an und wandte sich dann im gleichen Tonfall an Frederic.

»Du bist also schwul, ja?« fragte sie barsch.

Frederic nickte.

»Schon immer?« hakte sie verzweifelt nach.

»Na ja, ich denke schon«, sagte Frederic.

»Das ist ja ...« Kati verstummte. Was hatte sie sagen wollen? Eine Gemeinheit? Das waren wohl kaum die richtigen Worte. Sie schluckte.

»Bitte sei nicht schwul!« hätte sie am liebsten gerufen und die Arme um seinen Hals gekrallt, aber auch das schien ihr irgendwie nicht angebracht.

»Haste auf einmal was gegen Schwule, Alwin-Baby?« fragte Marlene.

»Nur gegen dich«, sagte Kati. Sie hatte wirklich nichts gegen Schwule. Aber mußte ausgerechnet ihr Mann fürs Leben schwul sein?

»Also, jedenfalls danke für den Tip«, sagte Frederic. »Ich rufe da gleich morgen an.«

»Hm«, machte Kati. Auf einmal war ihr gar nicht mehr so sehr daran gelegen, mit Frederic unter einem Dach zu wohnen. Sie stolperte rückwärts aus der Toilette.

Die Bar zog sie an wie ein Magnet.

»Ich geh' dann zurück an die Arbeit«, murmelte sie undeutlich.

»Na endlich«, rief Marlene ihr hinterher. »Ich werd' das sowieso dem Heinz stecken, daß du hier private Schwätzchen hältst statt zu arbeiten.«

»Petze, Petze, ging in'n Laden, wollte Schweizer Käse haben«, leierte Kati, und Marlene zeigte ihr seinen schlagringgeschmückten Mittelfinger.

»Zwei Margheritas«, sagte sie zu Henrik alias Henrike, der hinter der Theke stand.

»Kommt sofort«, sagte Henrik.

Es hatte mal wieder der Bär in der Lilobar getobt, und zwar bis halb drei. Die Tasche voller Trinkgeld und den Magen voll Margheritas machte sich Kati schließlich auf den Heimweg. Es war noch kälter geworden, und während sie auf ihren hohen Absätzen nach Hause stolperte, fing es sachte an zu schneien.

»Paßt ja«, bemitleidete sich Kati. »Paßt zu diesem herrlichen Tag mit all seinen herrlichen Ereignissen. Da verliebe ich mich zum ersten Mal seit Jahren, und dann stellt sich heraus, daß der Kerl schwul ist. Eigentlich könnte ich mich hier gleich in die Ecke legen und einschneien lassen.«

Neben ihr bremste ein Taxi. Jemand drehte die Scheibe herab und sagte: »Die Dame mit den großen Füßen kommt mir irgendwie bekannt vor. Und dieser unnachahmliche Gang verrät eine erstaunlich hohe Anzahl von Margheritas.«

»Jaromir«, stellte Kati fest und wunderte sich nur, daß sie sich schon gar nicht mehr wunderte. Eigentlich war es sogar gut, daß er kam.

»Bei diesem Wetter steigt man sogar in des Teufels Kutsche«, sagte sie und ließ sich auf den Beifahrersitz fallen. »Autsch!«

»Brennt Amors Pfeil dir noch im Herzen?« fragte Jaromir geschwollen.

»Nein, es schmerzet mir nur mein Rücken«, antwortete Kati im gleichen Tonfall. »Dieses Schuhwerk und das Miederlein, das meine gelverstärkten, lieblich-schwellenden Brüste schnüret, bringen mich noch um. Was für einen Amorpfeil beliebtest du zu meinen?«

»Ich bitte dich, jeder kennt Amor! Amor ist der antike Gott der Liebe. Wer von seinen Pfeilen getroffen wurde, verliebte sich unsterblich, meistens allerdings unglücklich.« Jaromir legte sein übliches halsbrecherisches Tempo vor. »Romeo und Julia, Tristan und Isolde und wie sie alle hießen. Shakespeare hat über jedes dieser Pärchen ein Theaterstück geschrieben. Und *die* behaupten allen Ernstes, die Pfeile dienten ihrer Sache.«

»Wer sind *die?*« fragte Kati.

»Die Konkurrenz«, sagte Jaromir kurz und zeigte mit dem Mittelfinger gen Himmel. »Sie haben beschlossen, daß sogenannte wahre Liebe, ganz gleich, ob sie einen glücklich macht oder in tiefstes Unglück stürzt, die Pforten zu ihrem fragwürdigen Himmelreich öffnet. Himmelreich, pffh«, er pfiff verächtlich durch die Zähne. »Als ob die Leute da heute noch so wild drauf wären. Die Zeiten, wo man dafür bezahlt hat, sind längst vorbei.«

Jaromir schüttelte den Kopf. »Arrogant wie *die* nun mal sind, behaupten sie sogar, die Ewigkeit für sich gepachtet zu haben. Und dabei vergessen sie, daß die Leute heutzutage auch in der Ewigkeit ein bißchen Abwechslung suchen. So ein bißchen Survivaltrophy durch die Hölle ... Aber dort oben rennt man der Zeit ständig hinterher.«

»Verstehe kein Wort«, sagte Kati. Sie wollte nur noch nach Hause ins Bett und ihren Rausch ausschlafen.

»Das solltest du aber als unmittelbar Betroffene. Es gibt nämlich ein Mittel gegen das Pfeilgift, und das heißt *Verstand*. Wenn du deinen Verstand einsetzt, wirst du zweifelsohne erkennen, daß dieser Frederic einfach nicht zu dir paßt. Ich könnte dir Sachen von dem erzählen, da kämen dir die Margheritas gleich wieder hoch. Was im übrigen nicht das schlechteste wäre.«

Kati fielen die Augen zu.

»Das ist es also«, murmelte sie schlaftrunken. »Ein Pfeil von Amor hat mich getroffen. Er hat aus mir eine Julia gemacht. Unerfüllte Liebe wird mich innerlich verzehren, bis ich dann zum Messer greife. Oder war es Gift?«

»Wieso unerfüllte Liebe?« fragte Jaromir. »Der Kerl kann doch froh sein, daß sich endlich mal eine Frau von deinem Format für ihn interessiert.«

»Ja, sollte man denken«, sagte Kati geschmeichelt.

»Warum dann so melancholisch?« erkundigte sich Jaromir. »Sollte dich der Pfeil am Ende noch gar nicht getroffen haben?«

»O doch«, seufzte Kati theatralisch. »Mitten ins Herz. Warum hast du das nur gemacht? Wenn du glaubst, daß ich mit gebrochenem Herzen eine leichtere Beute für dich bin, dann hast du dich getäuscht.«

»Also, um eines klarzustellen: Ich habe damit überhaupt nichts zu tun. Wenn es nach mir ginge, wärest du diesem orgelspielenden Betbruder niemals begegnet. Aus Gründen, die mir selber nicht ganz durchsichtig sind, hat aber die Gegenseite nun mal beschlossen, dir diesen Kerl auf den Hals zu hetzen. Und damit du ihn in einem rosigen Licht siehst, haben sie einen ihrer kostbaren Pfeile geopfert. Das einzige, was ich tun kann, ist, an deinen gesunden Menschenverstand zu appellieren. Ich kann mir nicht vorstellen, daß du gerne manipuliert wirst wie eine Marionette.«

»Ich glaube weder an Liebespfeile noch an den Teufel«, sagte Kati und machte ihre Augen wieder auf. »Und trotzdem fahre ich gerade mit einem Teufel Taxi. Was soll also das ganze Gerede? Wieso kann es nicht ganz einfach sein, daß ich mich in den Kerl verliebt habe, ohne daß irgendwelche höheren Mächte ihre Hände und metaphorischen Pfeile im Spiel hatten? Verliebt mit Haut und Haaren, wie einst

Julia in Romeo. Wie Madame Lambert in Monsieur Lambert, nur eben ohne Happy-End.«

»Ich wasche meine Hände in Unschuld, was diesen Romeo angeht. Wenn du jetzt mal kurz deinen Verstand aus dem Margherita-Sumpf holst und ein bißchen nachdenkst, kommst du von ganz allein drauf, daß die Sache nicht geheuer ist. Du mußt doch zugeben, daß er eigentlich gar nicht dein Typ ist, oder? Ich meine, wenn man von den Äußerlichkeiten mal absieht. Und normalerweise ist es nicht deine Art, dich so Hals über Kopf zu verlieben, stimmt's?«

»Stimmt«, sagte Kati.

»Dann wirst du mir sicher recht geben, daß die Wahrscheinlichkeit, daß hier – tja, sagen wir mal, höhere Mächte im Spiel sind, ziemlich groß ist, oder? Von allein hättest du dir diesen langweiligen Kirchenmusiker mit therapiebedürftigem Helfersyndrom niemals ausgesucht.«

»Stimmt«, sagte Kati wieder. »Zumal er schwul ist.«

Durch die vielen Margheritas saßen ihr die Tränen äußerst locker. Unvermittelt fing sie an zu schluchzen.

»Schwul?« wiederholte Jaromir ungläubig.

6. Kapitel

»Jawohl, er ist schwul!« schniefte Kati. »Jetzt siehst du wohl ein, daß ich schlimmer dran bin als Julia.«

»Schwul?« wiederholte Jaromir noch einmal. »Impotent hätte ich dir sofort geglaubt, aber schwul? Wie kommst du denn um Himmels willen darauf?«

»Er hat's selber zugegeben«, sagte Kati.

Jaromir schnalzte mit der Zunge und schien nachzudenken.

»Sieh mal einer an«, sagte er schließlich amüsiert.

Wo sie schon einmal dabei war, heulte Kati Rotz und Wasser.

»Daß mir so was passiert! Jeder anderen, aber doch nicht mir. Ich habe mir immer eingebildet, die schwulen von den nichtschwulen Männern unterscheiden zu können. Und zwar auf den allerersten Blick. Dafür hatte ich einen siebten Sinn.«

»Tja, so wie es aussieht, hat dich dein siebter Sinn diesmal im Stich gelassen. Du hast dich in einen Schwulen verliebt«, sagte Jaromir herzlos. »Wird ein hartes Stück Arbeit geben, den für dich einzunehmen, Schätzchen. Ach, ich *liebe* diese Amorpfeile!«

»Ich schlag' ihn mir am besten aus dem Kopf«, schluchzte Kati.

»Gute Idee«, meinte der Teufel. »Genau das wollte ich die ganze Zeit erreichen. Alternativ dazu könnte ich dir jetzt unter diesen völlig neuen Bedingungen allerdings – na, sagen wir mal, behilflich sein. Ich, und nur ich, könnte aus dem schwulen Frederic einen Mann machen, der ganz wild auf die kleine Kati ist.«

»Ausgeschlossen«, sagte Kati, ohne nachzudenken.

»Ausgeschlossen?« Jaromir musterte sie, wie man vielleicht eine Made im Frühstücksmüsli ansieht. »Schätzchen. Mittlerweile solltest du mich doch ein bißchen näher kennen und Vertrauen haben.«

»Haha«, sagte Kati. Ihre Tränen waren schon wieder versiegt. »Vertrauen! Welch großes Gefühl. Aber wenn du mir Frederic beschaffst, werde ich vielleicht besser von dir denken.«

»Es ist mir ziemlich egal, wie du von mir denkst«, erklärte Jaromir von oben herab. »Daß das klar ist. Umsonst ist nur der Tod. Ich helfe dir – du hilfst mir. Eine Hand wäscht die andere.«

»Und was möchtest du, daß ich tue? Nachts auf dem Friedhof herumschleichen, das Weihwasser entweihen – wie auch immer – oder Fotos von Priestern und ihren Ministranten in flagranti schießen?«

»Auf was für widerwärtige Gedanken du kommst, wenn du betrunken bist«, sagte Jaromir leicht angeekelt.

»Also, was dann?«

»Wie du vielleicht weißt, haben wir Teufel es uns zur Aufgabe gemacht, den Menschen die Dinge schmackhaft zu machen, die die Gegenseite als Sünde bezeichnet«, holte Jaromir aus. »Und tatsächlich ist es ja so, daß alles, was Spaß macht, entweder unmoralisch und illegal ist oder dick macht.«

Kati nickte.

»Wir setzen uns dafür ein, daß ihr euren Spaß habt, und die Konkurrenz von oben ist pausenlos damit beschäftigt, euch den Spaß zu verderben. Sie haben dafür eine Instanz im Menschen installiert, die sich Gewissen nennt. Deines, das nur am Rande, ist erfreulich wenig ausgeprägt. Nun, dieses Gewissen meldet sich immer dann beim Menschen, wenn er im Begriff ist, eine Sünde zu begehen. Meistens schafft der Mensch es in diesem Stadium, mit unserer tatkräftigen Unterstützung, das Gewissen zum Schweigen zu bringen. Erst nach der sündigen Tat meldet es sich dann wieder, und zwar mit aller Macht. Der Mensch bereut dann, was er getan hat, und schwört, es niemals wieder zu tun. Meistens tut er es allerdings doch. Es gibt nur ganz wenige Menschen, bei denen das Gewissen wirklich fehlerfrei arbeitet, das heißt, die Sünde – oder wie wir sagen, das Vergnügen – schon im Keim erstickt. Genaugenommen gibt es von diesen Menschen nur so wenige, daß wir sie alle mit Namen kennen. Hörst du mir noch zu?«

»Ja, ja«, sagte Kati.

»Einer dieser Menschen wohnt in dieser Stadt«, fuhr Jaromir fort. »Seinetwegen bin ich hier.«

»Ich dachte, du bist meinetwegen hier«, sagte Kati leicht beleidigt. »Um meine unsterbliche Seele zu kaufen mit den drei vernünftigen Wünschen.«

Jaromir lachte süffisant. »Jetzt, wo du's sagst ... Ich glaube, genau das denkt die Konkurrenz auch, und deshalb hat sie diesen Frederic auf dich angesetzt. In der Hoffnung, das zu retten, was du deine unsterbliche Seele nennst. *Sie* sind manchmal allzu naiv. Du bist ein Menschenkind ganz nach unserem Geschmack. Das sind übrigens alle Gluboschinskis.

Ich erinnere mich mit wohligem Schaudern an deine Tante Alicia. Lange nicht mehr gesehen. Was ist eigentlich aus ihr geworden?«

»Sitzt im Knast«, antwortete Kati knapp. Sie waren mittlerweile vor ihrem Wohnhaus angelangt. Jaromir war in eine freie Parklücke eingeschwenkt und hatte den Motor abgestellt.

Obwohl das Bett lockte, wollte sie noch nicht aussteigen.

»Frederic ist also der Mann mit dem unbesiegbaren Gewissen, wegen dem du hier bist?« fragte sie.

»Aber nein!« Jaromir schüttelte verärgert über soviel Begriffsstutzigkeit den Kopf. »Unter uns, dieser Typ ist ein Langeweiler, um es mal ganz wertfrei auszudrücken. Nur weil er sich ununterbrochen um die Bedürftigen kümmert, sich von aller Welt ausnutzen läßt und für Johann Sebastian Bach schwärmt, heißt das noch lange nicht, daß er ein guter Mensch ist. Meiner Ansicht nach ist er bloß ein feiger Waschlappen, der sich nicht zur Wehr setzen kann. Deshalb gerät er auch von einer Patsche in die nächste.«

»Red nicht so gemein über ihn, ich find' ihn jedenfalls süß«, sagte Kati. »Sag mir lieber, wegen wem du hier bist, wenn nicht seinetwegen, und was das alles mit mir zu tun hat.«

»Wegen Oktavian Harper«, sagte Jaromir feierlich.

»Cosimas Chef?«

Jaromir nickte. »Ein Dorn in unserem Auge, fast so schlimm wie Mutter Teresa.«

»Toller Vergleich! Hat Mutter Teresa vielleicht in einer Villa in Marienburg gelebt und täglich Champagner zum Frühstück gehabt?«

»Was weiß ich? Mutter Teresa war niemals mein Fachgebiet. Ich weiß nur, daß dieser Oktavian eine Herausforderung ist. All diese Spenden, die Wohltätigkeitorganisationen und sein Kunstmäzenatentum ... Wußtest du, daß er nur ein Zehntel seines Einkommens für sich und seine Familie braucht und den gesamten Rest der Gemeinnützigkeit zukommen läßt?«

»Wenn dieses Zehntel immer noch mehr ist als ein Sechser im Lotto, ist das doch nichts Besonderes«, warf Kati ein.

Jaromir ließ sich nicht unterbrechen. »Wußtest du, daß er seinen Mitarbeitern fünfundzwanzig Prozent mehr zahlt als den gewerkschaftlich festgelegten Mindestlohn? Daß seine faire und liberale Handhabung, berufstätige Mütter betreffend, europaweit Modellcharakter hat? Daß allein der Betriebskindergarten und die Kantine mehr Geld verbrauchen als der Werbeetat? Wußtest du, daß er ein ganzes Dorf in Tibet mit seinen Spenden am Leben erhält? Daß er mit dem Dalai-Lama korrespondiert? Daß er der anonyme Spender war, der dem Lady-Diana-Gedächtnisfond drei Millionen britische Pfund überwies? Daß er im letzten Skiurlaub in eine Gletscherspalte kletterte, um einen kleinen Jungen herauszuholen, und niemandem davon erzählte? Wußtest du, daß über seinem Schreibtisch der gerahmte Spruch hängt *Tu Gutes und wirf es ins Wasser* und daß er sich auch daran hält?« Jaromir war immer mehr in Rage geraten. Zum Schluß hatte er fast geschrien.

»Meine Güte«, sagte Kati nur. »Klingt ja richtig schlimm.«

Jaromir räusperte sich etwas verlegen.

»Und noch schlimmer ist, was er alles nicht tut«, fuhr er dann ruhiger fort. »Niemals holt er den Staubsauger, um eine dicke Spinne aus dem Schlafzimmer zu entfernen, niemals täuscht er einen Orgasmus vor, niemals schickt er die Zeugen Jehovas ohne ein gutes Gespräch von der Tür, niemals lacht er über Polenwitze, und niemals nennt er seine Schwiegermutter eine fette alte Kuh. Und sie ist eine fette alte Kuh, das kannst du mir glauben! Er hat noch nie eine rote Ampel überfahren, eine Pfandflasche weggeworfen oder im Stehen gepinkelt. Er ...«

»Ich sehe ein, daß bei diesem Mann Handlungsbedarf besteht, von unserem ... ähm ... eurem Standpunkt aus betrachtet«, unterbrach ihn Kati. »Aber was soll ich dabei tun?«

»Ich war noch nicht fertig«, sagte Jaromir. »Aber um es abzukürzen: Dieser Mann ist so abartig gut, daß er nicht mal fluchen würde, wenn ihm ein Gabelstapler über den Fuß führe. Mit anderen Worten: Wir haben keinen Zugriff auf ihn. Deine Aufgabe wäre es, herauszufinden, was ihm eine Sünde wert wäre.«

»Was ihm eine Sünde wert wäre? Das ist alles?«

»Das ist alles.«

»Warum fragst du ihn das nicht einfach selbst? Bei mir hast du doch auch am Wannenrand gehockt.«

»Kati, du hast es immer noch nicht verstanden! Dieser Mann ist so verdammt frei von jeder Sünde, daß wir nicht mal in seine Nähe kommen können. Da sind selbst uns Teufeln gewisse Grenzen gesetzt.«

»Und wieso ging das bei mir so einfach?« fragte Kati. »Ich habe auch noch nie eine Spinne weggestaubsaugt und einen Orgasmus vorgetäuscht. Und im Stehen gepinkelt habe ich auch noch nie. Mir scheint, als würde hier mit zweierlei Maß gemessen!«

»Meine liebe Kati, du weißt genausogut wie ich, daß dein Sündenregister länger ist als die Chinesische Mauer. Und so etwas wie Reue kennst du gar nicht. Du stehst, wenn ich das so sagen darf, nicht mit einem, sondern mit beiden Beinen in der Hölle. Es würde mich nicht wundern, wenn dir früher oder später Hörner wüchsen. Keine Ahnung, wie diese Berufsgutgläubigen von da oben auf die Idee gekommen sind, in dir stecke ein guter Kern!«

»Ich habe verstanden. Und weil ich so durch und durch verdorben bin, soll ich also herausfinden, wie man diesen Oktavian auf die schiefe Bahn bringt«, kombinierte Kati, die nicht wußte, ob sie gekränkt sein oder sich gebauchpinselt fühlen sollte. Irgendwie hatten sich die Wertmaßstäbe doch merklich verschoben, seit sie Jaromirs Bekanntschaft gemacht hatte.

»Stimmt«, sagte Jaromir, erfreut, daß der Groschen endlich gefallen war.

»Moment mal! Mir fällt gerade ein, daß ich dich beim Italiener vorgestern mit diesem Oktavian gesehen habe. Du warst doch der Künstler mit Schlapphut, oder? Von wegen, ihr kommt nicht an ihn ran.«

»Wir tun, was wir können. Nichts ist das, was es zu sein scheint«, sagte Jaromir zweideutig. »Ich habe mir mit meinen Mullbinden-Lehm-Skulpturen bereits einen Namen in der modernen Kunstszene gemacht. Auf diese Weise habe ich gewisse Kontakte zur Zielperson hergestellt, die uns nützlich sein können. Ich kann sagen, daß Oktavian mich als Künstler sehr schätzt. Den Rest mußt du übernehmen.«

»An was hattest du denn da gedacht?«

»Das überlasse ich deiner Phantasie. Es würde mir schon reichen, wenn er seine Frau betrügt, Firmengelder unterschlägt oder ins Drogenschmuggelgeschäft einsteigt.«

»Ist das nicht etwas viel verlangt?« Kati mußte lachen. »Dann reicht es wohl doch nicht, wenn er mal im Stehen pinkelt oder den Hochzeitstag seiner Frau vergißt? Wer dich eben reden gehört hat, muß ja denken, daß so etwas eine Todsünde ist.«

»Seine Frau ...« Jaromir wedelte mißmutig mit der Hand. »Gut, daß du mich darauf ansprichst. Die hat er richtiggehend angesteckt! Infiziert! Im Abitur hat sie noch gepfuscht und das Ganze auf einen Mitschüler abgewälzt, aber heute rennt sie nach der kleinsten Lüge sofort zur Beichte. Wir hatten berechtigte Hoffnungen in sie gesetzt – bis dieser Oktavian ihren Weg kreuzte. Es ist eine Schande. Dieser Mann gehört aus dem Verkehr gezogen!«

Kati hatte sehnsüchtig zu ihrem Zimmerfenster hinaufgeschaut, wo ihr Bett auf sie wartete. Bevor Jaromir sich noch weiter ereifern konnte, unterbrach sie ihn: »Ich fasse zusammen: Du erfüllst mir meine drei Wünsche, wenn ich diesen Oktavian dazu bringe, seine Frau zu betrügen, korrekt?«

»Nicht ganz«, sagte Jaromir. »Ich sorge dafür, daß dein Frederic wieder hetero wird, und du sorgst dafür, daß Oktavian gegen seinen eigenen Moralkodex verstößt. Das ist doch ein fairer Deal, oder?«

»Fair? Was soll daran fair sein? Was ist mit meinen drei Wünschen? Das mit Frederic ist schließlich nur einer!«

»Tja, ich würde sagen, wer zu spät kommt, den bestraft das Leben«, erklärte Jaromir lapidar. »Ich hatte es dir oft genug angeboten, aber wer sagt denn, daß mein Angebot ewig steht?«

»Wenn das so ist, dann such dir eine andere, die deinen Oktavian verführt«, versuchte Kati, sich einen würdevollen Abgang zu verschaffen. »So billig bin ich nicht zu haben!«

»Pech«, sagte Jaromir mit kummervoller Stimme. Aber seine Augen lächelten.

Sie öffnete die Beifahrertür des Taxis.

»Ja, aber Pech für *dich,* Jaromir«, sagte sie kühl. »Wenigstens ein Koffer Geld sollte noch drin sein, oder du hast nur Zeit an mich verschwendet.«

»*Ich* habe alle Zeit der Welt. Im Gegensatz zu dir altere ich nicht. Ist das nicht ein Krähenfüßchen, das ich dort sehe?«

»Mir machst du keine angst. Ich höre, anders als Cosima, meine biologische Uhr noch nicht ticken! Und wie gesagt, so billig bin ich nicht zu haben«, erwiderte Kati, stieg aus und knallte die Tür ins Schloß, so fest sie konnte.

Liebeskummer ist etwas Schreckliches, da wird jeder zustimmen, der schon einmal welchen hatte. Wenn man Grund zur Annahme hat, daß der Mensch, den man liebt, diese Gefühle nicht (mehr) erwidert, kann man schon mal auf die Idee kommen, das nächste Hochhaus aufzusuchen und sich aus dem achtunddreißigsten Stockwerk zu stürzen.

Kati war zwar weit davon entfernt, etwas Derartiges zu tun, dennoch war ihr ziemlich elend zumute, als sie am Morgen aufwachte und ihr einfiel, daß der Mann, von dem sie gerade so intensiv geträumt hatte, schwul war.

Außerdem schmerzte ihr der Kopf von den vielen Margheritas, die Füße taten weh, wie immer samstags nach dem Kellnern, und im Mund fühlte sie statt der Zunge den wohlbekannten toten Zwerghamster.

Ein zartes Quaken gab ihr den Rest.

»Mein Leben«, sagte sie, ohne die Augen zu öffnen, »mein Leben ist ein großer Scherbenhaufen.«

Der abessinische Grasfrosch, der immer noch in seiner Salatschüssel hockte, die Cosima mit allerlei Pflanzen und

Steinen wohnlicher gemacht hatte, ließ erneut sein klagendes Quaken hören.

»Katarina Gluboschinski, es ist wieder soweit. Zeit für ein klärendes Selbstgespräch«, sagte Kati zu sich selber. »Im Augenblick sieht es nicht gut für dich aus. Ich wußte immer, daß du kein Engel bist, aber der Typ mit den Hörnern, mit dem du dich im Augenblick herumtreibst, ist selbst für dich kein guter Umgang. Seit du ihn kennst, geht alles schief: Du holst dir eine Gehirnerschütterung, bist täglich betrunken und verliebst dich unsterblich in einen Schwulen. Siehst du, was ich sehe? Es ist dringend zu raten, den Kontakt zu dieser fragwürdigen Person namens Jaromir abzubrechen.«

»Wenn das so einfach wäre«, sagte Jaromir. Er saß, die Beine lässig übereinandergeschlagen, auf Katis Schreibtisch.

Kati tat, als sähe und hörte sie ihn nicht.

»Falls er also jemals noch mal kommt und dich mit deinen blöden Wünschen ködern will«, setzte sie ihr Selbstgespräch unbeirrt fort, »dann schickst du ihn zur Hölle, wo er hingehört.«

»Das wäre doch äußerst unklug, mein Kind«, ließ sich Jaromir vernehmen. »Schließlich hast du bis jetzt nur von mir profitiert.«

Kati vergaß auf der Stelle ihren Vorsatz, Jaromir zu ignorieren, und platzte wütend heraus: »Ach ja? Sag mir auch nur eine einzige gute Sache, die mir seit letztem Freitag widerfahren ist. Eine einzige!«

»Ich kann mir nicht helfen, ich finde, du bist ganz schön undankbar. Und du machst mich für Dinge verantwortlich, für die ich nun wirklich nichts kann. Ist es meine Schuld, wenn du unschuldige Rentner überfährst und beim Radfahren keinen Helm trägst? Kann ich was dafür, wenn du dich in einen schwulen Langeweiler verliebst? Und was den Alkoholkonsum angeht – du hast schon zuviel getrunken, bevor du mich kanntest.«

Jaromir streichelte den Frosch behutsam unter dem Kinn. »Abgesehen davon – was jammerst du? Manche Menschen verlieben sich überhaupt nicht mehr, wenn sie erst mal über zwanzig sind. Schmetterlinge im Bauch, Herzklopfen, animalische Lust, dazu dieses herrliche Gefühl, nicht mehr schlafen zu müssen und leicht, ja schwerelos wie eine Feder zu sein. Für dieses Feeling würden andere ihre rechte Hand hergeben.«

Kati, die sich ungefähr so leicht und schwerelos fühlte wie eine Blei-Ente, setzte sich mühsam auf.

»Habe ich dich gerade richtig verstanden? Ich soll dankbar sein, daß ich dieses herrliche Feeling wegen eines *Schwulen* habe? Weißt du, was Schwulsein bedeutet? Es bedeutet, daß der Kerl sich einen Dreck für mich interessiert. Schmetterlinge im Bauch, Herzklopfen und animalische Lust verspürt der nur bei Männern. Und ich bin eine Frau! Eine bedauerliche Frau, die sich in einen Schwulen verliebt hat.«

»Dieses kleine störende Detail könnte man ja noch abändern«, sagte Jaromir. »Mein Angebot steht: Gegen einen kleinen Dienst deinerseits wird aus dem schwulen Frederic ein ganz gewöhnlicher Heterosexueller.«

»Scher dich zum Teufel«, sagte Kati. »Ich hatte gesagt, daß man mich nicht so billig kaufen kann.«

»Mit wem sprichst du?« Das war Cosima, die wie immer ohne anzuklopfen auf der Schwelle stand.

»Mit ...« Kati stockte. Jaromir war natürlich so plötzlich verschwunden, wie er gekommen war.

»Feigling!« rief sie ihm hinterher.

»Kati? Alles in Ordnung?« Cosima sah sie stirnrunzelnd an. »Du meine Güte, warst du zu blau, dich abzuschminken? Du siehst aus wie meine Oma, nachdem der Leichenbeschauer sie zurecht gemacht hatte.«

»War 'ne harte Nacht gestern«, sagte Kati. »Die beschissenste, die ich je hatte, glaub' ich jedenfalls.«

»Hauptsache, du kriegst die Miete zusammen«, sagte Cosima erbarmungslos. »Und jetzt raus aus den Federn, wir müssen die Wohnung auf Vordermann bringen. Seit Bernadette weg ist, sieht es hier aus wie im Saustall.«

Kati stöhnte nur.

»Heute morgen hat nämlich ein potentieller Mieter angerufen«, fuhr Cosima fort. »Er kommt noch heute, um sich die Wohnung anzuschauen. Du wirst es nicht glauben: Er hat gleich gesagt, daß er schwul ist und ob das ein Problem für mich sei. Frederic DiAngelo. Wenn sich das nicht nach einem solventen Mieter anhört, dann weiß ich nicht. Als hätte der Himmel meine Wünsche erhört! Meinst du, er ist mit *dem* DiAngelo verwandt?«

»Wer ist *der* DiAngelo?« fragte Kati. »Ich kenne nur die Michelangelos. Und mit denen ist er sicher nicht verwandt. Hat er gesagt, von wem er unsere Telefonnummer hat?«

Cosima schüttelte den Kopf. »Vermutlich von Bernadette.«

»Von Bernadette?« Welch abwegige Idee!

Cosima nickte. »Unsere Familie hält in Notsituationen immer zusammen. Wenn Bernadette nicht schwanger wäre, könnte ich sie wieder richtig liebgewinnen. Aber mit ihrer dämlichen Schwangerschaft hat sie mich total unter Zugzwang gesetzt. Die letzte in der Familie, die keinen Mann abbekommen hat, noch nicht mal eine fruchtbare Nacht – weißt du, wie man sich da fühlt, abgestempelt zur Außenseiterin? Als alleinstehende Frau auf Familienfesten zu erscheinen ist ein schreckliches Los ...«

»Ja, ja, während die ganze Familie an einer gemeinsamen Tafel speist, wirst du allein am Katzentisch neben dem Klo sitzen«, würgte Kati sie herzlos ab und erhob sich so schnell, wie ihre Kopfschmerzen es erlaubten. »Ehe du dich weiter in Selbstmitleid suhlst, putzen wir doch lieber die Bude.«

»Na gut«, meinte Cosima. »Du machst die Küche und das Bad und ich den Rest.«

»Welchen Rest?« rief Kati ihr hinterher. »Faule Sau!«

»Ich werde mal wieder über eine Mieterhöhung nachdenken«, drohte Cosima vom Flur zurück.

Als Frederic vorbeikam, lag Kati, vom vielen Putzen total erschöpft, wieder im Bett. Es ging ihr gar nicht gut. Die Margheritas entfalteten erst jetzt ihre vollen Nebenwirkungen. Zu allem Überfluß hatte Cosima beschlossen, mit der Weihnachtsbäckerei anzufangen, und der Duft von frischgebackenen Plätzchen zog durch die ganze Wohnung.

»Das wird einen blendenden Eindruck machen«, sagte Cosima, hochzufrieden mit sich selbst. »Also, wer bei mir nicht sofort einziehen will, muß doch ein Idiot sein. Du bleibst aber besser in deinem Zimmer, Kati. Man muß den Mann ja nicht gleich auf die Mängel dieser Wohnung aufmerksam machen.«

Kati hatte ohnehin nicht vor, Frederic gegenüberzutreten, nicht mehr, nachdem sie sich im Spiegel angeschaut hatte. Eigentlich gab es an ihrem Spiegelbild nie etwas auszusetzen, jedenfalls nicht von Katis Seite. Aber heute sah man ihr den fehlenden Schlaf wirklich an.

»Mit diesen Ringen unter den Augen sehe ich aus wie ein Pandabär«, klagte sie. »Und was ist das? Etwa *Krähenfüße?*«

»Du kannst meine Augencreme mal ausprobieren«, bot Cosima an. »*Ich* habe dank frühzeitiger Vorsorge noch keine Fältchen um die Augen. *Weil ich es mir wert bin!* Ich rauche nicht, noch halte ich mich in verrauchten Räumen auf, außerdem trinke ich kaum Alkohol. Auch an bewölkten Tagen vergesse ich niemals den Sonnenschutzfaktor. Hinzu kommt, daß ich meine Mimik unter Kontrolle halte, also möglichst wenig lache. Tja, junges, gesundes Aussehen kommt eben nicht von ungefähr. Wenn ich nicht so dick wäre ...«

»Ach, halt's Maul, Cosima«, sagte Kati ungehalten und warf die Zimmertür hinter sich zu.

Obwohl sie sich fest vornahm, wachzubleiben und Frederic wenigstens durch den Türspalt zu beobachten, verschlief sie seinen Besuch komplett. Sie wurde erst wieder wach, als es draußen längst stockdunkel war.

»Was habe ich verpaßt?« wollte sie wissen.

Cosima war voller Begeisterung.

»Er ist ja so nett«, schwärmte sie. »Ein richtiger Bilderbuchschwuler. Er hätte es mir gar nicht sagen müssen, ich hätte es auch so gesehen. Auf den ersten Blick. Du hättest mal hören sollen, wie er meine Plätzchen gelobt hat. Und dann hat er mir sogar sein Rezept für Kokosmakronen hiergelassen. Gott, er ist ja so nett «

»Ist ja gut«, sagte Kati mürrisch. »Und wann zieht er ein?«

»Gleich am Montag«, sagte Cosima. »Morgen hat er noch so viele Termine. Blutspenden beim Roten Kreuz, danach

Kisten packen für den Rumänientreck der Katholischen Jugend und anschließend Dienst im Altersheim. Da hat er keine Zeit für den Umzug.«

»Verstehe«, sagte Kati. »Vielbeschäftigt, der Mann.«

»Er ist ein fleischgewordener Traum«, bestätigte Cosima. »Und er sieht aus wie Brad Pitt «

»Nur in schwul«, sagte Kati bitter und schloß sich wieder in ihrem Zimmer ein.

»Brad Pitt! Daß ich nicht lache«, sagte Jaromir. Er lag ausgestreckt auf ihrem Bett. »Na ja. Wer durch der Liebe Brille sieht, dem erscheint seiner Braut Buckel als ein zarter Busen.«

»Kannst du mich nicht mal in Ruhe lassen!«

»Katilein, wenn ich das tue, wirst du auch noch mit Sechzig unglücklich in diesen schwulen Brad-Pitt-Verschnitt verliebt sein. Eins kannst du mir nämlich glauben: Das Pfeilgift behält seine Wirkung ein Leben lang.«

»Und du kannst wirklich machen, daß er mich liebt?«

»Wendungen aller Art sind meine Spezialität. Ehrenwort.«

»Ich müßte dafür diesen Oktavian Harper verführen?«

»In welcher Form auch immer«, bestätigte Jaromir.

»Und was ist mit dem Koffer voll Geld?«

»Na hör mal: Einen Schwulen umzukrempeln ist schließlich kein Kinderspiel, so wie Blinde gehend zu machen! Aber ich will nicht knickrig wirken. Von mir aus ist auch noch ein bißchen Geld drin.«

»Wieviel?«

»Genug«, sagte Jaromir. »Also, abgemacht?«

Er hielt ihr die Hand hin. Kati holte tief Luft und schlug dann ein.

»Abgemacht.«

In der Luft hing plötzlich ein leichter Schwefelgeruch.

»Also doch«, sagte Kati.

»Hab' heute morgen wohl mein Deo vergessen«, sagte Jaromir und verschwand in der Wand wie ein Dübel.

7. Kapitel

Den ganzen Sonntag ließ Jaromir sich nicht blicken, und Kati überlegte, ob das möglicherweise mit den vielen Kirchenglocken zusammenhing, deren harmonisches Läuten sich so gar nicht mit ihrer schlechten Laune vertrug.

Es hatte geschneit, und der Schnee war sogar liegengeblieben, so daß die Stadt wie überzuckert aussah. Die Sonne schien, und alle Welt wirkte froh und glücklich.

Cosima überredete Kati, mit ihr über den Weihnachtsmarkt zu bummeln und nach Geschenken Ausschau zu halten. Anschließend saßen sie im Café und tranken Kakao, bis die Dämmerung anbrach und die Stadt mit ihren vielen Lichterketten in ein kitschiges Postkartenmotiv verwandelte.

»Ist das nicht herrlich?« schwärmte Cosima. »Heute ist einer dieser Tage, an denen man das Gefühl hat, alle Probleme seien ganz weit weg. Geht es dir auch so?«

Vom Nachbartisch lächelte jemand zu ihnen herüber. Es war Jaromir.

»Leider nein«, antwortete Kati. »Im Gegenteil, ich habe das Gefühl, meine Probleme sind mir immer auf den Fersen.«

Und so war es auch. Kaum waren sie wieder zu Hause und Kati allein im Zimmer, trat Jaromir schon aus der Wand.

»Hier«, sagte er und legte einen Aktenordner vor ihr auf

den Tisch. »Das ist ein Dossier über die Zielperson, darin ist alles, was du über ihn wissen mußt. Du solltest es gründlich studieren, bevor du einen Plan schmiedest.«

»Das sind ja Tausende von Seiten«, beschwerte sich Kati.

»Vierhundertundachtzig, um genau zu sein. Unsere Leute haben gründlich recherchiert. Darin steht auch alles über seine Frau und seine Freunde.«

»Und über seine Katze«, ergänzte Kati, die willkürlich eine Seite aufgeschlagen hatte.

»Blödi«, sagte Jaromir.

»Wie bitte? Werde nicht frech, ja!«

»Die Katze heißt Blödi«, sagte Jaromir. »Oktavian liebt sie heiß und innig.«

»Ich könnte sie entführen und Oktavian damit erpressen, eine Bank zu überfallen«, schlug Kati vor.

»Das geht nicht.«

»Wieso nicht? Du willst doch, daß er eine Sünde begeht und gegen seinen eigenen Moralkodex verstößt? Na bitte. *Wenn du nicht noch heute die Bank deines Vertrauens überfällst, bekommst du Blödi als Muff zurück,* so was in der Art würde ich ihm schreiben. Und wenn er seine Katze wirklich liebt, packt er sich seine Pistole und überfällt die nächstbeste Sparkasse.«

»Es geht nicht«, wiederholte Jaromir.

»Warum nicht? Ist ein Banküberfall nicht unmoralisch genug? Soll er den Kassierer erschießen? Oder hat er keine Pistole?«

»Natürlich nicht«, sagte Jaromir. »Aber so funktioniert das sowieso nicht. Er muß seine Sünde aus freien Stücken begehen. Du darfst ihn lediglich dazu verführen, nicht aber erpressen.«

»Da hat Blödi ja noch mal Glück gehabt«, sagte Kati. »Verführen also, nicht erpressen. Na ja, das werde ich wohl auch noch hinkriegen. Es sei denn – Oktavian ist doch wohl hoffentlich nicht auch schwul, oder?«

»Nein, ganz und gar nicht«, beruhigte sie Jaromir. »Er ist nur treu. Seiner Frau Tassy – seit fünfzehn Jahren.«

»Die Namen sind ja wohl bescheuert«, fand Kati. »Die Katze heißt Blödi, die Frau Tassy – ich frage lieber nicht danach, wie die Haushälterin heißt.«

»Tassy ist eine Abkürzung von Felicitas«, erklärte Jaromir.

»Dann hat sie nicht mehr alle Tassys im Schrank, wenn sie sich so einen schönen Namen derart verhunzen läßt. Wie sieht sie aus?« Kati blätterte im Aktenordner, um ein Bild von der Frau zu finden.

»Ganz passabel«, sagte Jaromir. »Vor allem, seit sie bei den Weight Watchers war.«

Kati hatte das Bild gefunden und betrachtete es gründlich.

»Klein, zierlich, vollbusig, schwarzhaarig«, listete sie auf. »Das ist gut. Ich bin genau das Gegenteil: schlank, groß, blondgelockt. Wenn er der Alten seit fünfzehn Jahren treu war, dann träumt er nachts von einer wie mir.«

»Selbstbewußt bis zum Umfallen«, sagte Jaromir spöttisch und verschwand.

»Tassy!« wiederholte Kati mit Blick auf das Foto. »Also, wenn es nach mir ginge, würde eine solche Namensverkrüppelung schon ausreichen, um Jahre in der Hölle zu schmoren!«

Montags hatte Kati nur zwei Seminare an der Uni, und das eine davon schwänzte sie grundsätzlich, weil es schon um neun Uhr anfing. Um diese Zeit schlief sie in der Regel noch tief und fest.

An diesem Morgen wurde sie allerdings um acht Uhr rüde aus dem Bett geworfen. Cosima hatte ihren ersten Arbeitstag bei Oktavian Harper und wollte, daß Kati aufstand, um Frederic die Tür zu öffnen, der heute einziehen wollte.

»Warum hat er keinen Schlüssel?« fragte Kati ungehalten.

»Den hat immer noch Bernadette«, antwortete Cosima. »Und jetzt zieh dich an und dusch dich, damit er nicht gleich so einen schlechten Eindruck von dir bekommt. Zieh dir was Schönes an, wir wollen ihn doch nicht gleich wieder vergraulen.«

»Cosima, der Mann ist schwul«, erinnerte sie Kati, denn diese bedauerliche Tatsache vergaß sie mittlerweile nicht mal mehr im Traum. »Jedenfalls noch. Also ist es ihm auch völlig egal, wie ich aussehe.«

»Keineswegs. Der Mann hat ein ästhetisches Empfinden, und das muß nicht gleich am allerersten Tag beleidigt werden. Und jetzt drück mir die Daumen, daß bei Harper alle nett zu mir sind und ich mit dem Textverarbeitungsprogramm klarkomme. Ach ja, und vergiß nicht, neues Froschfutter zu kaufen, es wird allmählich knapp.«

Kati erhob sich, um sich ihrer Morgentoilette zu widmen. Eine Dusche war wirklich nicht die schlechteste Idee, und wo sie schon mal dabei war, konnte sie ihre Haare gleich mitwaschen.

Natürlich klingelte es an der Haustür, als sie gerade dabei war, ihre Haare zu frottieren. Sie kringelten sich auf ihrer nackten Schulter wie die Schlangen der Medusa.

»Ich bin's, der neue Mieter«, sagte Frederic durch die Sprechanlage.

Kati drückte auf den automatischen Türöffner. »Der Aufzug ist leider immer noch außer Betrieb.«

Aber das machte nichts, denn Frederic hatte einen Freund mitgebracht, der ihm half, Kisten und Möbel zu schleppen.

»Du bist sicher Kati«, sagte Frederic zu Kati. Peinlich berührt von ihrer spärlichen Badetuchbekleidung, bemühte er sich, an ihr vorbeizuschauen. Mit glasigem Blick stellte er den rothaarigen Mann vor, der das andere Ende seiner Matratze trug. »Das ist Werner.«

Kati lächelte.

»Hallo«, sagte sie. »Ich glaube, wir kennen uns.«

Frederic wagte es, sie doch etwas genauer anzusehen. »Ach ja! Auf dem Ausflugsdampfer. Du warst die mit den Finnen.«

»Richtig«, strahlte Kati und streckte ihm ihre Hand hin. Dabei mußte sie aber das Badetuch loslassen. (Genaugenommen *mußte* sie es nicht loslassen, aber sie tat es trotzdem.) Es fiel auf den Laminatboden und bildete einen blauen Frotteesee zu ihren Füßen.

Das Ende der Matratze, welches der Freund namens Werner trug, fiel ebenfalls zu Boden.

Frederic behielt die Fassung und schüttelte Katis Hand mit seiner freien. Dabei senkte er den Blick allerdings auf den Fußboden.

»Tja, danke fürs Türöffnen. Ich denke, den Rest können Werner und ich dann allein machen. Und du kannst dich weiter – ähm ...«

»Abtrocknen?« schlug Kati vor. »Ja, das wäre wohl besser. Sonst erkälte ich mich am Ende noch.«

Sie hob ihr Handtuch auf und lächelte noch einmal strahlend, bevor sie die Tür hinter sich schloß und ihr Ohr dagegenpreßte.

Im Flur war es eine ganze Weile still.

Dann hörte sie Werner mit leiser Stimme sagen: »Hast du diese – Beine gesehen?«

»Hm«, machte Frederic nur.

»Du Glückspilz«, sagte Werner, woraus Kati hinter der Badezimmertür schloß, daß Werner nicht wußte, daß Frederic schwul war.

Das ist ja ein Zufall«, sagte Frederic. Seine wenigen Möbel und Kisten waren bereits in seinem Zimmer untergebracht, und sein Freund Werner war schon wieder gefahren, nicht ohne sich per Handschlag von Kati zu verabschieden.

Jetzt saß Frederic mit ihr in der Küche und trank Tee.

»Daß wir uns noch mal wiedersehen! Wie geht es denn dem Jöran?«

»Wem? Ach so, dem Kerl, der über die Reling gekotzt hat. Ich habe keine Ahnung. Wahrscheinlich ist er längst zurück in seiner finnischen Sauna, und seine Deutschlandreise ist nur noch ein schöner Traum für ihn.«

Frederic lachte. »Und sicher rührt er keinen Tropfen Alkohol mehr an.«

»Nein, erst, wenn er im Lotto gewinnt.« Kati strich sich Margarine auf ihr Knäckebrot. »Gut, daß du einen Kühlschrank hast, unseren hat nämlich Bernadette mitgenommen. Wir mußten alles nach draußen auf die Fensterbank stellen.«

»Ja, es paßt einfach alles«, sagte Frederic. »Meine Möbel waren für ein paar Wochen bei Freunden untergestellt. Lange hätte ich sie da aber auch nicht mehr stehenlassen können.«

»Warum hatte man dir denn die Wohnung gekündigt?« fragte Kati. »Du konntest doch hoffentlich die Miete noch zahlen?«

»Haha«, Frederic lachte etwas gezwungen. »Nein, meinen Pflichten als Mieter bin ich immer nachgekommen. Der Vermieter schuldete aber jemandem einen Gefallen, dem es gefiel, daß ich ohne Wohnung dastand.«

»Wem sollte so etwas gefallen?« fragte Kati verwundert. Unvorstellbar, daß Frederic Feinde haben könnte.

Frederic seufzte. »Es ist eine unangenehme und sehr persönliche Geschichte.«

»Die höre ich am liebsten«, sagte Kati.

»Ja, aber wir beide, wir kennen uns doch noch gar nicht«, sagte Frederic. »Vielleicht erzähle ich sie dir, wenn wir uns etwas besser kennen.«

Kati war beleidigt. Trotzdem lächelte sie verständnisvoll.

Das Telefon klingelte.

»Ich gehe dann mal und hänge meine Bilder auf«, sagte Frederic. »Stört es dich, wenn ich ein bißchen Krach mache?«

»Nein.« Kati hob den Hörer ab.

»Hallo?«

»Ich pin's.«

»Ah, Bernadette! Es ist zu spät für Reue. Gerade ist dein Nachmieter eingezogen. Er braucht übrigens seinen Hausschlüssel. Cosima sagt, du hast ihn noch nicht wieder rausgerückt.«

»Ach Gottchen, ja. Den Hausschlüssel hatte ich ganz vergessen. Ich bringe ihn bei Gelegenheit vorbei. Dann kann ich gleich euren neuen Mitbewohner begutachten. Ich hoffe, er hat nichts gegen Frösche in der Badewanne«, sagte Bernadette spitz.

»Das wird sich herausstellen. Und wie geht's Mann und Fötus? Ich hörte, man darf dir gratulieren?«

»Ja darfst du. Heute habe ich das erste offizielle Foto machen lassen – du weißt schon: Ultraschallbild! Total süß! Ich bin in der dritten Woche schwanger.«

»Wie findest du den Namen Chiara?« wollte Bernadette wissen.

»Das kommt drauf an, ob das Kind deinen Nachnamen bekommt oder den von Vincent annimmt. Letzteres kann man eigentlich keinem Menschen zumuten.«

»Wieso? Was hast du gegen Vincents Namen? Er geht zurück bis in die Zeit weit vor dem Dreißigjährigen Krieg, hast du das gewußt?«

»Es würde mich nicht mal beeindrucken, wenn der Name zurückginge bis in die grönländische Steinzeit und sein Vorfahr den Lebertran erfunden hätte«, sagte Kati. »Ich bitte dich, der Mann heißt Tranig. Tranig wie langweilig, lahmarschig, temperamentlos, phlegmatisch, antriebslos ... Findest du das etwa sexy?«

»Ich finde Tranig griffig, wohlklingend und einprägsam«, behauptete Bernadette. »Und auf alle Fälle besser als Globoschinski! Aber ich will mich mal ausnahmsweise nicht mit dir streiten. Also, wie gefällt dir jetzt Chiara?«

»Ist es nicht noch ein bißchen früh, sich über die Namensgebung Gedanken zu machen?«

»Keineswegs. Nach neuesten wissenschaftlichen Erkenntnissen bestimmt dein Name über dein Schicksal. Frauen mit schönen, ausgefallenen und betont weiblichen Namen haben mehr Erfolg im Beruf und bei den Männern. Isabellas, Helenas und Marie-Antoinettes stehen nach diesen Untersuchungsergebnissen auf der Gewinnerseite des Lebens, sie verdienen im Monat etwa eintausend Mark mehr als der Durchschnitt und erkranken zu siebzig Prozent weniger häufig an Brustkrebs. Glaubst du da noch an Zufall?«

»Diese Untersuchungsergebnisse möchte ich mal sehen«, sagte Kati.

»Kann ich dir gerne kopieren. Die Verliererinnen unserer Generation heißen übrigens Ute, Hildegard und Ruth. Statistisch betrachtet.«

»Das ist ja interessant«, sagte Kati. »Und wo stehen die Katarinas?«

»Die schneiden nicht übel ab«, gab Bernadette widerwillig zu. »Gutes Mittelfeld. Klassischer, wohlklingender Name, allerdings relativ häufig. Ich will einen ausgefallenen Namen für unser Kind. Ich habe keine Lust, schon im Kindergarten zwei Dutzend Mädchen mit dem gleichen Namen zu treffen, verstehst du? Ein Name, der einprägsam ist und zugleich wohlklingend und weiblich.«

»Ich wüßte schon einen«, sagte Kati. »Einen wirklich wohlklingenden, ausgefallenen und einprägsamen Namen. Und passen tut er auch ganz wunderbar zu Vincent und dir.« Sie machte eine Kunstpause und setzte dann hinzu: »Wie wäre es mit *Viagra*?«

Mit angehaltenem Atem wartete sie auf Bernadettes Wutanfall. Aber der blieb aus.

»Viagra?« wiederholte Bernadette nachdenklich. »Noch nie gehört. Aber du hast recht, er klingt sehr schön. Fremd und doch irgendwie vertraut. Viagra Tranig. Ja! Ich werde es auf meine Liste schreiben und mit Vincent darüber diskutieren.«

Kati war verblüfft. »Du hast wirklich noch nie von Viagra gehört?«

»Nein, mir fällt auf Anhieb kein einziges Kind ein, das so heißt. Danke für den Tip.«

»Bitte, gern geschehen.« Kati hoffte inständig, daß Vincent ebenso weltfremd wie Bernadette war und noch nie von Viagra gehört hatte.

Voll Vorfreude malte sie sich die Geburtsanzeige aus, die in neun Monaten allen Bekannten und Verwandten ins Haus flattern würde. »Was lange währt, wird endlich gut ... Wir freuen uns, die Geburt unserer Tochter Viagra bekanntzugeben ...«

Und die Reaktion der Verwandten war auch klar: Standing ovations.

Ja, allein um diesen Tag zu erleben, lohnte es sich, am Leben zu bleiben.

Toll«, sagte Cosima, als sie am Abend Frederic sein Zimmer besichtigte. »Besonders gut gefallen mir die vielen Bilder.«

»Das macht es gemütlicher, auch wenn man keine Designermöbel hat«, antwortete Frederic bescheiden. »Und man fühlt sich nie allein.« Er zeigte auf die vielen Fotos über seinem Bett. Auf einigen erkannte Kati das sechssprachige Trautchen Irlenbusch und Herrn Großkötter (damals noch mit Gebiß) wieder.

»Rührend«, sagte Cosima.

Kati sagte nichts dazu. Sie schaute auf das kleine Porträt des Papstes, das Frederic über seinen Schreibtisch gepinnt hatte, und spürte ein nagendes Unbehagen.

»Ich bin dafür, daß wir Frederics ersten Abend in unserer WG mit einem tollen Abendessen feiern«, sagte Cosima. »Ich habe Putenschnitzel, grüne Bandnudeln und Pilze eingekauft, dazu einen trockenen Weißwein. Wer kocht?«

»Das würde ich gerne übernehmen«, sagte Frederic, woraufhin Cosima Kati einen geradezu seligen Blick zuwarf.

»Habe ich es dir nicht gesagt?« zischte sie ihr zu. »Der Mann ist einfach ein Traum.«

Kati verdrehte nur die Augen.

Später beim Essen trug sie auch nicht besonders viel zur Unterhaltung bei. Dafür genoß sie den größten Teil des Weißweines, da Cosima und Frederic an ihren Gläsern nur nippten.

Cosima erzählte von ihrem Arbeitstag und wie nett alle Leute dort zu ihr gewesen seien. Der ganze Betrieb sei wie eine große, glückliche Familie, und Oktavian Harper sei der Vater, der dafür sorge, daß auch alle glücklich blieben.

»Und dabei ist er so jung und gutaussehend und total normal. Überhaupt nicht abgehoben oder arrogant«, schwärmte Cosima. »Stellt euch mal vor, heute ist er sogar mit dem ganzen Schreibpool zum Mittagessen in die Kantine gegangen. Er hat mir gegenübergesessen und total interessiert zugehört.«

»Das ist wirklich imponierend«, sagte Frederic, der Harper schon auf einigen Wohltätigkeitsveranstaltungen kennengelernt hatte.

»Was hast du ihm denn Interessantes erzählt?« wollte Kati wissen.

»Ich hab' ihm gesagt, daß ich so unglücklich bin, weil ich mich zu dick finde, und daß ich nie eine Diät durchhalte, und daß ich glaube, daß das meiner Mutter Schuld ist«, sagte Cosima. »Weil sie mich immer nur zu festen Zeiten gestillt hat, und nicht dann, wenn ich Hunger hatte und gebrüllt habe. Und daß ich nie meinen Körper so annehmen konnte, wie er war, weil meine Mutter es auch nicht getan hat. Ich habe Herrn Harper die Geschichte erzählt, wie sie nicht wollte, daß ich zu meiner Kommunion ein kurzes Kleidchen anzog, weil sie meine Beine zu dick fand.«

Kati hatte ihre Gabel sinken lassen. »Was? Ich hör' wohl nicht richtig! Du hast deinem Chef an deinem allerersten Tag deine höchstpersönlichen, superabartigen Probleme unter die Nase gerieben und ihn mit Geschichten aus deiner Kindheit gelangweilt?«

»Er fand das ganz und gar nicht abartig! Im Gegenteil, er war total verständnisvoll.«

»So habe ich ihn auch kennengelernt«, stimmte Frederic zu. »Der Mann ist ein Heiliger.«

»Das muß man auch ein, wenn man sich mit der gequirlten Psychoscheiße seiner Aushilfskräfte vollabern läßt«, sagte Kati.

»Das ist keine Psychoscheiße, das nennt man Aufarbeitung kindlicher Traumata. Damals, als meine Mutter sagte, sie fände meine Beine zu dick, ist etwas in mir zerbrochen. Oktavian Harper sagt aber, wir dürfen unsere Eltern nicht für unsere Probleme verantwortlich machen, sondern sollen sie lieben. Die Eltern natürlich, nicht die Probleme. Die soll ich unabhängig von Schuldzuweisung eigenverantwortlich angehen. Und meine Eltern lieben, wie gesagt, denn die Liebe, sagt Oktavian Harper, die Liebe ist letztendlich die Lösung aller Probleme. Ist das nicht wunderbar?«

»Klar«, sagte Frederic. »Alle Eltern machen doch irgendwas falsch, und meistens ganz ohne Absicht. Wir müssen sie lieben, wie sie sind, und nicht nur sie, sondern alle Menschen. Jeder Mensch hat doch etwas Liebenswürdiges an sich. Wir müssen uns nur die Mühe machen, danach zu suchen.«

»Genau«, sagte Cosima feierlich. »Und deshalb werde ich jetzt auch abnehmen.«

Kati, die den Dialog mit offenem Mund verfolgt hatte, stöhnte: »O nein, nicht das schon wieder! Alle deine Problemlösungsstrategien laufen auf eine Diät hinaus. Dabei hältst du dich ja doch nie an die Vorschriften von diesem Monty Pyton und all den anderen Ernährungspäpsten, auf die du vorher geschworen hast.«

»Diesmal werde ich es aber schaffen. Oktavian Harper sagt: Wo ein Wille ist, ist auch ein Weg. Seine Frau zum Beispiel hat mit den Weight Watchers insgesamt vierzehn Kilo abgenommen. Seitdem lebt sie wieder im Frieden mit sich und ihrer Umwelt, sagt Oktavian.«

»Die haben wirklich Erfolg«, nickte Frederic. »Meine Mutter hat mit Weight Watchers sogar fünfundvierzig Kilo abgenommen. Jetzt hält sie seit vier Jahren ihre vierundneunzig Kilo und fühlt sich wieder topfit.«

Kati schaute ihn schockiert an.

»Ich hoffe, du kommst mehr auf deinen Vater«, sagte sie, aber so leise, daß niemand sie hören konnte.

»Und Fergie hat auch unendlich viel mit Weight Watchers abgenommen, habe ich irgendwo gelesen«, sagte Cosima eifrig. »Warum sollte ich es nicht auch schaffen?«

»Vielleicht weil es sehr albern ist, dafür zu bezahlen, daß man weniger ißt?« schlug Kati vor. »Also, wenn du das willst, kannst du auch mir Geld dafür geben, daß ich dich vom Kühlschrank abhalte und dir deine Schokolade wegesse.«

»Das ist nicht das gleiche«, sagte Frederic. »Die Weight Watchers bieten ein Rundumprogramm, das auf Ernährung, Eßverhalten und vor allem der Gruppenbetreuung basiert.

Ihre Erfolgsquote ist enorm. Meine Mutter konnte sich immer satt essen.«

»Toll!« sagte Cosima und tupfte sich den Mund mit einer Serviette ab. »Ganz toll. Ich glaube, ich mache das auch.«

»Wenn du willst, rufe ich meine Mutter mal an und frage sie, ob sie dir Infomaterial schicken kann«, erbot sich Frederic. »Ich kann dir auch ein Foto zeigen, wenn du willst. Mama ist jetzt Ehrenmitglied bei den Weight Watchers.«

»Au ja, toll«, sagte Cosima und folgte Frederic in sein Zimmer.

Kati sah ihnen mit gerümpfter Nase hinterher.

»Toll«, äffte sie Cosimas Tonfall nach. »Ganz toll! Das wird ja immer besser. Mama ist jetzt Ehrenmitglied bei den Weight Watchers. Ich habe mich in ein schwules *Muttersöhnchen* verliebt, das Bilder vom Papst in seinem Zimmer aufhängt.«

Sie kratzte den Rest Putenfleisch und Champignons aus der Pfanne.

»Und das beste: Seine Mutter ist *Godzilla*!«

8. Kapitel

Durch ihren dritten Job (der, über den sie nicht mit jedem sprach) hatte Kati sich mit ihrer Mutter entzweit (*endgültig* entzweit, enterbt war sie ja schon vorher worden), und das war so gekommen: Eine Freundin ihrer Mutter, gleichzeitig die zweite Frau von Onkel Billy (dem ersten Mann von Katis Mutter – aber versuchen Sie gar nicht erst, diese Familienverhältnisse zu durchschauen), hatte gute Kontakte zu einer Produktionsgesellschaft, die billige Pornofilme aus dem Ausland einkaufte und für den deutschen Markt synchronisierte.

Da dabei nicht allzuviel gesprochen wurde, war für die Synchronisateure auch keine spezielle Ausbildung vonnöten, und man engagierte den Mann/das Mädchen von der Straße. Einzige Voraussetzung: Man mußte »Ja, ja, gib's mir!« (und viel, viel weniger Druckreifes) ohne Dialekt sprechen können.

Das Ganze wurde hervorragend bezahlt, und deshalb war Katis Mutter ganz scharf darauf, den Job zu bekommen. Aber die Freundin verschaffte nicht ihr den Job, sondern Kati, und gemeinerweise petzte sie auch an Katis Mutter weiter, warum der Ton-Regisseur nicht sie, sondern die Tochter genommen hatte. (Wie Freundinnen eben so sind.)

Der Regisseur hatte gesagt: »Die Leute wollen nicht nur

junge scharfe Häschen auf der Leinwand sehen, sie wollen auch junge scharfe Häschen durch die Lautsprecher stöhnen hören.«

Zu Katis Mutter hatte die Freundin aber gesagt, der Regisseur habe folgendes gesagt: »Die Leute wollen keine abgehalfterte, welke alte Schachtel stöhnen hören.«

Verständlicherweise war Katis Mutter über diese Bemerkung total sauer, aber unverständlicherweise war sie nicht auf die Freundin böse, auch nicht auf den Regisseur, sondern auf Kati, die ja nichts dafür konnte, daß der Regisseur sie für ein junges scharfes Häschen hielt.

Ihre Mutter enterbte sie jedenfalls gleich noch einmal, und Kati mußte wohl oder übel den mütterlichen Heißluftwicklern, dem Tupperwarensortiment, der Porzellanhäschensammlung und dem Zigarettenanzünder in Form einer Damenpistole für immer ade sagen.

»Arme Kati«, sagte Cosima damals. »Also, ich würde meines Lebens nicht mehr froh, wenn meine Eltern mich enterbten.«

»Das würde ich in deinem Fall auch nicht werden«, sagte Kati. »Aber du erbst schließlich auch mal elf Mietshäuser, einen Haufen Goldbarren und ein Schweizer Nummernkonto.«

»Stimmt«, sagte Cosima. »Aber ich bin auch eine gute Tochter. Ich hab' mir das alles redlich verdient. Ich war immer pünktlich zu Hause, habe kein Zungenpiercing und mich nicht vor achtzehn mit einem Jungen eingelassen.«

»Nach achtzehn auch nicht«, sagte Kati. »Und so wie's aussieht, auch nicht vor vierzig.«

»*Ich* hätte meiner Mutter jedenfalls niemals einen Job weggeschnappt.«

»Diesen schon«, sagte Kati. »Oder würdest du ertragen,

daß deine Mutter Sachen sagt wie: Komm, mein Hengst, ich will meine ...«

Cosima hielt sich hastig die Ohren zu und hörte den Rest nicht mehr (was gut war, denn es ist auch *absolut* nicht druckreif).

Kati machte die Arbeit nicht unbedingt Riesenspaß, aber es gab schlimmere Jobs. Und vor allem schlechter bezahlte.

»Und eins muß man denen lassen«, sagte sie zu Cosima. »Selbst ich lerne noch jedesmal dazu.«

»Ich finde es schön, wenn die Sache als solche noch Überraschungen bereithält«, sagte Cosima.

Als Kati in dieser Woche nach der Arbeit (der aktuelle Film hieß *Dunjas wilde Wasserspiele,* und sie durfte Dunjas wasserscheue Freundin synchron-stöhnen) im Bus saß, blätterte sie in Oktavians Dossier und überlegte, ob er sich wohl schon mal einen Pornofilm angeschaut hatte.

»Nein«, sagte Jaromir. Er saß auf dem Behindertenplatz auf der anderen Seite des Ganges, wie immer urplötzlich. »Ein Freund hatte einmal einen ausgeliehen, aber schon nach fünf Minuten sagte Oktavian, daß er derart frauenfeindlichen und primitiven Mist nicht sehen wolle. Er stand auf und ging. Der Freund war zutiefst beschämt und schwor, niemals mehr einen solchen Film anzuschauen. Im letzten Jahr gründete er ein Heim für Prostituierte mit Kindern, die aus dem Milieu aussteigen wollen. Dieser Freund ist nur einer von vielen, die Oktavian infiziert hat!«

»Aha. Was wohl heißt, daß er von derart frauenfeindlichem und primitivem Mist nicht mal in der R.E.M.-Phase träumt«, sagte Kati und schlug die Akte zu. »Ich werde es also auf die weniger primitive Tour versuchen. Die Frage ist nur: Wie komme ich an ihn ran?«

»Ich werde euch einander vorstellen«, erklärte Jaromir. »Sonntag auf der Vernissage, wo meine neuesten Mullbinden-Lehm-Kreationen ausgestellt werden.«

»Gut. Und was ziehe ich an? Diesem Typ kann ich unmöglich mit H&M-Klamotten unter die Augen treten, wenn ich ihn verführen soll. Gibst du mir ein bißchen Geld für Gucci und Co.?«

»Guter Versuch, Kati, aber du siehst auch mit einer Gucci-Tasche nicht verführerischer aus als jetzt. Ich würde nur ein anderes Parfüm benutzen, wenn ich du wäre. Wie heißt das Zeug?«

»Heaven«, sagte Kati.

Jaromir löste sich in Luft auf.

Als Kati am Neumarkt in die Straßenbahn umsteigen wollte, sah sie Frederic gerade aus der Eins steigen. Spontan beschloß sie, ihm zu folgen. Sie klemmte sich die Akte unter den Arm, überquerte die Gleise und ging dann hinter einem dicken Mann in Deckung.

Es war ganz einfach, den Detektiv zu spielen, zumal Frederic sich niemals umsah. Sein erster Weg führte ihn in die Buchhandlung, wo er zwar nichts kaufte, aber ausgiebig in einigen Büchern blätterte: einem Bildband von Prinzessin Diana, einem Reiseführer über Israel und einem Buch mit dem Titel »Abnehmen mit Apfelessig«.

Vielleicht informiert er sich wegen Cosima, dachte Kati und tauchte hinter dem Postkartenständer ab, als Frederic ganz dicht an ihr vorbeischlenderte.

Vor dem Laden legte er einen Schritt zu und führte Kati in weniger menschenüberfüllte Gegenden. Es wurde immer schwieriger, hinter irgendeinem Passanten Deckung zu finden, und am Ende war niemand mehr da, hinter dessen Rükken Kati sich hätte verstecken können. Sie ging etwa zwanzig Meter hinter ihm, und wenn er sich umgedreht hätte, hätte er sie sofort gesehen.

Aber er drehte sich nicht um.

Vor einem Laden mit zwei pinkfarbenen Markisen blieb er stehen.

»Nagelstudio, Kosmetik, Sonnenbank«, stand auf der einen Markise, und auf der anderen: »Inhaberin: Chantal Paffensiefen«.

Zu Katis unermeßlichem Erstaunen trat Frederic nach einigem Zögern durch die Ladentür. Die Türglocke spielte die ersten Töne von »You are so beautiful«, dann hatte der Laden Frederic verschluckt.

Kati versuchte durch die pinkfarbenen Jalousien zu spähen. Ging er etwa auf die Sonnenbank? Oder ließ er sich die Mitesser auf der Nase entfernen und die Augenbrauen zupfen? Oder gar künstliche Fingernägel machen? Es paßte so gar nicht zu ihm. Außerdem hatte sie ihn immer für eine Naturschönheit gehalten.

Die Ladentür wurde unvermittelt wieder aufgerissen.

»Raus hier, du Witzblattfigur!« rief eine Frauenstimme auf gut kölsch. Kati sah eine Frau in pinkfarbenen Glitzerleggings und schwarzem Body.

»Hau bloß ab, sonst ...« Die Frau schnappte hörbar nach Luft, was vielleicht an der gefährlich eng aussehenden Abschnürung durch den pinkfarbenen Miedergürtel lag oder auch den schwindelerregend hohen Stöckelschuhen zuzuschreiben war, auf denen sie einherschwankte. Der Fitneßstudiolook für Masochistinnen, dachte Kati.

»Chantal, bitte, ich muß mit dir reden«, hörte sie Frederics Stimme aus dem Ladeninneren.

Chantal schüttelte ihre lange schwarze Dauerwellenmähne.

»Sagte ich nicht raus? Raus!« Maßlos lange pechschwarze Nägel mit Straßpiercings, für die man eigentlich einen Waffenschein gebraucht hätte, fuhren drohend in der Luft herum.

»Chantal. Laß uns doch noch mal vernünftig miteinander reden.« Jetzt kam Frederic wieder in Katis Gesichtsfeld.

Sie quetschte sich platt an die Hauswand, damit er sie nicht sah.

»Wenn du nicht von alleine gehen tust ...«, sagte Chantal, grammatikalisch nicht ganz auf der Höhe, »dann hole ich Hilfe. Und du weißt auch, was dann passieren tut.«

»Bitte, Chantal! Das können wir beide doch unter uns regeln. Aber wenn du dem Heinz noch mal sagen würdest, wie das wirklich war ...«

»Hör mal, du Armleuchter. Ich sag' dem Heinz, daß du mich immer noch aufsuchen und unter Druck setzen tust! Ich wette, daß er dann Lust bekommt, dir endlich mal die Fresse zu polieren.«

Kati an der Hauswand zuckte zusammen. Na, wenn das nicht der gleiche Heinz war, den sie auch kannte. Oder diese Sorte Heinz war in der Stadt besonders häufig vertreten.

»Chantal.« Frederics Stimme klang flehend. »Du mußt doch dabei ein wahnsinnig schlechtes Gewissen haben. Daß du überhaupt noch ruhig schlafen kannst ... Ich wollte dir doch nur helfen, und jetzt sitze ich ganz schön in der Patsche.«

»Dummheit muß eben bestraft werden«, unterbrach ihn

Chantal. »Für was, bitte, sollte ich ein schlechtes Gewissen haben? Dem Heinz seine Großmut, dir diesen Job in der Lilobar zu geben, ist für mich ... ähm ... sagen wir mal, vorbildlich. So ist der Heinz sonst eher nicht, das kann ich dir sagen.«

»Ja, aber ich arbeite doch für umsonst«, traute sich Frederic einzuwenden.

»Jetzt hört doch alles auf!« rief Chantal. »Du nimmst die Hälfte vom Trinkgeld mit nach Hause, oder etwa nicht? Und du tust auf diese Art und Weise deine Schulden abarbeiten. Das ist eine einmalige Chance, die gibt der Heinz nicht jedem. Und jetzt raus hier, Pappnase!«

Aber Frederic gab noch nicht auf.

»Wenn Heinz so großherzig wäre, wie du sagst, wieso hat er dann dafür gesorgt, daß ich aus meiner Wohnung fliege?« fragte er. »Doch nur, um mich noch mehr unter Druck zu setzen. Ich kann nicht glauben, daß du wirklich willst, daß ein unschuldiger Unbeteiligter lebenslang Geld für etwas bezahlt, was er absolut nie ... ähm ... nie ... ähm ... gekauft hat.«

»Ja, ist das mein Problem, wenn du nicht zugreifst, wenn man es dir auf dem goldenen Tablett servieren tut?« fragte Chantal. »Und jetzt mach 'ne Fliege, sonst stell' ich dir das auch in Rechnung. Und ich bin nicht billig!«

»Weiß ich ja«, sagte Frederic. »Aber das ist genaugenommen Betrug. Und das wißt ihr auch. Ich hatte ja niemals die Absicht ... Eigentlich sollte man die Polizei einschalten.«

»Das will ich aber mal sehen, wie du das denen erklärst. Der Heinz sagt denen was ganz anderes, und ich, ich sag', daß es noch schlimmer war, als wie der Heinz das jetzt darstellt! Du warst wie ein wildes Tier, sag' ich, und Tiere zahlen hinterher auch nie. Und nach der Verhandlung, da poliert der Heinz dir dann die Fresse, wenn er es vorher nicht schon getan hat!«

»Das könnt ihr doch nicht machen ...«

»Los, beweg deinen unschuldigen Arsch sofort aus meinem Geschäft, sonst knips' ich dir mit meiner Nagelzange ein paar Löcher in die Visage.«

Die Drohung schien zu wirken. Kati sah jetzt tatsächlich Frederics »unschuldigen Arsch« auf der Schwelle und verdrückte sich blitzschnell in den nächsten Hauseingang.

»Ich habe wirklich gedacht, wir sind Freunde«, sagte Frederic traurig. »Und ich glaube das eigentlich auch immer noch. In jedem Menschen steckt ein guter Kern, und der gute Kern in dir will nicht, daß ihr mit mir diese Nummer abzieht. Irgendwann wirst du das noch bereuen.«

»Jetzt lach' ich aber«, sagte Chantal und tat es auch. »Was glaubst du denn, wer du bist? Der barmherzige Samenritter?«

»Samariter«, verbesserte Frederic. »Aber nein. Ich wollte dir damals nur helfen, und jetzt sehe ich, daß man mich reingelegt hat. Ich bin wahnsinnig enttäuscht von dir. Aber ganz gebe ich die Hoffnung noch nicht auf. Hier ist meine neue Telefonnummer. Für alle Fälle.«

Fünf schwarze Monsternägel grabschten nach dem Zettel, den Frederic ihnen hinhielt.

»Willst du mal sehen, wie mir dein Geflenne am Arsch vorbeigeht? Was ich von dir und deiner verdammten Telefonnummer halte?« fragte Chantal. »Dann guck her.«

Der Zettel wurde zusammengeknüllt und zwischen die Schmollippen geschoben. Chantal kaute und kaute, dann schluckte sie und rülpste laut.

»Hinten war wohl zu«, murmelte Kati.

»Kapiert?« sagte Chantal nachdrücklich, drehte sich um und verschwand aus Katis Gesichtsfeld.

Frederic wirkte betroffen. Er stolperte ohne weitere Worte aus dem Laden.

Die Ladenglocke spielte »You are so beautiful«, dann fiel die Tür ins Schloß.

Frederic rieb sich mit beiden Händen über das Gesicht. Kati, die immer noch im Hauseingang lauerte, meinte, eine Träne zu sehen. Meine Güte, was hatten Heinz und Chantal nur mit ihm angestellt?

Kurzentschlossen machte sie einen Satz auf den Bürgersteig.

»Mensch, Frederic, was machst du denn hier?«

Frederic nahm die Hände von seinen Augen. »Kati?«

»Ich denke, den da vorne kennst du doch«, plapperte Kati fröhlich. »Haha, du warst doch wohl nicht etwa auf der Sonnenbank?«

»Nein«, sagte Frederic. »Ich ... ähm ... hatte hier in der Nähe nur was zu tun.«

»Ach so. Und ich dachte, du hättest gerade mit Chantal gesprochen.«

Frederic wurde rot. »Kennst du Chantal?«

»Nur flüchtig. Ich geh' hier manchmal zur Maniküre hin«, log Kati. »Und du?«

»Ich hab' sie nur nach einer Straße gefragt«, sagte Frederic und wurde noch röter.

»Das Lügen müssen wir aber noch üben«, meinte Kati. »Zufälligerweise habe ich nämlich ein bißchen mitgehört. Du hast Schulden bei Chantal, stimmt's?«

»Nein.« Frederic schüttelte den Kopf. »Das heißt ja, aber ich habe mir von niemandem Geld geliehen.«

»Was schuldest du ihnen denn dann?«

»Schon Geld. Aber ich hab' keins ausgegeben. Das ist eine ganz private Angelegenheit, die geht dich nun wirklich nichts an. Das kann man irgendwie nicht erklären.«

»Ach nein? Na gut, dann sage ich wohl auch besser Cosima nichts davon.«

»Das wäre nett«, sagte Frederic. »Ich möchte nicht, daß sie denkt, daß ich meine Miete nicht bezahlen kann.«

»Wieviel Geld schuldest du Chantal denn? Ich meine, auch wenn du's weder geliehen noch ausgeliehen hast.«

»Viel zuviel.« Frederic seufzte.

»Aber wofür denn, um Himmels willen?«

»Für nichts, ehrlich. Man hat mich reingelegt. Ich glaube aber nicht, daß Chantal davon gewußt hat. Sie ist gar kein so übler Mensch. Wir waren mal Freunde.«

»Tatsächlich? Kennt ihr euch schon lange?« Kati hatte sich aus dem, was sie bisher gehört hatte, bereits eine eigene Version der Geschichte gebastelt. Und so, wie sie sich das zusammenreimte, ging Chantal neben ihrem Nagelstudio einer einträglicheren Beschäftigung nach. Der fiese Heinz, der bekanntlich mehrere »Pferdchen« in der Stadt laufen hatte, kümmerte sich um das – na, nennen wir es mal – Management dieses Nebenverdienstes. Und irgendwie war Frederic da hineingeraten.

Die Frage war nur, wie.

Sie hakte sich bei ihm ein, und gemeinsam gingen sie die Straße hinunter, zurück in Richtung Straßenbahnhaltestelle. Eine Weile schwiegen sie, und genau das machte Frederic schließlich gesprächig.

»Wir haben uns vor ein paar Monaten kennengelernt«, sagte er.

»Wo denn?«

Er hatte offenbar vergessen, daß er noch vor einer Minute gesagt hatte, daß Kati die Geschichte gar nichts anging.

»Ich arbeite manchmal bei der Telefonseelsorge«, begann er. »Natürlich ehrenamtlich.«

»Natürlich«, wiederholte Kati.

»Und da hat Chantal eines Nachts angerufen. Sie sagte, sie wolle sich von der Mülheimer Brücke stürzen.«

»Wieso ausgerechnet von der Mülheimer?« fragte Kati.

»Sie hatte eine akute Depression, und ich habe vier Stunden mit ihr geredet. Ich konnte sie von ihren Selbstmordgedanken abbringen, und wir haben hinterher noch über alles mögliche gesprochen. Wie gute Freunde eben. Ich habe ihr dann meine private Telefonnummer gegeben, falls sie noch mal irgendwelche Probleme hat und jemanden zum Reden braucht. Einen Tag später hat sie gleich noch mal angerufen. Und dann in regelmäßigen Abständen. Schließlich haben wir uns dann auch mal getroffen. Wir sind zusammen ins Kino gegangen und haben ...«

»... geredet«, ergänzte Kati wissend. Was sonst?

»Genau. Weil sie wirklich Probleme hatte, die auch nicht jeder versteht. Zum Beispiel, daß sie Angst hat, im Alter nicht genug Geld zu haben, oder daß man sie nicht mehr lieben könnte, wenn sie Falten kriegt und so.«

»Hm, hm«, machte Kati. »Das versteht ja wirklich nicht jeder. Und wie oft habt ihr euch so getroffen?«

»Vielleicht fünf-, sechsmal«, sagte Frederic. »Ich wollte ja nicht so oft, aber sie tat mir so leid, und da wollte ich sie auch nicht vor den Kopf stoßen. Und dann wollte sie mich auch nie gehen lassen. Wir haben oft die ganze Nacht in ihrer Wohnung ...«

»Geredet«, ergänzte Kati wieder.

»Genau. Sie wohnt gleich über dem Nagelstudio. Manchmal hat sie auch gekocht oder eine Flasche Champagner aufgemacht. Wir waren eben richtig gute Freunde.«

»Verstehe.« Frederic hatte sich also mit einer von Heinzens Nutten ein halbes Dutzend Mal getroffen und die Nacht mit ihr verbracht. Selbstredend *redend*.

Na, das war ihm sicher teuer zu stehen gekommen.

»Und was passierte dann?«

»Als ich das letztemal bei ihr war, kam Chantals Freund Heinz vorbei. Sie hat ja manchmal von ihm erzählt, daß er sie schon mal geschlagen hat und so was, und ich wollte ihm meine Meinung sagen. Statt dessen ...« Frederic verstummte.

»Statt dessen hat er dir die Treffen mit Chantal in Rechnung gestellt, stimmt's?« fragte Kati. »Sechs Nächte inklusive Champagner und Bewirtung – das war sicher nicht billig. Wieviel wollte er dir abknöpfen?«

»Ich schwöre, ich wußte nicht, daß Chantal eine ... ähm ...«

»... Nutte ist?«

»Ich hab's nicht gewußt, ehrlich.«

»Wieviel mußtest du blechen?«

»Heinz wollte zehntausend. Abgerundet, sagte er, Freundschaftspreis.«

»Zehntausend? Für diesen abgetakelten Barbieverschnitt?« Kati konnte es nicht fassen. »Du hast ihm hoffentlich einen Vogel gezeigt!«

»Ich sagte ihm, daß ich soviel Geld gar nicht hätte, daß ich ein armer Student sei und sowieso nach dem Prinzip des heiligen Franziskus lebe. Alles, was ich nicht selber brauche, spende ich an Leute, die es nötiger haben als ich. Ich versuchte ihm zu erklären, daß Chantal und ich nur gute Freunde seien, nichts weiter, aber er ließ mich überhaupt nicht zu Wort kommen.«

»Und Chantal?«

»Die traute sich nichts zu sagen, um mich zu verteidigen. Heinz kann nämlich unglaublich brutal sein. Aber so allmählich glaube ich, das war ein abgekartetes Spiel.«

»So allmählich? Ich glaube, daß deine angeborene Menschenliebe dir völlig die Sicht vernebelt.«

»Ist ja auch egal. Jetzt sitze ich jedenfalls ganz schön tief in der Tinte. Heinz war dann zwar recht nett zu mir und meinte, wir würden schon eine Lösung finden, aber erst mal mußte ich einen Schuldschein unterschreiben.«

»Über zehntausend Kröten? Bist du des Wahnsinns?« rief Kati aus. »Wie konntest du nur?«

»Na ja, ich wollte mich auch erst mal mit einem Anwalt beraten, aber Heinz stand zu meiner Linken und sein Kumpel Clotwig auf der anderen Seite. Beide hatten Schlagringe an und nicht übel Lust, mal wieder jemandem die Fresse zu polieren.«

»Verstehe. Unter diesen Umständen hätte ich auch unterschrieben. Allerdings mit falschem Namen.«

»Mensch, darauf wär' ich gar nicht gekommen. Aber es ging auch nicht, weil Chantal meinen richtigen Namen und die Adresse kannte. Na ja, es war dann so, daß Heinz sagte, ich solle die Schulden bei ihm abarbeiten, kellnern in einer seiner Bars. Und zwar als Frau verkleidet, was ich nicht mal an Karneval tun würde, ehrlich. Zuerst wollte ich nicht, aber dann dachte ich, es ist die einzige Möglichkeit, um aus dem Schlamassel wieder rauszukommen. Gemeinerweise hat der

Heinz es auch noch geschafft, daß man mir meine Wohnung gekündigt hat. Der Vermieter war ihm wohl noch einen Gefallen schuldig.«

»Kann ich mir gut vorstellen«, sagte Kati. Heinz hatte sicher eine ganze Kartei von Bürgern, die er mit verfänglichen Fotos erpressen konnte. »Und jetzt wolltest du noch mal mit Chantal reden, um sie zu bewegen, die Sache unter den Tisch fallen zu lassen.«

»Genau. Denn ich habe mir ausgerechnet, daß ich mein halbes Leben in der Lilobar arbeiten muß, bevor ich die Schulden samt Zins und Zinseszins zurückgezahlt habe. Heinz nimmt nämlich fünfundzwanzig Prozent. Und weil Heinz sich das auch ausgerechnet hat, meint er, ich soll die Kohle ranschaffen, solange ich noch knackig bin. Er wäre schließlich keine Sozialstation, die Halbtagsjobs für rüstige Rentner vergibt. Und deshalb also, damit das schneller geht mit dem Abbezahlen, will er jetzt, daß ich nicht nur freitags dort arbeite, sondern die ganze Woche über.«

»Gerissen«, meinte Kati. »Das Arschloch.«

»Ja, und das kann ich doch nicht, weil ich schließlich noch studiere und jede Menge ehrenamtliche Arbeit ausübe. Und dann mein Job im Altenheim. Das ist doch alles viel wichtiger. Aber als ich das Heinz zu erklären versucht habe, hat er gesagt, er hätte Mittel und Wege, mich zur Arbeit zu überreden.«

»Das glaube ich sogar«, sagte Kati und dachte mit Schaudern an Clotwigs brutale Visage. »Aber da muß es doch eine Lösung geben?«

Frederic schüttelte den Kopf. »Ich habe ja immer noch die Hoffnung, daß Chantal ein schlechtes Gewissen bekommt oder sogar Heinz. Ich stecke bis über beide Ohren im allertiefsten Schlamassel – ich sehe einfach keine andere Möglichkeit.«

»Zehntausend Mark wären eine«, sagte Kati.

»Haha«, machte Frederic matt. »Soll ich vielleicht einen Supermarkt überfallen? Ich habe ohnehin durch die ganze Sache schon mehr Probleme, als du dir denken kannst.«

»Welche denn noch?«

»Das kann ich dir wirklich nicht sagen«, meinte Frederic ernst. »Es war aber nett, daß du mir zugehört hast.«

»Keine Ursache. Macht hundertfünfzig Mark.«

Frederic sah sie entsetzt an.

»War ein Witz, Frederic«, beruhigte ihn Kati. »Wirklich. Ich wollte dich nur etwas aufheitern. Da kommt unsere Bahn. Kommst du mit nach Hause?«

»Nein. Ich wollte noch was erledigen.«

»Einen Banküberfall? Dafür ist es zu spät. Die haben schon geschlossen.«

»Nein, ich wollte in die Kirche. Zur Beichte. Ich war schon zwei Wochen nicht mehr.«

»Ach du meine Güte«, sagte Kati. »Dann wird es ja wirklich höchste Zeit, wo du doch soviel zu erzählen hast.«

9. Kapitel

Als Kati nach Hause kam, saß Cosima heulend in der Küche.

»Ich trau' mich einfach nicht«, schluchzte sie.

»Was traust du dich nicht?« Kati nahm die angebrochene Tafel Schokolade hoch, die vor Cosima lag, und brach sich einen Riegel ab. Nach den Enthüllungen des Tages hatte sie einen Bärenhunger.

»Heute trifft sich die Weight-Watchers-Gruppe, und ich wollte eigentlich hingehen und Mitglied werden. Und jetzt schäme ich mich plötzlich so schrecklich.«

»Aber wofür denn?« fragte Kati erstaunt.

»Für mein Dicksein«, schniefte Cosima. »Stell dir mal vor, da wäre zum Beispiel jemand aus meiner Firma. Der dann allen sagt, daß er mich bei den Weight Watchers getroffen hat und daß ich total dick bin!«

»Wenn du bei den Weight Watchers einen Bekannten triffst, dann ist der doch auch zu dick«, sagte Kati. »Also ist es scheißegal, wen du da triffst.«

»Aber es ist so schrecklich peinlich«, sagte Cosima. »Ich stelle mir schon den ganzen Tag vor, wie fürchterlich es sein, wird, in diesen Raum zu treten. Lauter Unbekannte, deren taxierender Blick verächtlich über meine Fettpolster gleitet. O Gott, ich werde sterben.«

»Das ist doch total unwichtig, ob der taxierende Blick dieser Leute über deine Fettpolster gleitet oder nicht. Die sind doch selber alle dick.«

»Aber sicher nicht so dick wie ich.«

»Du hast sie ja nicht mehr alle, Cosima! Aber wenn es dir so peinlich ist, dann bleib doch zu Hause. Ich halte sowieso nichts davon. Ich meine, nur Vollidioten zahlen dafür, daß sie sich vor anderen wiegen müssen.«

»Aber es ist meine letzte Hoffnung«, schluchzte Cosima. »Allein schaffe ich es nicht, und die Frau von Oktavian hat doch auch soviel damit abgenommen.«

»Dann geh halt hin, verdammt noch mal.«

»Nein. Das heißt, ich würde gehen, wenn ich nicht ganz allein da hinmüßte ...«

Kati stopfte sich einen zweiten Schokoladenriegel in den Mund. »Was willst du damit sagen? Daß ich dich begleiten soll?«

»Genau«, schniefte Cosima. »Bitte, bitte, bitte. Du mußt ja auch nicht Mitglied werden.«

»Das wäre ja noch schöner. Also gut, wenn ich einmal mit hingehe, gehst du dann die nächsten Male allein?«

»Ja!« Cosima strahlte. »Würdest du das wirklich tun?«

»Gegen die nächste Miete, ja.«

»Kati! Ich dachte, wir sind Freunde.«

»Eben. Eine Hand wäscht die andere. Ich begleite dich zu den Waage-Kontrolleuren, und du erläßt mir dafür die nächste Monatsmiete. Das ist doch fair.«

»Blödsinn, das eine hat nichts mit dem anderen zu tun. Das eine ist eine Geschäftsbeziehung, und das hier ist ein Freundschaftsdienst.« Cosima hatte aufgehört zu weinen. »Kommst du jetzt mit oder nicht? Wenn nicht, dann kann es gut sein, daß ich die Miete demnächst noch mal erhöhe. Die Nebenkosten sind gestiegen …«

»Ich komme«, sagte Kati. In den leeren Raum hinter sich gewandt, setzte sie hinzu: »Und daß mir niemand mehr behauptet, ich sei durch und durch selbstsüchtig. Das hier tue ich aus reinster Nächstenliebe. Ich hoffe nur, es wird Buch darüber geführt.«

»Ich hole meinen Mantel«, sagte Cosima. Auf halbem Weg zur Garderobe stoppte sie plötzlich und drehte sich zu Kati um. »Aber so kannst du nicht mitkommen. Du siehst viel zu dünn aus.«

Kati verdrehte die Augen.

Ich schwitze«, beschwerte sich Kati.

»Das ist gut«, erwiderte Cosima. »Dicke schwitzen doch meistens vor sich hin, sagt man jedenfalls so.«

Sie überprüfte ein letztes Mal Katis Äußeres.

Kati trug ihren Daunenanorak und darüber ein Cordhemd, Größe XXL. Oben, wo der Daunenkragen aus dem Hemd herausschaute, hatte sie ein Nickituch umgebunden, was den Eindruck erweckte, als wolle sie eine geschwollene Schilddrüse kaschieren.

»Niemand wird dich wieder nach Hause schicken, weil du zu dünn aussiehst«, sagte Cosima. »Ich glaube, hier ist es.«

»Aber welcher Raum?« fragte Kati. »Hier finden jede Menge Veranstaltungen statt. Weißt du die Raumnummer? Hier steht nirgends ein Schild.«

»Wir folgen einfach der Dicken da«, zischte ihr Cosima zu und packte sie am Arm. »Los, komm schon!«

»Die Dicke da« führte sie in einen Raum, in dem schon

etwa zehn Personen im Kreis Platz genommen hatten. Kati registrierte einen erstaunlich hohen Anteil an Männern.

Cosima krallte sich in ihren Daunenanorak. »O Gott, ich hab's gewußt. Die sind alle gar nicht so dick.«

»Bis auf die Dicke, die uns hergebracht hat«, erwiderte Kati. »Aber das ist doch ein gutes Zeichen. Die haben eben alle schon abgenommen. Hohe Erfolgsquote, das motiviert doch.«

»Aber die Dicke ist die Kursleiterin«, flüsterte Cosima, als sich besagte Dame in der Mitte des Kreises aufstellte und, um Gehör bittend, in die Hände klatschte. »Das ist nicht motivierend. Also ich finde, das hätten sie wirklich nicht machen sollen.«

»Halt den Mund und setz dich«, flüsterte Kati zurück. »Wer A sagt, muß auch B sagen.«

Die dicke Dame begrüßte alle zur ersten Sitzung im Dezember und äußerte ihre Freude über die vielen neuen Gesichter.

»Mein Name ist Helga Brathuhn, und ich schlage vor, daß die Neuen sich auch erst mal mit Namen vorstellen und erzählen, was sie hierher getrieben hat.«

Cosima stieß Kati grinsend in die Seite. »Möchtest du gern als Brathuhn enden?«

»Sei still, sonst fang' ich an zu gackern.«

Frau Brathuhn warf ihnen einen strengen Blick zu. »Möchten die Damen vielleicht anfangen?«

»N-nein«, stotterte Cosima und wurde knallrot. »Erst mal die anderen.«

»Also gut«, sagte ein junger Mann. »Dann mache ich den Anfang. Meine Name ist Peter Hasenfratz, und ich leide sehr darunter.«

»Das kann ich mir vorstellen«, flüsterte Cosima Kati zu und kicherte. »Bei *den* Zähnen.«

»Aber es gibt doch diesen deutschen Schauspieler, der genauso heißt«, meinte ein anderer. »Er bekommt nur gute Kritiken. Und Sie sehen außerdem fast überhaupt nicht aus wie ein Hase.«

»Danke«, sagte Peter Hasenfratz getröstet. »Trotzdem.«

»Ich kenne das. Mein Name ist nämlich Susanna Kußmaul«, sagte die Frau neben ihm.

Cosimas Kichern wurde heftiger. Sie konnte nichts dagegen tun.

»Mein Problem ist, daß ich jemanden mit dem Namen Widerling kennengelernt habe«, fuhr Frau Kußmaul fort. »Wir wollen demnächst heiraten.«

Aus Cosimas Kichern wurde unkontrolliertes Gegacker.

Alle sahen sie entsetzt an.

»Darf ich fragen, worüber Sie so herzlich lachen?« fragte Frau Brathuhn streng.

»Das sind alles so komische Namen«, stieß Cosima zwischen zwei Lachsalven hervor. »Brathuhn, Widerling, Hasenfratz – ich glaub', ich werd' nicht mehr.«

»Natürlich sind es seltsame Namen, deswegen sind wir ja hier alle versammelt«, sagte Frau Brathuhn würdevoll, und zumindest Kati dämmerte mit einem Schlag, daß sie hier nicht bei den Weight Watchers waren.

Sie stieß Cosima in die Rippen.

»Wir sind hier wöchentlich versammelt, um über unsere Probleme zu reden. Wir wollen uns gegenseitig Mut zusprechen und uns nicht auch noch auslachen«, fuhr Frau Brathuhn fort. »Und jetzt seien Sie bitte so freundlich und nennen uns Ihren ...«

»Meinen was?« fragte Cosima, die immer noch mit unkontrollierten Lachattacken zu kämpfen hatte.

»Ihren Namen«, sagte Frau Kußmaul.

»Müller«, sagte Cosima. (Was gelogen war: Eigentlich hieß sie nämlich Schmitz.)

»Müller?« wiederholten alle Gruppenmitglieder im Chor.

»Ja, Müller«, sagte Cosima. »Was dagegen? Au! Warum stößt du mich die ganze Zeit in die Rippen?«

»Wir sollten besser gehen«, flüsterte Kati. »Wir sind hier nämlich falsch.«

»Aber warum denn? Wir haben noch gar nichts über die Methode erfahren! Und ich will wissen, wie viele Kilos unser Herr Hasenfratz hier abgenommen hat. Er sieht nämlich wirklich tadellos aus.« Cosima verstand Katis Fluchtwunsch ganz und gar nicht. »Bis auf die Zähne, natürlich.«

Kati zog sie mit Gewalt vom Sitz. Dabei flüsterte sie: »Kapier doch! Das sind nicht die Weight Watchers, Cosima. Jetzt komm schon, bevor sie uns lynchen. Und hör um Himmels willen auf zu lachen.«

»Hör auf, zu zerren. Ich komme schon.« Cosimas Versuch, das Lachen einzustellen, scheiterte kläglich. »Hasenfratz! Ich mach' mir in die Hosen! Du mußt doch zugeben, die Namen sind wirklich komisch. Wenn das kein ulkiger Zufall ist!«

»Das ist kein Zufall.« Kati hatte Cosima endlich zur Tür gezerrt und riß sie hastig auf.

»Wiedersehen«, sagte sie über die Schulter. »Und entschuldigen Sie bitte den Zwischenfall. Meine Freundin heiratet nächste Woche einen Mann mit Namen Popel. Deshalb ist sie so durcheinander. Bitte haben Sie Verständnis.«

Elf Augenpaare schauten ihnen böse hinterher. Kati zog rasch die Tür ins Schloß.

»Was redest du denn da?« fragte Cosima unter heftigen Lachsalven. »Ich heirate doch niemanden mit so einem abartigen Namen! Da bin ich lieber dick!«

»Du Schaf! Das war ein Club für Leute mit abartigen Namen. Für Leute, die unter ihrem Namen leiden. Und da sagst du, du heißt Müller!« Kati brüllte vor Lachen.

»Du meinst, das war kein Zufall, daß die alle so komische Namen hatten?« Jetzt fiel auch bei Cosima der Groschen. »O Gott, wie *peinlich*. Deshalb waren die auch alle so dünn.«

»Von Frau Brathuhn mal abgesehen«, lachte Kati. »Halt mich fest, oder ich mach' mir in die Hosen.«

Eine Weile überließen sie sich voll ihrem Heiterkeitsausbruch. Dann atmete Cosima tief durch und fragte: »Und was ist jetzt mit den Weight Watchers?«

»Schlimmer kann es ja nicht mehr werden, Frau Müller«, antwortete Kati. »Los, auf geht's.«

Bei den Weight Watchers hatte die Kursstunde gerade erst begonnen. Kati und Cosima schoben sich unauffällig auf einen der wenigen freien Stühle. Diesmal war weit und breit kein Mann zu sehen – dafür auch niemand, der so aussah, als hätte er *keine* Diät nötig.

»Welches Tier denkt nicht an morgen?« fragte die Gruppenleiterin in die Runde.

Allgemeines Überlegen, dann rief eine Frau: »Die Eintagsfliege«

»Richtig! Und welcher Stuhl will hoch hinaus?«

Die Gruppe versank in brütendes Schweigen. Dann hagelte es Vorschläge von allen Seiten.

»Der Thron?«

»Der Kackstuhl?«

»Der Fahrstuhl?«

»Richtig! *Der Fahrstuhl* will hoch hinaus.«

»O nein, wir sind schon wieder falsch«, sagte Kati, ungeachtet der vielen Weight-Watchers-Plakate ringsrum. »Wir sind im Gedächtnistraining für Alzheimerpatienten.«

Jemand reichte ihnen ein auf Karton gezogenes Foto und flüsterte: »Die Gruppenleiterin hat vor vierzehn Jahren vierundvierzig Kilo mit Weight Watchers abgenommen. Sie wog hundertundsechsundzwanzig Kilo.«

Kati betrachtete das Bild interessiert »Sieht gar nicht so dick aus für hundertsechzehn Kilo.«

»Das ist das Nachher-Foto, du Depp«, zischte Cosima.

Die Gruppenleiterin hatte die Scherzfragenrunde beendet und ging nun zu persönlicheren Fragen über.

»Was hatten Sie sich für diese Woche vorgenommen?«

»Abnehmen, abnehmen, abnehmen«, antwortete eine Frau in der vordersten Reihe, von der Kati nur den Hinterkopf sehen konnte.

»Für nächste Woche wäre dann aber mal dringend ein Friseurbesuch angebracht«, murmelte sie.

»Und die anderen? Was war Ihr Wochenziel?«

»Abnehmen!« lautete die einstimmige Antwort.

Die Gruppenleiterin lachte herzlich. »Und was war das Schlimmste, das Sie in der vergangenen Woche bewältigt haben?«

»Meinen Mann«, antwortete eine besonders dicke Frau. Alles lachte.

»Das Wochenende«, sagte eine andere. »Ich hatte zwei Einladungen, aber ich bin standhaft geblieben. Ich habe nur Wasser getrunken. Und das kalte Büfett konnte sich wirklich sehen lassen.« Sie begann sehr präzise aufzulisten, was man dort aufgefahren hatte. Nach rund zehn Minuten schloß sie: »Viererlei verschiedene Mousse-Sorten, Rote Grütze, Kokosparfait, Fruchtsalate, diverse süße Soßen ... Schon vom Duft der Speisen wäre ich beinahe ohnmächtig geworden. Aber wie gesagt, ich bin standhaft geblieben.«

»Hattest du denn keine Punkte aufgespart?« fragte eine andere. »Zwei, drei rote Punkte, und es wäre wenigstens ein Schälchen Rote Grütze drin gewesen. Also, wenn ich eingeladen bin, spare ich immer fleißig. Letzte Woche habe ich fünfzehn rote Punkte gespart und konnte am Sonntag drei Stücke Buttercreme-Eierlikörtorte essen. Keiner wollte mir glauben, daß ich trotzdem dabei abnehme.«

»Ich halte mich nicht an das Punktesystem, das ist mir zu albern«, mischte sich eine Frau in Pink in trotzigem Tonfall ein. »Diese Woche hatte ich hundertfünfundsechzig rote.«

Ein Raunen ging durch den ganzen Saal und weckte Kati wieder auf, die über der monotonen Beschreibung der Speisen des kalten Büfetts in einen gnädigen Schlummer gefallen war.

»Hundertfünfundsechzig! So viele habe ich nicht in einem ganzen Jahr«, staunte die Frau, deren größte Leistung es gewesen war, das Wochenende unter Wasser zu überstehen.

»Das hält doch kein Mensch durch, nur drei rote Punkte am Tag«, meinte die Pinkfarbene aggressiv. »Ich brauche meinen Wein zum Essen und ab und zu mal was Süßes. Und Kuchen ohne Sahne – das schmeckt doch nicht!«

»Nun, wenn Sie meinen, daß es Ihr persönlicher Weg zur Gewichtsreduktion ist, sich nicht an *Erfolgs-Signale-Plus* zu halten – bitte«, entgegnete die Gruppenleiterin. »Was sagt denn die Waage dazu?«

»Letzte Woche hatte ich sechshundert Gramm mehr, diese Woche vierhundert, aber das ist es mir wert«, sagte die Pinkfarbene bockig. »Ich habe einfach keine Lust, auf irgend etwas zu verzichten, und wenn ich damit nicht abnehmen kann, dann eben nicht.«

»Das muß jeder selber wissen«, meinte die Gruppenleiterin lapidar.

Kati und Cosima staunten.

»*Sehr* motivierend«, flüsterte Kati Cosima zu. »Da fand ich ja den Teil mit den Scherzfragen noch besser. Was hängt an der Wand, und wenn es runterfällt, ist die Uhr kaputt?«

Die Gruppenleiterin erklärte soeben, daß die Weight Watchers mit einem Stuhl zu vergleichen seien. Die vier Beine bestünden aus dem Ernährungsprogramm, Verhalten, Bewegung und – dem Wichtigsten von allem – der Gruppe. Die Gruppe, sagte die Leiterin, motiviere, kontrolliere, feiere bei Erfolg und finge auf bei Mißerfolg.

»O Gott, ich glaube, die da vorne kenne ich«, flüsterte Cosima plötzlich und versuchte, hinter Katis Daunenanorak abzutauchen.

»Wenn man sich zu Hause wiegt, was passiert dann?« wollte die Gruppenleiterin wissen.

Eine Weile brüteten alle über dieser schwierigen Frage. Aber keiner wußte eine Antwort.

»Man schmeißt die Waage wieder unters Bett und vergißt, wieviel man gewogen hat«, behauptete die Gruppenleiterin schließlich felsenfest.

»Blödsinn! Ich vergesse niemals, wieviel ich wiege«, widersprach Cosima leise. »Nicht eine einzige Sekunde am Tag vergesse ich das. Nicht mal im Traum!«

»Hier aber, in der Gruppe, wird das Gewicht schriftlich

festgehalten. Niemand kann mehr vergessen, wieviel er wiegt«, fuhr die Leiterin fort. »Und was bewirkt das?«

»Daß wir es nicht mehr verdrängen können?« fragte eine Frau. »Und daß wir deshalb endlich daran arbeiten können?«

»Wieder eine Maßnahme für all die Alzheimerpatienten hier«, murmelte Kati. »Big brother is weighting you.«

»O Gott, die da vorne kenne ich *wirklich* « hauchte Cosima. Sie gab sich alle Mühe, mit dem Stuhl zu einer unauffälligen Einheit zu verschmelzen.

»Gibt es irgendwelche offenen Fragen?« wollte die Gruppenleiterin wissen.

Die Pinkfarbene, die das Problem mit den roten Punkten hatte, meldete sich wieder: »Was kann ich denn auf mein Brot tun, wenn ich jetzt doch mal auf die Punkte achten will?«

Sogleich hagelte es Vorschläge von allen Seiten.

»Salatgurke!«

»Tomate!«

»Grüne Salatblätter.«

Die Pinkfarbene schüttelte den Kopf. »Gemüse mag ich nicht.«

»Halbfettmargarine.«

»0,2%igen Quark mit Schnittlauch.«

» *Du-darfst*-Leberwurst?«

»Diätprodukte mag ich auch nicht.«

»Tomatenmark.«

»Yofresh.«

»Senf.«

»Putenmortadella.«

»Kräuterdip.«

»Harzer Käse?«

Die Pinkfarbene machte ein enttäuschtes Gesicht. »Mag ich alles nicht.«

Betretenes Schweigen.

»Diese offene Frage wird wohl weiterhin offen bleiben«, murmelte Kati.

»Was tun Sie sich denn normalerweise am liebsten auf Ihr Brot?« wandte sich eine Frau nach längerer Pause an die Pinkfarbene.

»Eigentlich mag ich überhaupt kein Brot«, sagte die Pinkfarbene. Sie schien ein hoffnungsloser Fall zu sein.

Der Blick der Gruppenleiterin fiel auf Kati und Cosima.

»Ich sehe da auch ein paar neue Gesichter«, sagte sie. »Wie fühlen Sie sich hier bei uns?«

»Heiß«, sagte Kati. In dem Daunenanorak kam sie sich vor wie in einer Sauna.

»Und möchten Sie vielleicht etwas über sich erzählen?«

Cosima lief sofort wieder knallrot an.

»O Gott, was soll ich denn sagen?« flüsterte sie.

»Die Wahrheit«, flüsterte Kati zurück.

Cosima atmete tief durch. »Okay. Die Wahrheit also.«

»Dann los«, flüsterte Kati. »Alle Augen ruhen auf dir.«

»Mein Name ist Müller«, sagte Cosima laut. »Angela Müller. Seit der Geburt meiner zweiten Tochter schaffe ich es einfach nicht mehr, auf mein altes Gewicht zu kommen ...«

Kati unterdrückte ein albernes Kichern.

Eine dicke Frau in der zweiten Reihe fragte: »Bist du nicht die Cosima Schmitz? Wir waren in einer Stufe. Sabine Liebknecht, erinnerst du dich?«

Cosima schüttelte den Kopf. »Ich bin im Saarland in die Schule gegangen. Angela Müller.«

»Also, die Ähnlichkeit ist wirklich verblüffend«, meinte Sabine Liebknecht. »Ich hätte schwören können, Sie sind die Cosima aus meiner Stufe. Die war allerdings viel schlanker.«

»Ach«, sagte Cosima matt.

Kati griemelte in ihren Daunenanzug hinein.

»Soviel ich gehört habe, gibt es Weight Watchers auch als Fernkurs«, sagte sie leise. »Vielleicht wäre das eher was für dich – Angela.«

»Ich will nach Hause«, sagte Cosima nur.

Zu Hause schälte sich Kati als erstes aus dem Daunenanorak.

»Das war wirklich blöd von dir«, tadelte sie. »Angela Müller. Seit der Geburt meiner zweiten Tochter ... Du wolltest doch die Wahrheit sagen. Jetzt kannst du das nächste Mal nicht mehr hingehen.«

»War doch sowieso doof da. Welcher Stuhl will hoch hinaus? Welches Tier denkt nicht an morgen? Woher wollen die das denn überhaupt wissen, daß die Eintagsfliege nicht an morgen denkt? Vielleicht tut sie das ja sehr wohl. Vielleicht denkt sie an nichts anderes. Vielleicht weiß sie ja nicht mal, daß sie den nächsten Morgen nicht erleben wird. Vielleicht ist der eine Tag für sie wie für uns das ganze Leben. Ich finde das total gemein, sich darüber auch noch lustig zu machen, daß die Eintagsfliege nur einen Tag zu leben hat. Das ist diskriminierend für alle Eintagsfliegen. Und überhaupt: Wenn du mich fragst, denkt kein Tier an morgen. Tiere leben ganz entspannt im Hier und Jetzt.«

Die Tür zu Frederics Zimmer öffnete sich. Er sah entspannter aus als am Nachmittag. Offenbar hatte ihm die Beichte gutgetan.

»Hallo, ihr beiden. Na, wie war's bei den Weight Watchers?«

»Doof«, sagte Cosima. »Die haben doch allen Ernstes behauptet, der Kackstuhl wolle hoch hinaus.«

»Fahrstuhl«, sagte Kati.

»Dann eben der Fahrstuhl. Der Fahrstuhl will hoch hinaus, daß ich nicht lache. Der Fahrstuhl ist schließlich eine Maschine ohne Willen. Und selbst wenn man einer Maschine einen freien Willen zubilligen würde – woher wollen die wissen, daß der Fahrstuhl hoch hinaus *will.* Vielleicht funktioniert er sogar nur gegen seinen Willen.«

»Wo, sagtest du, wart ihr heute abend? Bei den Weight Watchers?«

»Ja, das erste und letzte Mal«, sagte Cosima. »Da war diese arme Frau, die lediglich wissen wollte, was sie auf ihr Brot schmieren könnte. Keiner hat ihr geholfen. Man hat sie mit ihrem Problem ganz allein gelassen. Kein Wunder, daß sie sich über die roten Punkte hergemacht hat!«

»Wie bitte?« Frederic konnte nicht ganz folgen.

»Cosima ist einfach nicht der Typ für diese Gruppe«, erklärte Kati »Sie hat sich nicht mal getraut, ihren richtigen Namen zu nennen.«

»Scheiße ja, aber da war jemand aus meiner Schule«, sagte Cosima. »Was sollte ich denn machen?«

»Aber ich dachte, du seist fest entschlossen?« Frederic sah enttäuscht aus. »Meine Mutter hat es doch damals auch geschafft. Und die Frau deines Chefs. Und die Herzogin von York. Willst du denn wirklich so schnell aufgeben?«

Cosima biß sich auf die Unterlippe. »Na ja. Es gibt ja noch andere Ortsgruppen hier in Köln. Vielleicht fahre ich einfach ein bißchen weiter.«

»Das ist die richtige Einstellung«, lobte Frederic.

»Ich weiß nicht, wie es euch geht, aber ich habe Durst«,

sagte Kati. »Ich könnte uns einen leckeren Glühwein machen. Wir haben alles, was wir dazu brauchen im Haus. Dazu eine einmalige Gewürzmischung, die ich auf dem Weihnachtsmarkt gekauft habe.«

»Au ja«, sagte Cosima. »Frederic, weißt du, wieviel grüne, gelbe oder rote Punkte Glühwein hat?«

»Auf jeden Fall rot. Alkohol ist immer rot. Aber wie viele Punkte weiß ich auch nicht. Ich könnte meine Mutter anrufen und fragen«, erbot sich Frederic.

»Nein, das ist nicht nötig. Heute fange ich ja noch nicht an. Außerdem habe ich meine roten Punkte schon auf Monate im voraus verbraucht, durch die viele Schokolade. Acht Tafeln in drei Tagen. Das kann man doch keinem sagen.«

»Doch, ich kenne das. Meine Mutter hat früher vier Liter Vanillepudding an einem einzigen Tag verdrückt«, sagte Frederic ernst. »Zum Nachtisch.«

Kati hatte alle drei Flaschen Rotwein entkorkt, die in der Speisekammer gestanden hatten, und in einen großen Topf gegossen.

»Ist das nicht ein bißchen viel? Rein mengenmäßig, meine ich«, fragte Frederic.

»Vier Liter Vanillepudding? Allerdings«, sagte Kati. »Das ist wohl mehr was für Godzilla.«

»Ich meinte den Wein.«

»Nein, ganz sicher nicht«, antwortete Kati. »Von Glühwein kann man deshalb soviel trinken, weil der ganze Alkohol durch die Hitze verlorengeht.«

»Ach, tatsächlich?«

»Ja«, log Kati. »Er ist quasi nullprozentig.«

Der Glühwein wurde köstlich. Da er zwar heiß war, aber

nicht gekocht hatte, stieg er ihnen ziemlich schnell zu Kopf, vor allem den beiden, die kaum Alkohol gewohnt waren.

Cosima machte als erste schlapp. Nach nur drei Tassen und einer Stunde legte sie den Kopf auf den Tisch und begann zu schnarchen.

»Bist du sicher, daß da kein Alkohol mehr drin ist?« fragte Frederic mit schwerer Zunge.

»Natürlich. Sie hatte einfach einen anstrengenden Tag«, meinte Kati. »Wir müssen sie ins Bett tragen.«

»Ohne Zähneputzen?« fragte Frederic entsetzt, aber er half ihr, die schlafende Cosima vom Stuhl zu wuchten. Mit vereinten Kräften schleiften sie sie in ihr Zimmer. Kati zog ihr die Schuhe aus und deckte sie zu.

»Das reicht«, meinte sie. »Sie soll auch mal sehen, wie es ist, mit einem toten Zwerghamster im Mund aufzuwachen. Und es schadet nicht, ab und an mal unabgeschminkt schlafen zu gehen.«

»Ist noch was von dem Glühwein da?« fragte Frederic. »Ich habe noch nie so was Leckeres getrunken.«

»Stimmt. Nur Margheritas schmecken besser. Und Champagner ist auch nicht zu verachten. Aber an diesen kalten Wintertagen muß es einfach Glühwein sein.«

Sie setzten sich wieder in die Küche.

»Weißt du eigentlich, daß du wunderschön bist, Kati?« fragte Frederic nach der nächsten Tasse. »Du siehst aus wie die Venus von Botticelli. Nur schöner.«

»Und angezogener«, sagte Kati erfreut, aber nicht ohne ein gewisses Mißtrauen. »Noch.«

»Jetzt ja«, sagte Frederic. »Aber ich habe dich ja auch schon nackt gesehen und weiß, daß du der Venus in nichts nachstehst. An dem Tag, an dem ich hier einzog, zogst du dich aus, weißt du noch?« Er lachte über sein eigenes Wortspiel.

»Hm«, sagte Kati. Ein Hoch auf den Glühwein. Der schaffte vielleicht von allein, was Jaromir mit Zauberei bewirken wollte ... Oder war Jaromir hier etwa schon am Werk?

Frederic schöpfte sich seine Tasse noch einmal voll und leerte sie in einem Zug. »Seitdem muß ich manchmal daran denken, wie es wohl wäre, dich zu küssen.«

Kati sagte nichts. Sie wartete nur ab, bis Frederic sich vorbeugte und sie auf den Mund küßte. Entgegenkommend öffnete sie ihre Lippen.

Der selige Augenblick währte genau drei Sekunden. Dann fuhr Frederic zurück, wie von der Tarantel gestochen.

»O nein!«

»Was ist denn?«

»Ich bin doch schwul! Schwule küssen keine Frauen.«

Kati sah ihn ärgerlich an. »Vielleicht bist du gar nicht so schwul, wie du denkst.«

»Wie meinst du das? Man kann doch nicht mehr oder weniger schwul sein. Ein bißchen schwul, mittelschwul, hundertprozentig schwul? Das gibt es doch nicht, oder?«

Kati sagte nichts. Das war schließlich sein Fachgebiet, nicht ihres.

»Vergiß, was gerade passiert ist«, bat Frederic eindringlich. »Es war ein Irrtum. Ich hatte ... vergessen, daß ich schwul bin.«

»Aha. Und nachdem du mich geküßt hast, ist es dir wieder eingefallen?« fragte Kati beleidigt. »Ich verstehe.«

»Du verstehst gar nichts«, sagte Frederic und stand auf. »Ich gehe schlafen. Gute Nacht.«

»Mist«, sagte Kati. Sie hörte, wie nebenan im Bad Frederics elektrische Zahnbürste ansprang, und schlug mit der Faust auf den Tisch. »Verdammter Mist!«

»Probleme?« Das war Jaromir. Er stand neben dem Herd und nahm sich die letzte Tasse Glühwein aus dem Topf.

»Na ja, was man so Probleme nennt«, sagte Kati. »Wir haben uns gerade geküßt, aber dann ist ihm wieder eingefallen, daß er ja schwul ist. Wann machst du ihn endlich hetero?«

»Wenn du Oktavian zu einer Sünde verleitet hast«, erwiderte Jaromir. »Und keinen Tag früher. Wie küßt er denn so?«

»Gar nicht mal übel«, sagte Kati. »Ich würde sagen, eine glatte sieben auf der nach oben offenen Gluboschinski-Küsse-Skala.«

»Was war das Höchste, was du je geküßt hast?«

»Eine neuneinhalb«, sagte Kati. »Aber ich habe seinen Namen vergessen. Irgendwas an ihm hat mich so sehr gestört, daß es seine Küsse auch nicht mehr rausreißen konnten.«

Jaromir stellte seine Tasse in die Spüle.

»Und wieviel Punkte sind das?« fragte er, riß Kati in seine Arme und drückte ihr seine Lippen auf den Mund. (Das liest sich eventuell brutal und unerotisch, aber ich versichere Ihnen hiermit eidesstattlich, es war weder das eine noch das andere.)

Als er sie wieder losließ, rang sie nach Luft.

»Laß dir ruhig Zeit für die Bewertung, Herzchen.« Jaromir lächelte sein ungemein teuflisches Lächeln. »Aber es ist doch gut, daß deine Skala nach oben offen ist, oder?«

Kati atmete immer noch schwer. Alles, was sie hätte sagen können, wäre zu schmeichelhaft für ihn gewesen.

»Nächstes Mal vielleicht mehr«, sagte Jaromir. »Jetzt muß ich gehen. Wir sehen uns am Sonntag.«

»Ich dachte, da hättest du Ruhetag«, brachte Kati immerhin heraus, aber das hörte er nicht mehr.

10. Kapitel

Am nächsten Morgen war Kati die einzige, die keine Kopfschmerzen hatte.

»So ein bißchen Glühwein lockt bei mir doch keinen Kater hinterm Ofen hervor«, sagte sie fröhlich.

»Bei mir ist das schon kein Kater mehr, wohl eher ein ausgewachsener Puma«, erwiderte Frederic. »Von wegen, Glühwein enthält keinen Alkohol. Wahrscheinlich hast du ihn nicht genug erhitzt. Der muß kochen, damit der Alkohol rausgeht.«

»Glühwein zu kochen ist ungefähr so abartig, wie Zucker in Champagner zu rühren«, erwiderte Kati. »Ich dachte, das wüßte jedes Kind.«

»Meine Zunge fühlt sich so pelzig an«, klagte Cosima.

Kati freute sich. »Jetzt weißt du wenigstens mal, wie das ist, mit so einem Goldhamster im Mund! Wie wär's mit Frühstück?«

»Hau endlich ab! Ich lege mir einen nassen Lappen auf den Kopf und knalle mich zurück ins Bett«, stöhnte Cosima. »Kann jemand bitte bei Harper anrufen und sagen, daß ich ganz schrecklich krank bin?«

»Blödsinn. Eine Dusche, ein Aspirin, und du bist wieder fit wie ein Turnschuh«, sagte Kati. »Was hast du denn auf einmal für eine Arbeitsmoral?«

»Ich muß heute abend leider auch arbeiten«, sagte Frederic. »Ich hoffe nur, bis dahin sind diese schrecklichen Kopfschmerzen weg. Die Luft in der Lilobar ist nämlich immer zum Schneiden.«

»In der Lilobar?« fragte Cosima verblüfft. »Du kellnerst in der Lilobar?«

»Es gibt einen Haufen Lilobars in der Stadt«, warf Kati schnell ein und bedachte Cosima und Frederic gleichermaßen mit einem warnenden Blick.

Beide schwiegen irritiert.

»Ich würde sagen, einer von euch geht jetzt unter die Dusche, und der andere nimmt sein Aspirin, sonst kommen wir hier nie mehr in die Gänge«, bestimmte Kati energisch. »Los, Freddy, du gehst zuerst ins Bad.«

Als er gegangen war, wandte Kati sich mit verschwörerischer Miene an Cosima: »Hey, du sagst ihm besser nicht, daß ich als Transvestit in der Lilobar arbeite – ich schätze, das könnte ihn so verschrecken, daß er die Wohnung kündigt.«

Cosima hielt sich den Kopf.

»Das wäre nicht gut«, sagte sie. »Gibt es wirklich so viele Lilobars in der Stadt?«

»Mindestens ein halbes Dutzend«, log Kati.

»Wenn das so ist ... Ich könnte mir Frederic auch beim besten Willen nicht in Frauenklamotten vorstellen. Außerdem müßtest du ihn dann ja kennen. Also, her mit dem Aspirin.«

Das war schon mal geklärt. Eine halbe Stunde später fing Kati dann auch Frederic vor der Badezimmertür ab.

»Hör mal, das wäre sehr unklug, Cosima zu erzählen, daß du in der Lilobar als Transvestit verkleidet kellnerst. Sie ist so schrecklich konservativ – sie würde dir glatt die Wohnung kündigen.«

Frederic seufzte. »Ich hasse Lügen.«

»Es ist keine Lüge. Du solltest nur das Wort Lilobar nicht mehr erwähnen, das ist alles.«

»Also gut«, sagte Frederic. »Vielleicht muß Cosima mich erst mal besser kennenlernen, bevor sie das erfährt. Ich möchte nämlich wirklich hier wohnen bleiben.«

»Das möchten wir alle«, sagte Kati zufrieden. Es wäre ihr gar nicht recht gewesen, wenn Frederic von Cosima erfahren hätte, daß Kati ebenfalls in der Lilobar kellnerte, oder wenn Cosima von Frederic erfuhr, daß er den Tip mit der Wohnung von einem Kollegen namens Alwin alias Alwine erhalten habe ... es hätte die Angelegenheit nur unnötig erschwert. Frederic würde sich möglicherweise manipuliert fühlen, wenn er erfuhr, daß Kati und Alwin ein und dieselbe Person waren. Und Cosima wäre Frederic gegenüber eventuell nicht mehr so positiv gesinnt, wenn sie erfuhr, daß Kati ihn geschickt in die WG eingeschleust hatte. Eine komplizierte Situation, aber nicht ohne Reiz.

Damit Frederic nichts von ihrem Doppelleben erfuhr, konnte Kati an diesem Abend erst mit ihrer Verwandlung in Alwine beginnen, als er schon in die Lilobar unterwegs war. Das führte dazu, daß sie mit Verspätung von zu Hause losfuhr – sie mußte sich Cosimas Rad ausleihen – und trotz des üblichen halsbrecherischen Tempos auch zu spät in der Bar ankam.

»Wenn Heinz etwas haßt, dann ist das Unpünktlichkeit«, sagte Marlene alias Clotwig Schläger, als Kati durch den Eingang hetzte.

»Ist doch gar nicht wahr«, sagte Kati gereizt. »Heinz haßt

alles, was sich bewegt, und alles, was sich bewegt, haßt Heinz. Das ist ein angeborener Überlebensinstinkt.«

»Du wirst auch immer dreister, Alwin«, sagte Marlene. »Ich wette, wenn ich das dem Heinz sage, bekommt er nicht übel Lust, mal wieder jemandem die Schnauze zu polieren.«

Die letzten Worte hörte Kati nicht mehr, weil sie die Garderobentür schon hinter sich zugezogen hatte.

Der Umkleideraum war schon leer, die Kollegen bereits an der Arbeit. Kati warf einen Kontrollblick in den Spiegel – ja doch, alles in Ordnung, Perücke, Gel-BH und falsche Wimpern saßen an der richtigen Stelle, die Strümpfe hatten keine Laufmasche – perfekt.

»Sag mal, weißt du, wie spät es ist?« Das war Heinz, der in der offenen Tür lehnte, den Pittbull mit dem wenig vertrauenerweckenden Namen Rambo zu seinen Füßen.

»Zwanzig nach neun«, sagte Kati wahrheitsgemäß.

»Genau das sagt meine Rolex auch«, sagte Heinz. »Meinst du, wir haben hier Gleitzeit oder sonst einen sozialen Quatsch?«

»Sorry, Heinz, kommt nicht wieder vor.«

»Damit ist es aber nicht getan, Alwin! Um den Job hier bei mir, da reißen sich andere den Arsch für auf. Und du kommst einfach, so wie es dir gerade paßt. Ich bin doch kein Sozialamt. Ich kann dich jederzeit rausschmeißen.«

»Das weiß ich, Heinz, tut mir echt leid«, sagte Kati besänftigend. »Ich verspreche dir, es war das letzte Mal, daß ich zu spät gekommen bin.«

»Also gut, ich gebe dir noch mal 'ne Chance. Aber du bist vorgewarnt, klar?«

»Klar.« Kati schob sich an Heinz und dem Hund vorbei.

»Dicke Luft heute, was?« meinte Hendrik alias Hendrike, der hinter der Theke stand.

»Ja.« Jetzt brauchte Kati erst mal eine Margherita.

»Kann man wohl sagen«, meinte Frederic und lächelte Kati an. »Hallo, Alwin. Hier ist wirklich unerträglich dicke Luft. Ich finde, hier sollte man auch eine Nichtraucherzone einrichten. In anderen Lokalen gibt es das längst.«

»Ich meinte die Stimmung hier, nicht den Sauerstoffgehalt, du selten blöder Trottel«, sagte Hendrik. »Heinz sagt schon den ganzen Abend, daß er nicht übel Lust hätte, mal wieder jemandem die Schnauze zu polieren.«

»Es ist Vollmond«, meinte Kati. »Da werden Typen wie Heinz immer zum Werwolf. Welche Tische hab' ich heute?«

»Du hast heute hinten links, dreizehn bis zwanzig«, antwortete Hendrike. »Und paß ein bißchen auf unseren Anfänger hier auf. Er ist erst zehn Minuten dabei und hat schon drei falsche Drinks geliefert. Ich verstehe wirklich nicht, wie Heinz den einstellen konnte.«

»Ich konnte nichts dafür«, verteidigte sich Frederic. »Die hatten kalten Kaffee bestellt, und ich hatte extra eine Kanne in den Kühlschrank gestellt. Als ich den dann gebracht habe, hieß es plötzlich, nee, wir wollen Cola mit Limo gemischt! Da soll sich noch einer auskennen!«

»Du Volltrottel«, rief Hendrike aufgebracht. »Kalter Kaffee ist in manchen Gegenden das gleiche wie Spezi, Mezzo-Mix oder eben Cola-Limo! Das habe ich dir doch eben schon zu erklären versucht!« Er wandte sich ab, um Kölsch zu zapfen.

»Du hast tatsächlich kalten Kaffee serviert?« fragte Kati amüsiert.

»Ja, aber woher soll man das denn auch wissen, so als Newcomer in der Branche? Ich habe schon versucht, mir in der Bibliothek Fachliteratur auszuleihen, aber da gab es gar nichts, um sich ein bißchen schlauzumachen. Übrigens, Alwin, danke noch mal für den Tip wegen der Wohnung. Ich hab' das Zimmer gekriegt.«

»Das ist ja schön für dich«, sagte Kati. »Und wie sind die beiden Mädels so?«

»Sehr nett. Besonders die eine. Ich glaube, wir werden gute Freunde werden.«

»Welche findest du denn netter?« fragte Kati begierig.

»Was ist das hier, ein Kaffeekränzchen?« wurden sie von Heinz unterbrochen. Er schob sich zwischen die beiden, so daß man seinen bierschwangeren Atem riechen konnte.

»Sollen unsere Gäste verdursten? Also, die Ärsche geschwungen, oder ich werd' echt sauer. Und, Fredi, noch mal so 'ne Scheiße wie vorhin mit dem kalten Kaffee, und wir zwei unterhalten uns mal unter vier Augen.«

»Ich geb' mir Mühe, Heinz.« Frederic eilte davon, so schnell es seine hohen Absätze erlaubten.

Um halb zwei wurde es merklich ruhiger. Die Tippgemeinschaft, die ihren Lottogewinn gefeiert und eine Lokalrunde nach der anderen geschmissen hatte, war gegangen, und Kati wollte die Gelegenheit nutzen, in der Garderobe aus ihren Schuhen zu schlüpfen und ein wenig Zehengymnastik zu betreiben.

Leider war die Garderobe nicht leer.

Die Schwarze Barbara alias der Grobe Johann hatte Dienstende und war dabei, sich abzuschminken. Neben ihm saß Frederic und versuchte, sich die falschen Wimpern zu entfernen. Am Türrahmen lehnte Heinz, die Hundeleine in der Hand. Clotwig saß auf dem Fußboden und streichelte den Hund. Auf den ersten Blick eine durchaus harmonische, idyllische Szene.

»Du hast dir immer noch kein Pseudonym zugelegt«, sagte die Schwarze Barbara zu Frederic.

Kati ließ sich auf eine Bank fallen und zog unauffällig ihre riesigen Schuhe aus. Ihr Dienst ging zwar offiziell erst in einer Stunde zu Ende, aber eine Pause mußte jetzt einfach mal sein. Auch Heinz schien nichts dagegen zu haben. Sie mußte nur darauf achten, daß niemand ihre zierlichen Frauenfüßchen sah.

»Mir fällt nichts richtig Gutes ein außer Frederike«, sagte Frederic. »Außerdem bleibe ich ohnehin nicht mehr so lange hier. Das ist ja nur ein Übergangsjob.«

»Wo willst du denn hin, Fredilein?« fragte Clotwig. »Du willst uns doch hoffentlich nicht verlassen?«

»Na ja, also, da sind wir uns doch sicher alle einig, daß diese Arbeit nichts für mich ist, oder?« Frederic sah Clotwig ernst an. »Ich meine, ihr habt jetzt meine Bereitschaft gesehen, aber irgendwann muß das Spiel doch mal ein Ende haben.«

Heinz schlenkerte nervös mit der Hundeleine. »Ein Ende, hm? Dann laß uns doch mal sehen, wieviel du mir noch schulden tust, Kleiner. Also, da wären zehntausend Mark plus zweitausendfünfhundert Mark Zinsen – abgerundet –, das wären dann zwölftausendfünfhundert Mark. Davon hast du – aufgerundet – fünfhundert bei mir abgearbeitet. Das macht dann nach Adam Riese immer noch zwölftausend Mark. Und du sagst, das Spiel muß ein Ende haben?«

»Na ja, Heinz, wir wissen doch beide, daß ich diese Schulden nicht *wirklich* bei dir habe«, versuchte es Frederic in vernünftigem Tonfall. Es klang, als glaubte er, einen seiner renitenten Senioren vor sich zu haben.

»Nicht wirklich? Und der Schuldschein, den ich in meinem Safe habe, der ist auch nicht wirklich? Jetzt verkauf mich aber mal nicht für dumm, du Studentenscheißerchen. Unser Spiel fängt erst richtig an. Ab morgen kommst du jeden verdammten Tag hierher und arbeitest, damit daß mal klar ist. Ihr wißt doch gar nicht, was arbeiten ist, ihr Studentenärsche, ihr!«

»Da hatten wir doch schon drüber gesprochen, Heinz. Ich kann nicht jeden Tag kommen. Ich studiere sehr ernsthaft, und ich habe eine Menge anderweitige Verpflichtungen.«

»Hör mal, ich glaube, du hast immer noch nicht kapiert, wen du hier vor dir hast!« Heinz kniff böse die Augen zusammen und rückte den Bund seiner Trainingshose gerade. »Ich bin der *Heinz*! Und wenn der Heinz dir sagt, daß du ab jetzt täglich kommst, dann schiebst du deinen Arsch auch täglich her, kapiert? Und das meine ich bierernst. Da kannste hier jeden fragen.«

»Heinz, ich will jetzt überhaupt nicht respektlos klingen«, sagte Frederic. »Aber was nicht geht, geht eben nicht. Ich bin dir schon sehr weit entgegengekommen. Wenn du noch mal mit der Chantal reden würdest, vielleicht …«

»Jetzt reicht es aber, Jungchen, meine Geduld ist am Ende. Du kommst ab morgen täglich, oder du kannst dir gleich einen Sarg besorgen, weil deine Gesundheit sonst nämlich empfindlich leiden wird. Clotwig, zeig ihm mal, was ich meine.«

Clotwig gab dem Hund einen zärtlichen Klaps, erhob sich ächzend vom Fußboden und dehnte seine Finger einzeln, so wie Heinz das auch immer tat, wenn er mal wieder Lust hatte, einem die Schnauze zu polieren.

»Leicht, mittel oder richtig?« wollte er wissen.

»Ganz leicht für den Kleinen, nur mal so zum Probieren«, sagte Heinz, und ehe Frederic begriff, wie ihm geschah, spürte er Clotwigs Faust im Magen. Er krümmte sich auf seinem Stuhl zusammen.

Kati litt mit ihm. Sie sprang fuchsteufelswild von ihrer Bank auf.

»Was soll das?« fragte sie wütend. »Hört sofort auf, ihn zu schlagen.«

»Halt du dich da raus, Alwin«, sagte Clotwig. »Ich habe nur ganz leicht zugeschlagen. Ich würde doch meinem Fredi-Baby niemals wirklich weh tun, nicht wahr, Fredi?«

»Hmpf«, machte Frederic.

»Ehrlich, Fredi, du nimmst das doch nicht persönlich, oder? Wir können doch trotzdem Freunde sein, nicht wahr? Auch wenn ich dir ab und zu eine reinhauen muß.«

»Hmpf«, sagte Frederic wieder. Er bekam immer noch keine Luft.

»Laßt ihn in Ruhe«, verlangte Kati.

»Clotwig, hau dem Alwin auch mal eine rein, der geht mir schon lange auf den Keks«, befahl Heinz.

In Clotwigs Augen glomm ein freudiger Funke auf. Für einen Augenblick konnte man sich gut vorstellen, wie er als kleiner Junge ausgesehen hatte, wenn er seine Weihnachtsgeschenke ausgepackt hatte.

Kati dachte natürlich sofort an Flucht, aber da sie ihre Schuhe nicht trug und der Fluchtweg durch Heinz und den Pittbull verstellt war, kam sie nicht weit. Clotwigs Faust traf sie unter ihrem rechten Gelbusen, direkt auf die Rippen.

Sie taumelte gegen die Wand.

»Das war mittelschwer«, sagte Clotwig hämisch. »Soll ich noch mal, Heinz?«

»Einmal ist keinmal«, meinte Heinz lapidar.

»Das reicht«, keuchte Kati.

»Mir noch nicht«, erwiderte Clotwig. »Ich könnte das die ganze Nacht machen.«

Er packte Katis Perücke und zog ihren Kopf in den Nakken. »Wohin hättest du denn gern den nächsten Schlag? Ins Gesicht? Ich kann Spezialschläge, die machen nicht mal einen Bluterguß, und trotzdem hörst du die Englein im Himmel singen. Oder auf die Leber? Da reicht ein mittelschwerer Schlag, um drei Tage flachzuliegen.«

»Gewalt ist doch keine Lösung«, ließ sich Frederic vernehmen, der endlich wieder Luft bekam. »Bitte, können wir nicht ganz vernünftig reden?«

»Sofort«, sagte Clotwig. »Ich muß nur erst unseren Alwin hier ein bißchen auf den Magen schlagen.«

»Dafür reicht es, in dein Gesicht zu gucken«, sagte Kati. Sie wußte, daß sie nichts mehr zu verlieren hatte.

Clotwigs Schlag traf sie in der Magengrube, und der Schmerz betäubte sie. Sekundenlang blieb ihr die Luft weg. Der Raum schlug ein paar Purzelbäume um sie herum.

Als sie endlich wieder atmen konnte, starrte sie in vier weit aufgerissene Augenpaare. Zuerst begriff sie nicht, warum alle so starrten, aber dann sah sie ihre Perücke in Clotwigs Hand und wußte, was geschehen war. Sie hatte sich bei dem Schlag reflexartig nach vorn gekrümmt, und dabei war die Perücke in Clotwigs Hand hängengeblieben. Ihre echten (plattgedrückten, verschwitzten und zusammengesteckten) Haare waren nun den Blicken ausgesetzt, und auch ihr Gesicht, das sonst zum größten Teil von der Ponyperücke bedeckt wurde.

»Stimmt was nicht?« fragte sie und nahm Clotwig die Perücke aus der Hand.

»Sekunde mal!« Heinz griff nach ihrem Handgelenk. »Wenn ich es nicht besser wüßte, würde ich sagen, du bist eine Frau!«

»Ich hab' immer gewußt, daß mit dem was nicht stimmt«, sagte die Schwarze Barbara. »Guckt doch mal die kleinen Füße an.«

»Mann, Frau – wer weiß das heutzutage noch genau«, versuchte Kati zu scherzen, aber sie ahnte, daß Heinz in dieser Sache keinen Humor kannte.

Er griff in ihren Gel-BH. »Ausziehen«, verlangte er.

Kati wußte, wann sie verloren hatte. »Also gut, ich bin eine Frau, aber ich bin auch ein verdammt guter Kellner.«

Heinz faßte es einfach nicht. Er war vor Wut puterrot angelaufen, sein Adamsapfel hüpfte unkontrolliert auf und ab.

»Das ist die größte Frechheit, die mir je untergekommen ist«, schrie er. Mit einer einzigen Bewegung riß er Kati das pinkfarbene Kleid herunter bis zum gepiercten Bauchnabel. Den schweren Büstenhalter flitschte er mit einer gekonnten Bewegung auf. Darunter wurde Katis nackte Haut sichtbar.

»Tatsächlich«, knurrte er. »Ein Mädchen. Eine Hochstaplerin! Das wird Folgen haben! Welcher Idiot hat diese platten Titten hier überhaupt eingestellt?«

»Das warst du selber, Heinz«, erinnerte ihn Clotwig.

»Ich? Das darf doch wohl nicht wahr sein! War ich da im Vollrausch oder was? Ich stelle doch keine Blondine mit Körbchengröße A ein! Schon gar nicht, wenn sie als Mann verkleidet ist, der als Frau verkleidet ist!«

Kati zog das Kleid wieder hoch. Den Gel-BH ließ sie auf dem Fußboden liegen, wo sich Rambo, der Pittbullterrier darüber hermachte. Er verbiß sich darin wie in einen Knochen und knurrte vernehmlich.

»Du hattest nie einen besseren Kellner«, sagte Kati zu Heinz. »Und daß ich eine Frau bin, hat auch nie einer gemerkt. Also ...«

»Du bist gefeuert«, brüllte Heinz. »Und wenn du mir noch einmal über den Weg läufst, mach' ich dich alle.«

»Wenn du sie rausschmeißt, dann kündige ich auch«, sagte Frederic mutig. Er hatte Kati mit einiger Verspätung unter der Schminke erkannt und fühlte sich dazu berufen, ihr beizustehen, auch wenn er im Augenblick noch nicht verstand, was sie hier zu suchen hatte.

»Du kannst nicht kündigen«, schnauzte Heinz ihn an. »Du bist mein Leibeigener, vergessen?«

»Wir sind doch hier nicht im Mittelalter«, sagte Frederic. »Ich bin dafür, daß wir uns jetzt alle mal wie vernünftige Erwachsene zusammen ...«

»Schnauze halten, Fredi. Ich mein' es nur gut mit dir.« Clotwig packte ihn am Nacken wie ein ungezogenes Kätzchen.

Heinz baute sich breitbeinig vor Kati auf. »Alwine – oder wie immer du heißen magst – du machst dich besser samt deinen platten Titten aus dem Staub, bevor ich mich vergesse!«

»Ich muß sowieso nach Hause«, erwiderte Kati. »Ich muß nämlich noch einen Brief ans Gewerbeaufsichtsamt schreiben wegen der illegalen Putzfrauen und ans Gesundheitsamt wegen der vielen Kakerlaken hier.«

»Was soll das heißen? Willst du mir etwa drohen? Hier gibt es nicht einen einzigen Kakerlak, und illegale Putzfrauen stelle ich auch nicht ein! Wenn mir deinetwegen so ein Fuzzi vom Amt hier aufkreuzt, dann ...«

»... polierst du mir die Schnauze, das hast du schon gesagt, Heinz.« Kati griff nach ihren Schuhen, warf sich ihre Perücke über die Schulter wie eine teure Handtasche und verließ die Garderobe. »Auf Wiedersehen, alle zusammmen.«

»Kati!« rief Frederic ihr nach. »Warte!«

»Maul halten, hatte ich gesagt. Mit dir war Heinz noch nicht fertig!« Clotwig hielt ihn weiter am Palettenkragen gepackt. »Kennst du diese Hochstaplerin etwa?«

»Ähm, nicht so direkt«, hörte Kati Frederic noch stottern, bevor die Tür hinter ihr ins Schloß fiel.

Sie schlüpfte in ihre Pumps und fluchte, als ihr einfiel, daß ihr Mantel noch drinnen hing. Aber zurückgehen wollte sie auf keinen Fall, dazu spürte sie Clotwigs Fäuste noch allzu schmerzhaft in der Magengegend.

»Sie sehen aus, als bräuchten Sie ein Taxi, junge Frau«, sagte eine tiefe Stimme, kaum daß sie an die frische Luft getreten war.

»Jaromir, du kommst gerade recht«, seufzte Kati. »Ich habe meinen verdammten Mantel da drin gelassen.«

Jaromir hielt ihr ungewöhnlich galant die Beifahrertür auf.

»Mach dir nichts draus, daß sie dich gefeuert haben«, sagte er. »Das ist sowieso ein Saftladen.«

»Ja, aber ich habe Unmengen hier verdient. Jetzt muß ich mir einen neuen Job suchen. Aber vorher, das verspreche ich dir, würg' ich diesem Widerling von Heinz einen rein. Und wenn er mir dafür tausendmal die Schnauze poliert.«

»Wie soll er das denn? Er kennt ja nicht mal deinen richtigen Namen.«

»Stimmt auch wieder«, sagte Kati. »Dann hetze ich ihm wirklich das Gesundheitsamt auf den Hals. Und das ist erst der Anfang. Niemand darf sich ungestraft mit mir anlegen.«

»Gut so! Rache ist ja so süß«, sagte Jaromir. Er ließ den

Motor an und startete mit quietschenden Reifen. »Wenn dir die Ideen ausgehen: Ich habe auch noch ein paar. Ich wollte immer mal ein Buch darüber schreiben. Eine Art Leitfaden für gekonnte Racheaktionen.«

»Morgen knöpfe ich mir erst mal diese Chantal vor«, meinte Kati. »Ich werde ihrem Nagelstudio einen Besuch abstatten, den sie so schnell nicht vergißt. Und danach regle ich die Sache zwischen Heinz und Frederic ein für allemal.«

11. Kapitel

»Ich will nicht«, erklärte Cosima kategorisch. »Das ist viel zu teuer.«

»Ich bin auch mit dir zu den Weight Watchers gegangen«, erinnerte sie Kati. »Im Daunenanorak. An dem Abend habe ich nur durch Schwitzen zwei Kilo abgenommen.«

»Ja, und das hat dich nicht einen Pfennig gekostet.«

»Das hier wird dich auch keinen Pfennig kosten.«

»Aber ich könnte bleibende Schäden davontragen.«

»Blödsinn, das ist ein Nagel- und Sonnenstudio, kein illegaler Tattoo-Salon. Du sollst bloß da reingehen, dich auf die Sonnenbank legen und dich ein bißchen blöd anstellen. Das dürfte dir ja wohl nicht allzu schwer fallen, oder?«

»Das ist krebserregend«, sagte Cosima. »Und man kriegt Falten davon.«

»Was denn, vom Blödstellen?«

»Nein, von der Sonnenbank.«

»Du mußt ja nicht wirklich unter die Röhren, du mußt nur so tun, als wolltest du. Außerdem – wir tun das alles für Frederic. Schließlich hat diese Chantal ihm zehntausend Mark Schulden aufgebrummt, und Heinz zieht ihm die Schlinge um den Hals immer enger. Irgendwann wird er vielleicht die Miete nicht mehr zahlen können ...«

»Ich bin stinkesauer auf dich, weil du mich, was Frederic betrifft, belogen hast!«

»Das war keine Lüge, ich habe dir nur nicht gesagt, daß ich ihn in der Lilobar kennengelernt habe. Weil ich deine Vorurteile kenne und wollte, daß du dir selber ein Bild machst. Kommst du jetzt mit oder nicht?«

»Also gut. Frederic zuliebe. Obwohl ich nicht ganz einsehe, wie wir ihm damit helfen können.«

»Wir helfen ihm nicht, wir rächen ihn«, erklärte Kati. »Ich weiß noch nicht genau wie, aber ich denke, das ergibt sich ganz von selbst aus der Situation heraus.«

»Wenn du meinst. Du siehst übrigens ziemlich scheiße aus. Deine schönen Locken sehen aus wie eine billige Dauerwelle.«

»Das habe ich mit dem Kreppeisen gemacht«, sagte Kati stolz.

»Und wo hast du diese abscheuliche Tigerlily-Leggings her?«

»Die ist aus meiner Karnevalskiste«, erklärte Kati. »Alwine trägt so was gerne.«

»Aha! Sicher trägt er auch gern diese protzigen Straßklunker. Vom bloßen Hinsehen hängen einem die Ohrläppchen ja auf den Schultern! Was soll ich denn anziehen?«

»Du kannst als du selbst gehen«, meinte Kati. »Hauptsache, du kommst etwa eine halbe Stunde nach mir. Habe ich auch alles?« Sie untersuchte die Plastiktasche, die passend zur Leggings im Leopardenlook gefleckt war. »Mehrzweckgurt, Elektroschocker ... Hoffentlich hat diese Schlampe überhaupt Zeit für uns. Am Ende läuft ihr Saftladen noch so gut, daß man wochenlang auf einen Termin warten muß.«

Aber diese Angst war unbegründet. Chantal, heute ganz

in Metallicblau, einschließlich Haarclips und Fingernägel, bat Kati sogleich, am pinkfarbenen Tresen Platz zu nehmen. Aus der Nähe konnte Kati erkennen, daß Chantal eine Menge Arbeit und Geld in ihr Gesicht investiert hatte. Die Lippen waren (höchstwahrscheinlich) mit Collagen unterspritzt, die Konturen mit Permanent-Make-up umrahmt, die Augenbrauen waren so hauchdünn, daß die Vermutung nahelag, Chantal würde zum Zupfen gleich den Rasierer nehmen.

»Da haben Sie aber Dusel. Ich sag' Ihnen, am Samstag ist hier immer die Hölle los. Aber eben gerade haben quasi gleich drei Stammkundinnen abgesagt«, erklärte sie.

Kati hielt ihr ihre Nägel hin. »Da bin ich aber froh. Sehen Sie mal, was ich für einen Ärger habe. Ich bin vor lauter Arbeit acht Wochen nicht mehr ins Nagelstudio gekommen, und jetzt gucken Sie sich mal diese gräßlichen Dinger an. Ich fühle mich wie amputiert.«

»Das kann ich gut nachvollziehen«, sagte Chantal mitleidig. »Ohne die Krallen fühlt man sich quasi gar nicht mehr wie eine richtige Frau, oder?«

»Stimmt! Die Leute drehen sich schon nach einem um, man fühlt sich ja wie nackt. Also machen Sie mir richtig schön lange Teile, wenn's geht, mit Straßapplikation.«

»In Ordnung.« Chantal nahm eine Feile zur Hand. »Im Moment haben wir unsere Spezial-Disco-Lackierung im Angebot. Leuchtet im Weißlicht in allen Regenbogenfarben.«

»Hört sich toll an«, sagte Kati.

»Das macht dann hundertvierzig. Ohne Amplikation. Die kommt extra.«

»Da sind Sie aber günstiger als mein altes Studio in Bonn«, sagte Kati und beobachtete nicht ohne Bedauern, wie die Oberfläche ihrer gesunden Nägel angerauht wurde.

»Kommen Sie aus Bonn?«

»Ja, ich bin erst vor zwei Monaten hergezogen«, sagte Kati. »Ich bin jetzt hier selbständig tätig.«

»Ach ja? Was machen Sie denn?«

»Dienstleistungsgewerbe«, sagte Kati mit fester Stimme. »Von zu Hause aus. Läuft besser, als ich dachte. Ich habe eine Anzeige in mehreren Zeitungen geschaltet, seitdem steht das Telefon nicht mehr still. Und dabei hatten mich alle gewarnt, von wegen, ohne den Ernst schaffe ich das nicht. Alles Quatsch! Ich bin so froh, daß ich den Saftsack nicht mehr sehen muß.«

»Ach?« machte Chantal interessiert. Sie hatte sofort verstanden, was Kati mit Dienstleistung von zu Hause aus meinte. »Und keinen Ärger mit den Kerls? Daß mal einer von denen nicht zahlen will? Oder die Brutalotour fährt?«

»Bis jetzt nicht«, sagte Kati. »Und wenn früher einer zugeschlagen hat, dann war das meistens der Ernst. Haha, aus Spaß wurde Ernst. Immer hat er den Löwenanteil kassiert, der dicke Arsch. Von wegen Zuhälter! Der hat doch bei mir nichts zugehalten – eher im Gegenteil! Immer die Hand aufgehalten hat der! Und was der mir manchmal für Typen angeschleppt hat, pfui Deibel. Da habe ich es doch jetzt besser. Und ich weiß jetzt auch, woher sich der Ernst seine Rolex leisten konnte. Alles von meinem Geld. Jetzt leiste ich mir selber eine Rolex!«

Chantal seufzte, während sie zehn Acrylnägel aus einer Kunststoffkiste zusammensuchte. »Die sind ja an sich nicht alle so wie dein Ernst.« Unvermittelt war sie zum Du übergegangen. »Ich war ja auch mal auf diesem Gebiet tätig, und auch jetzt noch manchmal. Ich mach' mir da quasi ein Hobby draus. Nä, und da kann ich dir sagen, ich hab' eigentlich nur gute Erfahrungen gemacht. Der Heinz hat mir quasi den Laden hier finanziert und schickt mir ständig neue Kundschaft vorbei. Die gehen hier alle bei mir auf die Sonnenbank und lassen sich die Nägel machen. Und dafür tu' ich ihm ab und zu noch einen Gefallen.«

»Für mich wär' das nichts mehr«, sagte Kati. »Ich will das lieber ganz ohne Macker schaffen. Und einen eigenen Laden krieg' ich auch noch irgendwann. Einen Swingerclub mit allem Pipapo.«

»Für mich war das Nagelstudio der absolute Traum«, schwärmte Chantal. »Der Heinz hat keine Kosten und Mühen gespart, um mir diesen Traum zu erfüllen. Der tut wirklich alles für mich. Die Fortbildung zur staatlich geprüften Maniküre und jede Menge Wöökshops zum kreationellen Nageldesign hat er mir bezahlt. Sogar die Sache mit dem Namen hat er standesamtlich geregelt. Früher hieß ich nämlich Radburg.«

»Mit Nachnamen?« fragte Kati.

»Nä, das war es ja gerade, Radburg mit Vornamen. Der Heinz hat mir die Chantal zum Geburtstag geschenkt, echt wahr, mit Änderungsurkunde und allem! Es gibt wirklich nichts, was der nicht kann. Und Chantal, das kommt auch viel besser bei den Männern an. Alles, was französisch klingt. Der Heinz sagt auch immer, mal ehrlich, wer will schon eine Radburg ficken?«

»Aber Heinz klingt sexy, oder was«, sagte Kati und starrte voller Befremden auf die gigantisch langen Plastikteile, die auf ihrem Nagel klebten und alles andere als natürlich aussahen. Mit solchen Nägeln würde sie nicht mal eine Shampooflasche öffnen können.

»Der Heinz *ist* einfach sexy«, sagte Chantal. »Der hat so die gewisse Portion Extra, wenn du weißt, was ich meine.

Der ist keiner von den Typen, wo die Glocken länger sind als der Strick.«

Vor Katis geistigem Auge erschien ein Bild von Heinz in seinen Lieblingshosen, die er selber »Schnellfickerhosen« nannte, weil sie an der Seitennaht komplett mit Druckknöpfen versehen waren, und sie fragte sich, wo er das gewisse Etwas, auf das Chantal offenbar anspielte, wohl versteckt haben mochte.

»Wie heißt du denn?« wollte Chantal wissen.

»Vicky«, sagte Kati. »Aber das ist auch nicht mein richtiger Name.«

»Natürlich nicht. Möchtest du einen Kaffee, bevor wir mit dem Auffüllen beginnen, Vicky?« Chantal lächelte sie schwesterlich an. »Nee, also wirklich unglaublich sexy ist der Heinz, wenn jetzt auch nicht gerade vom Äußerlichen her. Aber der hat so eine souveräne Art, mit Menschen umzugehen, da werde ich immer ganz schwach. Und er ist ein guter Geschäftsmann, das muß man ihm lassen. Es heißt ja immer, Geld macht sexy, und der Heinz hat so viel Geld, daß er erotischer als wie Richard Geere ist.«

Kati mußte den Blick von ihren künstlichen Krallen abwenden, die nun schichtweise mit einem flüssigen, übelriechenden Zeug bepinselt wurden. Draußen vor der pinkfarbenen Jalousie stand Cosima und trat unschlüssig von einem Bein auf das andere. Offenbar konnte sie sich nicht entschließen, reinzukommen.

Chantal, die Katis Blick gefolgt war, stöhnte.

»Oh, nee! Hoffentlich kommt die nicht hier rein. Die hab' ich ja gefressen, diese Studentinnen.«

»Woran siehst du denn, daß die studiert?« fragte Kati verblüfft.

»Guck die dir doch an: Weiß wie ein Kalkeimer, angezogen wie Rita Süssmuth, und Haare, platt so als wie mein Bügelbrett. Von Bindegewebe entschlacken, Collagenspritzen und Peelings haben die noch nie gehört. Dazu Augenbrauen wie dieser Waigel, noch nie eine Pinzette gesehen, nee, hau mir ab – das ist typisch für Studentinnen. Die glauben, wenn sie mal an ihrem Body arbeiten, sind sie sofort unemazipiert. Ey, da fällt mir der Witz ein: Wie verhüten Emanzen? Weißte das?«

»Nee«, sagte Kati.

»Mit ihrem Gesicht!« Chantal brach in brüllendes Gelächter aus. »Ey, 'ne Emanze verhütet mit ihrem Gesicht, ey, ist das nicht komisch? Ich kann mich jedesmal wegwerfen vor Lachen, wenn ich den höre.«

»Klingt eher nach Raucherhusten als nach Lachen«, sagte Kati, aber die Ladenglocke übertönte sie mit »You are so beautiful« in der Instrumentalversion.

Cosima räusperte sich und sagte: »Guten Tag.«

Chantal warf Kati einen genervten und zugleich verschwörerischen Blick zu und sagte: »Tachchen«, ohne aufzusehen.

»Ich würde gerne, wenn's möglich ist, auf die Sonnenbank«, sagte Cosima schüchtern.

»Das haben Sie auch bitter nötig.« Chantal warf Kati einen bedeutungsvollen Blick zu. »Studentin?«

»Ja, woher wissen Sie das?« fragte Cosima zurück.

»Dafür hab' ich einen fünften Sinn.«

Dafür war wahrscheinlich der Geruchssinn ausgefallen, dachte Kati. Der Duft des Parfüms, mit dem Chantal sich eingenebelt hatte, war nämlich so intensiv, daß die ganze Innenstadt was davon hatte.

»Kann ich jetzt auf die Sonnenbank oder nicht?« fragte Cosima ein bißchen frecher.

»Jetzt sofort?«

»Wenn es geht.«

»Da muß ich erst mal auf den Terminkalender gucken.« Die blauen Nägel blätterten in einem Buch, das auf dem Tresen lag. »In zwanzig Minuten kommt schon die nächste Kundin.«

»Oh«, machte Cosima. »Das ist aber blöd. Ich hätte nämlich nur jetzt Zeit.«

Chantal musterte sie herablassend. »Na ja. Sie bräuchten ja sowieso nicht lange. Zehn Minuten reichen bei der bleichen Haut fürs erste. Am besten, Sie kaufen eine Zwölferkarte für den Turbo und kommen alle zwei Tage, sonst wird das sowieso nie was. Die Zwölferkarte kostet hundertzwanzig. Da kriegen Sie dann zweimal mehr Bräune als wie normal.«

»Ähm«, sagte Cosima. »Also, ich würde doch gern erst nur einmal gehen.«

»Das kostet dann aber zwölf Mark. Und einmal bringt bei Ihrer farblosen Haut gar nichts, das kann ich Ihnen gleich sagen.«

»Trotzdem«, sagte Cosima. Sie warf Kati einen bösen Blick zu, der besagte, daß sie keine Lust hatte, bei dieser Aktion auch nur einen Pfennig auszugeben.

»Wie Sie wollen.« Chantal seufzte bedeutungsschwer. »Dem Menschen sein Wille ist sein Himmelreich, sag' ich immer. Der Turbo steht hinten, durch links. Er ist auf zehn Minuten eingestellt.«

Cosima verschwand durch den pinkfarbenen Vorhang, der den hinteren Teil vom Laden vom vorderen abtrennte.

»Widerlich«, sagte Chantal, ohne jede Rücksicht auf die Tatsache, daß der Vorhang wohl kaum schalldämmend wirkte. »Da kommt es mir hoch! Wahrscheinlich rasiert die sich nicht mal die Beine! Studenten! Die sind doch alle dumm wie Gummibärchen! Der Heinz sagt immer, die Studenten, das sind die Deppen der Nation. Die Sozialfälle von morgen. Zu dumm, um was Anständiges zu lernen. Kennen am Ende ganze Bücher auswendig, aber vom Leben haben die keinen blassen Schimmer. Ich kenne einen, der ist so naiv, der hat mir doch glatt vorgeschlagen, als Fußpflegerin in einem Altenheim zu arbeiten!«

Kati horchte auf. Ein solcher Vorschlag konnte doch nur von Frederic stammen.

»Der sagt, das würde mich seelisch und geistig zufriedener machen«, fuhr Chantal fort. »Eine solche Arbeit wäre gemeinnützig, sinnvoll und ehrenwert. *Ehrenwert, sinnvoll und gemeinnützig!* Ich meine, wem nützt es denn, wenn ich gemein bin? Das muß man sich mal vorstellen: Da will der Junge mir weismachen, daß der Umgang mit Hammerzehen, Hühneraugen und gelbem Hornhautpolster mich seelisch und geistig zufriedenstellt. Und das alles für ein paar Mark fünfzig in der Stunde. Das soll sinnvoll sein? Ich frage dich, Vicky, der hat doch nicht mehr alle Tassen im Schrank, oder?«

Kati nickte. »Hört sich ganz so an. Wie kommst du denn überhaupt an einen Studenten?«

»Ach, das ist eine lange Geschichte«, sagte Chantal. »Der wollte mal was von mir.«

»Waaaas?« rief Kati aus.

»Was alle Männer wollen«, antwortete Chantal. »Aber andererseits war er dafür wieder zu verklemmt.«

»Oder schwul«, sagte Kati lauernd. Es war doch ausgeschlossen, daß jemand mit Chantals Erfahrung sich dermaßen überschätzte, daß sie ernsthaft glaubte, ein Schwuler wolle was von ihr! Es sei denn ...

»Können Sie mir mal helfen?« Cosima war wieder durch den Vorhang getreten. »Ich verstehe nicht, wie die Sonnenbank angeht.«

»Oh, nä!« Chantal stöhnte. »Typisch. Nicht mal die einfachsten Dinge können diese Studenten bedienen. Und das soll dann unsere Bildungselite sein, ja? Da lach' ich doch.« Zu Cosima gewandt, setzte sie hinzu: »Noch zwei Nägel, dann komm' ich. Sie können sich aber schon mal aus den Klamotten pellen.«

»Also, um noch mal auf diesen Studenten zurückzukommen ...«, sagte Kati.

»Der Missionierer arbeitet jetzt für den Heinz, und zwar für umsonst. Der Heinz sagt, wir bezahlen denen mit unseren Steuern das Studium, und hinterher die Sozialhilfe, die bezahlen wir auch. Der Heinz sagt, er sieht das nicht mehr ein. Er will jetzt an dem Kerlchen ein Examen statuieren, sagt er. Und damit tut er ihm auch noch einen Gefallen. Bei uns, da lernt er wenigstens was fürs Leben, sagt der Heinz. Ich sag', das hat der davon, daß er mich auf offene Beine, Gicht und faltige Füße ansetzen wollte.« Zwecks Luftholen legte sie eine kurze Pause ein. »So, das muß jetzt erst mal trocknen, dann wird poliert, und dann lackiert. Ich geh' mal schnell bei die Nervensäge dahinten und leg die erst mal auf der Sonnenbank heia-heia, damit hier Ruhe herrscht.«

Chantal erhob sich und stöckelte durch den Vorhang. Kati betrachtete ihre halbfertigen Nägel und seufzte. Es würde vermutlich Wochen dauern, bis sie wieder so gesund und schön waren wie vor der Behandlung. Um überhaupt handlungsfähig zu sein, griff sie nach der Nagelzange und knipste die Dinger auf eine vernünftige Länge. Dann nahm sie ihre Plastiktasche und folgte Chantal ins Sonnenstudio.

»Ich dachte, ich schau' mal, wo du bleibst«, sagte sie.

Cosima stand, immer noch im Mantel, neben dem Turbobräuner und machte ein besonders dämliches Gesicht.

»Das verstehe ich nicht«, sagte sie.

Chantal schüttelte ungeduldig ihre toupierte Haarmähne. »Desinfiziert, Zeit eingestellt, alles fertig. Jetzt brauchen Sie sich nur noch draufzulegen, das Ding fährt von allein runter und geht nach zehn Minuten aus. Wo liegt das Problem?«

»Wie – drunterlegen?« fragte Cosima.

»Ja, eben drunterlegen. Ganz einfach. Wie ins Bett.«

»Ja, und dann?«

»Dann fährt der Deckel runter, die Röhren springen an, und du wirst braun, Mädchen. Meine Güte, wenn Dummheit weh täte ...«

»Könnten Sie es mir nicht mal vormachen?« fragte Cosima zähneknirschend. »Also nur, damit ich mir das besser vorstellen kann.«

Chantal ächzte. »Das glaubt mir wieder mal keiner. Echt! Typisch Studentin, sag' ich da bloß. Kennste den Witz von der Studentin und den Windeln?« Sie drehte sich zu Kati um und zog vielsagend die hauchdünn gezupften Augenbrauen hoch. »'tschuldigung! Gleich geht es weiter. Ich muß hier nur ein bißchen Entwicklungshilfe für ganz Doofe leisten.«

Sie legte sich flach auf die Bank und ließ den Deckel runterfahren. »Sehen Sie, man wird nicht eingequetscht. Augen schließen, entspannen, bräunen. Und nach zehn Minuten öffnet sich die Sonnenmuschel von ganz allein. Also, warum wechselt die Studentin ihrem Baby nur alle zwei Wochen die Windel?«

Kati frohlockte. Das war perfekt!

»Halt den Schalter gedrückt, Co ... äh ... Angela«, sagte sie schnell und zog den Allzweckgurt mit Schnellspannautomatik (fragen Sie mich jetzt bloß nicht, wo man so was kaufen kann!) aus ihrer Tasche.

»Welchen Schalter denn?« fragte Cosima und drückte nervös auf den Knöpfen herum.

Chantal erzählte ihren Witz zu Ende. »Weil auf den Windelpackungen steht: Bis zehn Kilo! Hahaha.«

Die Röhren sprangen an und tauchten sie in grellweißes Licht.

»Hey, was soll das?« fragte sie.

Kati legte den Gurt einmal um die geschlossene Sonnenmuschel und zog ihn fest an. »Auf die Pfeiltaste, Angela!«

»Hey! Sofort aufhören!« rief Chantal.

»Das ist nur eine kleine Warnung«, sagte Kati und verknotete den Gurt, so fest sie konnte. »So was passiert, wenn man Studenten reinlegt. Schöne Grüße von Frederic, auch an Heinz.«

Cosima fummelte am Timer herum. »Meinst du, eine halbe Stunde reicht aus?«

»Mach lieber eine Dreiviertelstunde«, sagte Kati. »Dann wird sie richtig schön braun, vorausgesetzt, die Röhren sind vorschriftsmäßig gewartet worden.«

»Ihr seid *tot*«, brüllte Chantal.

»Hoffentlich schmelzen die Nylons nicht«, meinte Cosima besorgt. »Die Bank wird sonst schwer zu desinfizieren sein.«

»Das ist ein supermoderner Turbobräuner mit Kühlungseffekt«, sagte Kati. »Da kommt sie nicht mal ins Schwitzen.«

»Aber die Birne wird knallrot«, meinte Cosima. »Ich habe den Gesichtsbräuner auf *Grillen* gestellt.«

»Sehr gut.«

»Ich sag' euch, wenn ich hier rauskomme, dann werdet ihr meines Lebens nicht mehr froh«, schrie Chantal. »Und dem Frederic auch. Ich mach' euch so fertig, daß ihr das Frühstück aus der Schnabeltasse zu euch nehmen müßt. Wenn das der Heinz erfährt, dann poliert der euch so dermaßen die ...«

»... Schnauze!« sagte Kati. »Das soll er aber besser bleiben lassen. Diesmal hat er sich mit dem Falschen angelegt. Wenn er nicht noch mehr Ärger kriegen will, dann gibt er Frederic den Schuldschein zurück und läßt ihn für den Rest seines Lebens in Ruhe.«

»Von wegen, Heinz finanziert uns das Studium von seinen Steuern«, fiel Cosima ein. »Der zahlt doch keine Steuern, der unterschlägt die höchstens! Und noch was: Zum Sozialfall werde *ich* ganz sicher nicht. Und die Beine rasiere ich mir auch, du Schlampe. Und der blöde Witz mit den Windeln ist eigentlich ein Blondinenwitz!«

»Ihr seid so gut wie tot«, schrie Chantal.

»Lieber tot als rot«, erwiderte Kati.

»Und jetzt?« fragte Cosima, die es nach Rache dürstete, da sie jedes abfällige Wort gehört hatte, das Chantal über sie gesagt hatte. »Das kann doch nicht alles sein. Nur ein bißchen Sonnenbrand für das, was sie Frederic angetan hat?«

»Stimmt«, meinte Kati. »Das ist wirklich zu wenig. Geh nach vorn und schließ die Ladentür ab, damit wir nicht gestört werden.«

»Weißt du eigentlich, was mit den Leuten passiert, die sich mit Heinz anlegen?« fragte Chantal unter der Sonnenbank hervor. »Nein, weißte nicht? Dann helfe ich dir mal auf die Sprünge. Kannste dich an den Mann erinnern, den sie letztes Jahr aus dem Rhein gefischt haben? Ja? Der war so tot, da haben die Wochen gebraucht, um den zu infi ... – idefixie ..., um zu wissen, wer der mal war, als er noch lebte. Zu Lebzeiten, da hat er versucht, Heinz übers Ohr zu hauen. Ist ihm nicht gut bekommen.«

»Wo hat der Heinz den Schuldschein von Frederic versteckt?« fragte Kati unbeeindruckt.

»Das sag' ich dir doch nicht«, rief Chantal. »Du kannst mich nicht einschüchtern. Ich werde auf jeden Fall dabeisein, wenn der Heinz dich fertigmacht. Und ich werde es mir nicht nehmen lassen, auch mal zuzutreten. Mit meinen spitzesten Absätzen. Und verlaß dich drauf, ich weiß, wo es besonders weh tut.«

»Wenn du' s dann noch kannst«, meinte Kati und stellte sich vor den Timer. »Sagen wir, bei der dicken Make-up-Schutzschicht kann ein bißchen mehr Bräune nicht schaden. Eine Stunde, oder hängen wir besser noch ein Viertelstündchen dran? Ja, machen wir. So. Also, wo ist der Schuldschein?«

»Ich sag' nichts!«

Cosima kam zurück aus dem Laden. »Da war noch eine Kundin, der habe ich gesagt, daß Chantal ein familiäres Problem hat und wir schließen müssen. Ich habe ihr zum Trost ein paar Nagellackfläschchen geschenkt. Ein paar sind mir auch runtergefallen. Studenten sind ja so ungeschickt. Habe eine ziemliche Schweinerei auf dem Teppichboden angerichtet.«

»Du bist tot«, knurrte Chantal. »Ihr seid alle beide tot.«

»Ich habe die Tür abgeriegelt und das *Heute-geschlossen*-Schild aufgehängt.«

»Sehr gut«, sagte Kati. »Wo ist der Schuldschein, Radburg?«

Chantal gab keine Antwort. Cosima versuchte durch den Schlitz in die Sonnenbank zu spähen.

»Sie schwitzt aber ganz schön«, meldete sie. »Und es sieht aus, als würde sie vor Wut aus dem Mund schäumen.«

»Wenn sie uns sagt, wo Heinz den Schuldschein verwahrt, kann sie ja hier raus.«

»Ich sag' euch gar nichts. Außerdem nutzt es euch nichts. An Heinz kommt ihr ohnehin nicht vorbei.«

»Co ... ähm ... Angela, wähl doch mal bitte die Nummer vom Expreß. Chantals Handy liegt gleich da vorne. Und dann gibst du folgende Anzeige auf: ›Nagelstudio Chantal, nein, *Radburg* Paffensiefen gibt bekannt: Einmalige Sonderaktion, kostenlose Behandlung für alle neuen Kundinnen – und als besonderes Bonbon: für alle Kunden über siebzig kostenlose Fußpflege. Adresse ...‹«

»Das könnt ihr nicht machen!«

»Können wir wohl«, sagte Cosima. »Und jetzt gleich telefoniere ich mit einer dieser Sexnummern in Übersee. Das dürfte die Handyrechnung ein wenig in die Höhe treiben. Aber das kann dein Heinz ja sicher von der Steuer absetzen.«

»Habe ich euch schon gesagt, was mit der Frau passiert ist, die ihre Einnahmen an Heinz vorbeigeschmuggelt hat?« fragte Chantal schreiend. »Ihre eigene Familie hat sie nicht wiedererkannt, bis heute nicht!«

»Das kann dir auch passieren«, meinte Kati.

»Mach die Sonnenbank aus.«

»Darin fühlt man sich wie in einem Sarg, nicht wahr?« fragte Cosima. »Stell dir mal vor, du liegst im Sarg und bist gar nicht tot. Es ist eng, so eng, daß du nicht mal die Arme anheben oder die Beine aufstellen kannst. Keiner hört dich, obwohl du schreist ...«

»Hör auf!«

»Wo ist der Schuldschein?« fragte Kati.

»Das nutzt euch ja doch nichts, wenn ihr wißt, wo Heinz den aufbewahrt.«

Cosima beugte sich wieder zu Chantal herab. »Du wimmerst im Sarg, du kratzt mit den Fingernägeln am Deckel, aber keiner holt dich raus. Okay, in der Sonnenbank ist es vielleicht heller, aber im Grunde ist das Feeling exakt das gleiche. Langsam wird dir die Luft knapp. Es ist dein Begräbnis, niemand ahnt, daß die Frau im Sarg noch lebt. Deine Freunde werfen Erde auf dich herab. Hörst du das Poltern, wenn die Erdschollen auf den Sarg treffen?« Cosima schlug mit der flachen Hand auf den Turbohimmel, es gab ein dumpfes Geräusch. »O Gott, lange hältst du nicht mehr durch. Nicht so schnell atmen, sonst ist deine Luft zu schnell verbraucht. Warum holt dich keiner raus? Hört dich denn keiner? Nein, denn du bist tot und wirst auf ewig und immer in dieser engen dunklen Kiste liegen ...«

»Ihr kennt die Kombination vom Safe ja doch nicht«, stieß Chantal hervor. »Und an Heinz und seinen Leuten kommt ihr auch nicht vorbei.«

»In einem Safe also. Na bitte! Und wo ist der Safe?«

»In der Lilobar«, sagte Chantal. »Aber das nutzt euch gar nichts. Ihr seid tot, bevor ihr einen Fuß reinsetzt.«

»Das laß mal unsere Sorge sein.« Kati drückte den Timer zurück auf eine Dreiviertelstunde. »Sag Heinz schöne Grüße von Alwine. Komm – Angela, wir gehen.«

»Schon?« fragte Cosima enttäuscht. »Wozu hattest du denn deinen Elektroschocker mitgenommen?«

»Falls Heinz und Liebchen hier auftauchen sollten«, sagte Kati. »Ich weiß jetzt, was ich wissen wollte. Und unsere Radburg hier wird sicher nie mehr unschuldige Studenten verladen und erpressen – oder, Radburg?«

»Ihr seid tot«, knirschte Chantal. »Ihr seid *so was* von mausetot.«

»Leere Drohungen«, sagte Cosima. »Du weißt ja nicht mal unsere Namen. Wie will dein Heinz uns denn finden? Will er sich etwa an der wirtschaftswissenschaftlichen Fakultät aufbauen und darauf warten, daß wir rauskommen?« Sie stockte. »Uuups. Jetzt habe ich sie hoffentlich nicht auf eine Idee gebracht! Kati! War das vielleicht unklug? O Gott, jetzt habe ich auch noch deinen Namen ausgeplaudert!«

Kati winkte ab. »Das reicht jetzt. Halt einfach den Mund.«

Cosima beugte sich noch einmal zur Sonnenbank hinab. »Du rotgesichtige Krabbe! Viel Spaß mit all den Leuten, die ab nächster Woche hier zur Fußpflege kommen werden. Die bringen die Anzeige gleich am Montag – ganzseitig!«

»Komm endlich!« sagte Kati.

Widerstrebend folgte Cosima ihr zur Tür, vorbei an dem Chaos, das sie mit den Nagellackflaschen angerichtet hatte.

»Ein Fläschchen ist dir wohl ganz aus Versehen gegen die Wand geflogen, was?«

Cosima nickte. »Ich hatte so eine Wut auf sie, wegen der gemeinen Sachen, die sie über Studenten gesagt hat.«

»Ich mache euch fertig!« brüllte Chantal ein letztes Mal.

Kati zog den Schlüssel ab und steckte ihn von außen wieder ein, besann sich dann jedoch anders. »Den schmeißen wir am besten in den Gulli, dann muß Heinz kommen und die Tür einschlagen.«

»Ja, genau. Chantal ruft ihn sicher mit ihrem Handy an, sobald sie aus der Klemme ist. Und dann suchen er und seine Gang die Straßen nach uns ab.«

»So einfach läuft das nicht. Ich habe das Handy nämlich mitgenommen«, sagte Kati und schwenkte das Gerät in der Hand. »Heute ist Gelegenheit, mit Leuten zu telefonieren, von denen wir schon jahrelang nichts mehr gehört haben.«

»Meine Tante in Chicago zum Beispiel«, freute sich Cosima. »Gute Idee. Trotzdem finde ich, sie ist noch zu gut weggekommen. In Anbetracht dessen, was sie Frederic angetan hat. Und in Anbetracht dessen, daß Heinz und sie uns vielleicht wirklich an der Uni auflauern und identifizieren werden. Stell dir mal vor, was uns dann blüht.«

»Das stimmt allerdings. Denen dürfen wir nicht wieder über den Weg laufen, bevor die Angelegenheit völlig aus der Welt geschafft ist.«

»O Gott! Ich wußte es! Jetzt sind wir verloren. Was hast du denn jetzt davon, daß du weißt, wo Frederics Schuldschein ist? Chantal hat recht, du kommst da wirklich nicht dran.«

»Das laß mal meine Sorge sein«, sagte Kati. »Das war ja erst der Anfang! Zwischen Heinz und mir herrscht ab gestern das Gesetz des Wilden Westens. Der Stärkere gewinnt.«

»Warum habe ich nur das ungute Gefühl, daß ein bodygebuildeter Zuhälter mit einer Schlägertruppe, einem scharfen Pittbull und Kontakten zur hiesigen Mafia irgendwie bessere Karten hat als eine fünfzig Kilo leichte Blondine mit Elektroschocker?«

»Weil du mich unterschätzt«, sagte Kati.

12. Kapitel

»Oh, schmeckt die himmlisch!« sagte Cosima mit vollem Mund.

Frederic hatte für alle Schokoladentorte gebacken, eine kalorienarme Variante nach einem Rezept seiner Mutter. Cosima aß bereits das vierte Stück, obwohl Frederic sie darauf aufmerksam gemacht hatte, daß jedes Stück, trotz Diätzubereitung, vier rote Punkte zählte.

»Du, Frederic, in den nächsten Tagen bleibst du aber besser zu Hause«, meinte sie vertraulich. »Nicht mal zum Einkaufen würde ich an deiner Stelle gehen, wenn dir dein Leben lieb ist.«

»Wieso denn? Heinz und ich sind uns gestern einig geworden: Ich komme erst mal jeden Tag in die Lilobar, bis auf sonntags, und natürlich nur so lange, bis er Ersatz für mich gefunden hat.«

»Also lebenslang«, sagte Kati. »Du bist wirklich ein Schaf. Mit Heinz darf man sich gar nicht erst auf eine Diskussion einlassen.«

»Du hast gut reden, du bist glücklich gefeuert. Ich würde nur zu gern mit dir tauschen. Aber was soll ich denn machen? Heinz hat gesagt ...«

»... er reißt dir was ab und ißt es am Morgen weichgekocht

zum Frühstück – wir kennen seine Eßgewohnheiten zur Genüge.« Kati nahm einen Schluck Tee. »Du kannst dich aber nicht dein Leben lang von ihm einschüchtern lassen.«

»Genau«, stimmte Cosima mit ein. »Manchmal muß man sich auch wehren. Alles darf man sich nämlich nicht gefallen lassen. Wenn jemand sagt, also nur so zum Beispiel, wenn jemand sagt, Studenten studierten auf Kosten der Steuerzahler, oder Studenten seien alles Sozialfälle – also dann ist es eine Frage der Ehre, sich zu wehren. Finde ich.«

Frederic sah sie irritiert an. »Stimmt was nicht mit dir, Cosima? Du ruhst in letzter Zeit so gar nicht in dir selbst. Du bist vor Aufregung ganz rot im Gesicht.«

»Haha, rot im Gesicht«, wiederholte Cosima, nicht ohne einen hysterischen Unterton in der Stimme. »Rot, haha. Da gibt es Leute, die sind röter. Wie gesagt, ich wollte dir nur empfehlen, die nächsten Tage das Haus nicht zu verlassen und auf keinen Fall – wiederhole, auf keinen Fall – in die Lilobar zu gehen oder sonst wohin, wo sich Heinz aufhalten könnte.« Sie schob sich eine vollbeladene Gabel in den Mund. »Und ich hoffe inständig, daß du niemandem erzählt hast, wo du wohnst!«

»Ich glaube nicht«, sagte Frederic.

»Wie, du *glaubst?* Wenn du dir da nicht ganz sicher bist, fahre ich weg und komme erst wieder, wenn das geklärt ist. In zehn oder zwanzig Jahren oder so. O Gott, ich bin ein Fall für so ein Zeugenschutzprogramm, ich sollte Personenschutz beantragen. Und dich sollte man unter Hausarrest stellen. Wieso bleibst du nicht gemütlich zu Hause und vertreibst dir die Zeit mit dem Backen leckerer Diätkuchen?«

»Heinz wird stinkesauer, wenn ich heute abend nicht in der Bar erscheine«, sagte Frederic. »Seit er herausgefunden hat, daß Alwin ... ähm ... Kati eine Frau ist, ist er sehr reizbar.«

»Glaub mir, er ist jetzt schon stinkesauer«, erwiderte Kati trocken. »Besser, du beherzigst unseren Ratschlag und bleibst zu Hause.«

»Aber ich hab's ihm fest versprochen«, sagte Frederic.

»Na und? Du hast es ihm versprochen, um dein Leben zu schützen«, rief Cosima aus. »Ein unter diesen Umständen gegebenes Versprechen darf man getrost brechen.«

»Meinst du? Na vielleicht. Aber dadurch, daß ich mich hier verschanze, werden meine Probleme auch nicht kleiner. Ich weiß nicht, ob Kati dir erklärt hat, in welche Schwierigkeiten ich da geraten bin ...«

»Klar, hat sie. Und das sag' ich dir, Frederic, wir haben dich auch standesgemäß gerächt. Dieses ordinäre Weibsbild von Chantal – es hat mir so richtig gutgetan, wie sie da in der Sonnenbank eingeklemmt war. Obwohl ich inzwischen denke, daß es vielleicht nicht besonders klug war. Wahrscheinlich war es sogar das Dümmste, was ich je getan habe.« Cosima sackte in sich zusammen. »Ich habe mich von meiner Wut hinreißen lassen.«

Frederic guckte verständnislos von einer zur anderen. Weder Cosima noch Kati hatten ihn in die Einzelheiten der Vorkommnisse im Nagelstudio eingeweiht. »Was soll ich denn jetzt tun?«

»Bleib zu Hause«, sagte Kati und stand auf. »Ansonsten wird Heinz jede einzelne seiner Drohungen wahrmachen.«

»Also gut, du kennst ihn vielleicht besser als ich. Auch wenn ich glaube, daß Heinz diese verbalen Attacken nur losläßt, um Eindruck zu schinden. In Wirklichkeit ist er wahrscheinlich gar nicht so übel.«

»Ich glaube, ich hör' wohl nicht richtig!« Cosima hatte sich wieder aufgerichtet. »Du kannst ja von mir aus in vielen Ekeln den guten Kern suchen, aber ich frage mich, was der Heinz noch anstellen muß, damit du ihn endlich als das Arschloch siehst, das er ist. Der hat mal eine Frau so hergerichtet, daß ihre eigene Familie sie nicht mehr wiedererkannte.«

»Ich glaube, wenn meine Familie mich so sehen würde, wie ich in der Lilobar kellnere, würde sie mich auch nicht wiedererkennen«, sagte Frederic wehmütig.

»Aber die Frau war ein Fall für die Implantationschirurgie«, schrie Cosima. »Und der Mann, den sie aus dem Rhein gefischt haben, war sogar tot. Heinz ist der skrupelloseste Mensch, den ich kenne, und gehört dreimal lebenslänglich hinter Gitter.« Sie verstummte.

Eine Weile sagte niemand etwas.

»Kann ich noch ein Stück Torte haben?« fragte Cosima schließlich.

Obwohl Frederic noch mehrmals äußerte, daß er es Heinz gegenüber ganz und gar nicht fair fände, wenn er sein Versprechen brach, blieb er der Lilobar fern. Er hielt es allerdings für übertrieben, sich ganz im Haus zu verstecken, und meinte, daß Heinz und seine Leute sich wohl kaum in der Nähe des Seniorenwohnheimes aufhalten würden. So ging er, wie immer sonntags, pünktlich um neun Uhr morgens dorthin.

Cosima hatte eine recht unruhige Nacht hinter sich, sie hatte von Sonnenbänken und Chantal geträumt, die sie in einer riesengroßen Nagellackflasche einsperren wollte.

»Stell dir vor«, erzählte sie Kati, »Chantal war knallrot im Gesicht und trug wahnsinnig hohe Stöckelschuhe.«

»Wie im echten Leben«, sagte Kati.

»Nein, gar nicht. Denn trotz der Schuhe war Chantal viel schneller als ich, und zwar weil ich so unendlich viel Schokoladentorte gegessen hatte ... Ein Alptraum. Gott sei Dank bin ich aufgewacht, bevor sie den Deckel zudrehen konnte.«

»*Ich* bin aufgewacht, weil der blöde Frosch gequakt hat. Wahrscheinlich ändert sich das Wetter. Wenn der Frosch in der Schüssel quakt, der Regen an unseren Nerven nagt ... Es wird höchste Zeit, daß er in den Zoo kommt«

»Auf keinen Fall«, rief Cosima. »Nicht diesen Frosch! Jedenfalls nicht, bevor ich ihn nicht gek ...« Sie verstummte errötend. »Ich nehme ihn in mein Zimmer. Da ist er sowieso besser aufgehoben.«

»Wenn du glaubst, daß du ihn nur küssen mußt, damit er ein Prinz wird, warum bringst du es dann nicht hinter dich?«

»Weil ... weil ich vielleicht ja doch noch mal jemanden auf natürlichem Wege kennenlerne.«

»Du meinst, du sparst dir den Frosch sozusagen für Notzeiten auf?«

Das Telefon klingelte und ersparte Cosima eine Antwort. Sie eilte aus Katis Zimmer.

»Fertig?« fragte Jaromir. Er lehnte an der Fensterbank und trug einen todschicken Anzug. Er sah großartig aus.

»Lange nicht gesehen«, sagte Kati. Ihr Mund war plötzlich ganz trocken, und dann fiel ihr auch ein, warum. Bei ihrer letzten Begegnung hatte Jaromir die Frechheit besessen, sie zu küssen und anschließend einfach zu verschwinden.

»In einer Stunde beginnt meine Vernissage«, sagte er, lässig wie immer. »Du solltest dir wenigstens noch die Haare waschen. Ich hole dich kurz vor elf mit dem Taxi ab.«

»Warte noch! Was genau soll ich eigentlich auf deiner Vernissage? Ich finde moderne Kunst stinklangweilig.«

»Du sollst Oktavian Harper kennenlernen und dich mit ihm verabreden« sagte Jaromir. »Damit das Ganze mal ein bißchen in Schwung kommt. Die Sache sollte noch vor unseren Betriebsferien ... ähm ... vor Weihnachten über die Bühne gehen. Im Augenblick beschäftigst du dich für meinen Geschmack zu sehr mit Frederics Problemen.«

»Seine Sorgen sind auch meine Sorgen«, erwiderte Kati. »Ich weiß jetzt immerhin, wo Heinz den Schuldschein aufbewahrt.«

»Und Heinz weiß, wer Chantal in der Sonnenbank eingesperrt hat«, sagte Jaromir. »Falls er dir je noch mal begegnet, möchte er mit einem Schneidbrenner etwas äußerst Unappetitliches mit deinem Gesicht anstellen. Das hörte ich ihn jedenfalls gestern abend sagen. Und was deinen Frederic angeht, für den hat er schon ein Plätzchen in einem Betonpfosten ausgesucht. Er hat außerdem den Zinssatz empfindlich angehoben. Er liegt augenblicklich bei zweihundert Prozent.«

»Ach, der kann mich nicht mehr einschüchtern«, sagte Kati. »Jetzt ist ein für allemal Schluß mit lustig. Er hätte sich besser nicht mit mir angelegt. Die Aussage über meine platten Titten war der größte Fehler seines Lebens. Unser Besuch bei Chantal war erst der Anfang.«

»Ich hoffe nur, du vernachlässigst bei deinem Rachefeldzug nicht unseren Deal mit Oktavian. Weihnachten ist bereits in drei Wochen.«

»Keine Sorge. Ich hatte eigentlich vor, mir Frederic zu Weihnachten zu schenken.«

Cosima platzte ins Zimmer zurück.

»Weißt du, wer das gerade war?« schrie sie aufgeregt.

Kati sah sich suchend nach Jaromir um. »Hast du ihn noch gesehen?«

»Wen denn?«

»Na, den Mann, der gerade noch hier war. Ich wünschte, du würdest ihn auch mal sehen.«

»Deine Halluzination? Nein, danke. Ich bevorzuge Männer aus Fleisch und Blut. Weißt du, wer gerade angerufen hat?«

»Nein, woher denn!«

»Aus München. Mein alter Schulfreund Andi.« Cosima strahlte. »Er ist wirklich ein ganz Süßer. Er sieht ein bißchen aus wie der Benny Beimer aus der Lindenstraße.«

»Der Arme«, sagte Kati.

»Gar nicht! Er ist supererfolgreich in einer Firma für Umwelttechnik oder so. Er ist mit vierundzwanzig sogar bereits zum Compagnon geworden. Er verdient ein Schweinegeld. Und weißt du was? Andi kommt heute abend zu mir! Er ist auf einer alternativen Rundreise durch Deutschland und wird ein, zwei Tage hier wohnen. Du und Frederic, ihr habt doch nichts dagegen?«

»Wenn er in deinem Bett schläft – nein. Was ist denn eine alternative Rundreise?«

»Ganz umweltfreundlich und unkommerziell eben. Nicht mit dem eigenen Auto fahren – Andi hat gar keins –, sondern mit öffentlichen Verkehrsmitteln, und nicht in Hotels übernachten oder bei McDonald's essen gehen, eben total alternativ. Andi ist nicht nur umweltbewußt, sondern ein überzeugter Konsumgegner. Er hätte natürlich Geld genug für einen Urlaub auf den Malediven oder sonstwo, aber er sagt, er möchte das Kerosin, was so ein Urlaubsflieger in die

Luft pustet, nicht auf dem Gewissen haben. Er hat auch was gegen Markenprodukte, wo man nur des Namens wegen viel mehr bezahlen muß. Er sagt, das ist Betrug am Verbraucher.«

»Ach du dicke Rübe!«

»Ich bin ja so gespannt, wie er aussieht. Ich meine, zu Schulzeiten, da war er nicht gerade eine Schönheit ... aber man weiß ja, was der Erfolg aus Männern macht.«

»Ach ja? Was denn? Was soll's, freu dich auf deinen Umweltfreak, Vorfreude ist bekanntlich immer noch die schönste Freude. Ich gehe jetzt auf eine Ausstellung. Höchstwahrscheinlich werde ich dort deinen Chef kennenlernen. Und deshalb brauche ich deinen Jil-Sander-Blazer.«

»Niemals«, sagte Cosima.

»Einem Konsumgegner wie Andi wäre ein solches Markenstück aber ein Dorn im Auge. Er würde dich sicher nur halb so toll finden ...«

»Meinst du? Also gut, ich leih' ihn dir. Aber mach mir keine Flecken drauf, wie letztens auf mein Kookaai-Kleid. Ich weiß bis heute nicht, was das war. Die Frau in der Reinigung hat gesagt, so was hätte sie noch nie gesehen.«

»Ich weiß nicht, was du hast – der verdammte Fleck ist doch rausgegangen!«

Und so was kaufen die Leute?« staunte Kati.

»Geht weg wie geschnitten Brot«, sagte Jaromir und machte eine weitausholende Geste. »Mit der Kunst ist das so eine Sache. Heutzutage werden die Stimmen derer, die sagen, Kunst käme von Können, denn wenn es von Wollen käme, hieße es Wunst, immer seltener. Mit anderen Worten, diese Epoche ist wie geschaffen für Leute wie mich, die sich mit unkonventionellen Materialien selbstverwirklichen wollen.«

»Lehm und Mullbinden«, sagte Kati. »Na ja, so unkonventionell ist das auch wieder nicht. Wurde Adam nicht aus Lehm geknetet?«

»Tsss ... Was lernt ihr eigentlich heutzutage in der Schule?«

»Nun, die Lerninhalte von Biologie- und Religionsunterricht gehen schon sehr stark auseinander. Ist er das da vorne?«

»Ja, das ist Oktavian Harper samt seiner reizenden Gattin.«

»Wie soll ich denn in deren Gegenwart eine Verabredung mit dem Mann treffen?« wollte Kati wissen.

»Ich werde sie so lange ablenken. Komm jetzt, du mußt meinen Freund Boris kennenlernen. Er steht der Stiftung brotloser Künstler vor, die meine Eltern ins Leben gerufen haben.«

»Deine Eltern? Du hast Eltern? Wer sind sie? Graf Dracula und Lady Macbeth?«

»Ach, Blödsinn. Natürlich habe ich keine Eltern, jedenfalls nicht im klassischen Sinne, aber irgendwoher müssen Geld und Kontakte ja kommen. Man kann den Menschen heutzutage kaum weismachen, daß man sich in den letzten fünfhundert Jahren ein Vermögen verdient hat. Diese Stiftung ist kein Hobby von mir, sondern Teil eines großangelegten Plans. Ich werde dich Boris als unsere neue Repräsentantin für öffentliche Angelegenheiten vorstellen, deren Fachgebiet es ist, Spendengelder aufzutreiben.«

»Verstehe«, sagte Kati und setzte ein vertrauenerweckendes Lächeln auf.

Boris schien sie trotzdem nicht zu mögen. Er musterte sie ausgesprochen mißlaunig.

»Ich kann nur sagen, ich dachte, ich hätte diese Aufgabe bisher zu aller Zufriedenheit bewältigt«, sagte er beleidigt. »Es will mir nicht so ganz einleuchten, wofür wir noch eine zweite Person einstellen müssen.«

Jaromir lachte. »Aber Boris! Es gibt Dinge, da sind Frauen einfach besser als Männer, das wissen wir doch beide. Unsere Kati hier soll sich ganz besonders um eine Spende von Oktavian Harper bemühen.«

»Der spendet doch schon alljährlich eine ganze Menge«, sagte Boris.

»Ja, aber er könnte noch mehr spenden«, erwiderte Jaromir. »Und dafür haben wir die Kati eingestellt. Mal ehrlich, könntest *du* diesem charmanten Lächeln widerstehen?«

Natürlich konnte Boris. Seine Miene ließ keinen Zweifel daran aufkommen, daß Katis Lächeln ihn nicht im geringsten beeindruckte.

»Und sie kostet uns keinen Pfennig«, setzte Jaromir hinzu.

Kati stellte das Lächeln für eine Sekunde ein. Das war ja wohl wieder typisch für Jaromir. Langsam sollte er doch wissen, daß sie so billig nicht zu haben war.

»Na ja, jedenfalls *fast* keinen Pfennig«, sagte sie. »Ich arbeite für schlappe zehn Prozent.« Das erschien ihr ein angemessener Betrag zu sein.

»Dies ist eine gemeinnützige Stiftung, kein Betätigungsfeld für Menschen, die sich bereichern wollen«, wandte sich Boris vorwurfsvoll an Jaromir.

Jaromir bedachte Kati mit einem bösen Blick, in dem sie aber auch einen Hauch von Bewunderung zu erkennen glaubte.

»Boris!« sagte er begütigend. »Manchmal heiligt der Zweck die Mittel. Wenn Kati uns eine zusätzliche Spende von Harper einbringt, dann sollte uns ihre Provision egal sein. Und ich muß dich doch nicht ausdrücklich darauf hinweisen, daß du von deiner Arbeit in unserer Organisation Frau und Kind ernährst?«

»Ich bereichere mich aber nicht«, verwahrte sich Boris. »Jaromir, ich muß dich hoffentlich nicht an den Betrüger erinnern, den du letztes Jahr angeschleppt hast. Über zweihunderttausend Mark hat er hinterzogen.«

»Mein Vater hat die Summe ausgeglichen«, sagte Jaromir kühl.

Boris zeigte sich unbeeindruckt. »Du hast einfach keine Menschenkenntnis, Jaromir. Ich lege Veto ein.«

»In Ordnung«, erwiderte Jaromir. »Aber Kati wird trotzdem für uns arbeiten. Speziell in Sachen Harper. Komm, Kati, ich stelle dich Oktavian vor. Er ist gerade frei.«

»Ich werde Sie im Auge behalten«, sagte Boris zu Kati.

Kati war versucht, ihm die Zunge rauszustrecken. Sie tat es aber doch nicht, sondern ließ sich von Jaromir weiterführen.

»Zweihunderttausend Mark?« flüsterte sie ihm zu. »Du hast einen Kerl eingestellt, der die Stiftung um zweihunderttausend Mark betrogen hat?«

»Ja, allerdings. Er war ein besonders hartnäckiger Fall. Schlechtes Gewissen im Endstadium. Verschuldet bis über beide Ohren, arbeitslos, aber immer noch der Ansicht ›Ehrlich währt am längsten‹. Ich habe ihm diesen Job besorgt und einfach abgewartet, bis er mit dem Geld nach Rio de Janeiro abgehauen ist. Ich hörte, daß er dort einen schwunghaften Handel mit minderjährigen Mädchen aufgebaut hat.

Ein voller Erfolg. Manchmal muß man die Katze nur vor die Schüssel mit Sahne stellen, damit sie schwach wird.«

»Verstehe! Ich bin für Oktavian Harper wohl auch so etwas wie eine Schüssel mit Sahne?«

»Schön wär's ja. Ah, Tassy, meine Liebe, wie wunderbar, Sie zu sehen.« Er küßte Oktavians Frau auf beide Wangen, Oktavian schüttelte er nur die Hand, auch äußerst herzlich.

Cosimas Chef sah aus der Nähe nicht übel aus: schmales Gesicht, sensible, bebende Nasenflügel, graumelierte Schläfen, warme braune Augen. Die Idealbesetzung für eine Neuverfilmung von »Ein Engel auf Erden«.

Seine Frau sah genauso aus wie auf den Fotos. Sie lächelte Kati freundschaftlich an.

»Meine Lieben, das ist meine gute Freundin Katarina Gluboschinski«, sagte Jaromir und legte einen Arm um Kati. »Sie hat in New York Kunstgeschichte studiert und engagiert sich ganz besonders für junge schwarze Künstler in der Bronx. Wir haben beschlossen, uns dieses Projekts in unserer Stiftung anzunehmen. Kati hat sich bereit erklärt, hier in Deutschland Spendengelder aufzutreiben, und ich habe ihr gesagt: Kati-Schätzchen, da vorne steht auch gleich ein möglicher Gönner. Oktavian Harper hat sicher ein Herz für deine schwarzen Jugendlichen.«

Oktavian schüttelte Katis Hand. »Freut mich sehr. Ich *liebe* die schwarzamerikanische Moderne. Wir haben einige Werke von Mathews in unserer privaten Kunstsammlung.«

»Oh, Mathews, wie – schön«, stotterte Kati. Sie hatte das Gefühl, kopfüber in ein Becken mit eiskaltem Wasser geschubst worden zu sein. »Ja, Mathews ist mittlerweile in den Staaten ziemlich etabliert, was man von meinen Schützlingen leider nicht behaupten kann.«

»*Noch nicht,* Kati, noch nicht«, sagte Jaromir. »Ich schlage vor, du zeigst Oktavian mal ein paar von den Fotos, die du gemacht hast, ich halte sie für unwiderstehlich. Diese Intensität und Farbigkeit. Expressives Elend, sag' ich immer. Kommen Sie, Tassy, ich würde Ihnen gerne mein persönliches Lieblingsstück nahebringen. Ich nenne es ›Mullbinde trifft Lehm‹ oder ›Matsch im Gewebe‹.«

Kati sah den beiden hinterher und versuchte, eine selbstsichere Miene aufzusetzen. Jetzt bloß keinen Small talk über Kunst beginnen, von der sie nicht den blassesten Schimmer hatte. Am besten, sie fiel mit der Tür ins Haus und brachte es hinter sich.

Strahlend schaute sie zu Oktavian auf. »Jetzt habe ich natürlich gar nichts bei mir, was ich Ihnen zeigen könnte. Vielleicht treffen wir uns in dieser Woche mal in netter Atmosphäre, beim Essen?«

»Das ist keine schlechte Idee«, sagte Oktavian Harper und zückte sein Filofax. »Wie wäre es gleich am Dienstag?«

»Ja, das müßte terminlich drin sein«, sagte Kati verblüfft. »Und wo?« Das ging ja wirklich einfacher, als sie gedacht hatte. Ein Diner bei Candlelight, sanfte Musik im Hintergrund und ein Menü mit erlesenen Meeresfrüchten – bessere Startbedingungen für eine Verführungsszene konnte es kaum geben.

»Nun, wie wär's bei uns in der Kantine – wir haben eine hervorragende Mittagsküche, vegetarisch, vollwertig, aus kontrolliert biologischem Anbau – und weil die Kantine direkt unter meinem Büro liegt, hätte ich auch ein bißchen mehr Zeit für Sie.«

»Oh«, sagte Kati. »Verstehe.« Na ja, ein Mittagessen in der Betriebskantine bot natürlich nur halb so gute Voraussetzungen – wenn überhaupt. Aber sie hatte wohl keine Wahl. »Also gut, dann eben Dienstagmittag in Ihrer Betriebskantine.«

Ein Rendezvous in der *Kantine!*« schnaubte Kati auf dem Rückweg. Jaromir steuerte das Taxi wie immer in halsbrecherischem Tempo durch die Innenstadt, ohne Rücksicht auf die Farben der Ampeln.

»Ich habe nie gesagt, daß es einfach werden wird«, sagte er.

»Also, der berühmte Funken ist auf jeden Fall nicht übergesprungen«, sagte Kati. »Obwohl wir uns über eine Stunde unterhalten haben.«

»Du mußt eben herausfinden, was bei Oktavian Funken sprühen läßt. Es muß nicht unbedingt deine Person sein!«

»Seit ich dich kenne, stehe ich kurz davor, mir Minderwertigkeitskomplexe zuzulegen«, sagte Kati beleidigt. »Normalerweise löse ich, metaphorisch gesehen, bengalische Feuerwerke aus. Bei den Männern, die ich kennenlerne, sprühen die Funken nur so aus allen Poren, das kannst du mir glauben. Erst seit du das erste Mal aufgetaucht bist, sprüht nichts mehr. Kein Wunder, wenn ich nur noch Umgang mit Schwulen und Heiligen habe! Willst du, daß ich anfange, an meiner Unwiderstehlichkeit zu zweifeln?«

»Vielleicht kommst du allmählich in die Jahre ...«

»Ach hör doch auf! Sharon Stone, Madonna, Iris Berben – die sind doppelt so alt wie ich und auf dem Höhepunkt ihrer Attraktivität. Die machen erst jetzt so richtig Karriere.«

»Apropos Karriere! Was ist dir eigentlich eingefallen, als du zehn Prozent verlangt hast, du Geier? Boris ist jetzt so mißtrauisch, daß er dir Tag und Nacht auf die Nerven fallen wird.«

»Ich lasse mich von dir nicht so kolossal ausbeuten, das müßtest du allmählich verstanden haben. Schlimm genug, daß du die drei Wünsche zurückgezogen hast ... Hey, fahr mal langsamer, da vorne ist Frederic!«

Jaromir stöhnte. »Tatsächlich. Wo hat der bloß immer diese Klamotten her? Aus dem Altkleidersack?«

»Würde mich nicht wundern. Was läuft er hier frei herum? Er sollte sich doch vor der Welt verbergen.«

»Das Methusalem-Heim liegt gleich um die Ecke«, sagte Jaromir. »Er hat vermutlich ein paar Rollstühle samt Inhalt in die Abendmesse geschoben. Ah ja, und da vorne der Ferrari, gehört der nicht Heinz?«

»Doch!« Kati erschrak. »Halt sofort an, die verarbeiten Frederic sonst zu Mus.«

Jaromir parkte das Taxi hinter dem Ferrari.

»Sieh an, Heinz, Clotwig und auch das liebe Hündchen«, sagte er. »Hoffentlich kann Frederic schnell wie ein Hase laufen!«

»Zu spät«, stellte Kati fest.

13. Kapitel

»Sieh mal einer an.« Heinz stellte sich breitbeinig vor Frederic auf den Bürgersteig. »So ganz ohne Mami unterwegs, Kleiner?«

»Hallo, Heinz«, sagte Frederic. »Hör mal, du bist bestimmt sauer, weil ich nicht gekommen bin, aber ich kann dir das erklären ...«

»Ach ja? Da bin ich aber mal gespannt!« Heinz ließ die Finger knacken.

»Ich hoffe nicht, daß du vorhast, gewalttätig zu werden«, sagte Frederic. »Du solltest wissen, daß ich Gewalt wirklich verabscheue. Ich setze mehr auf die Macht des gesprochenen Wortes.«

»Hä?« fragte Heinz. »Hast du das verstanden, Clotwig?«

Clotwig nickte. »Ich glaube, unser süßer Fredi hier will uns sagen, daß er keine Prügel kriegen möchte.«

»Ja, ohne deine Leibwache pißt du dir wohl in die Hosen, Kleiner, was? Deine Kampfweiber sind hier nicht zur Stelle.«

»Welche Kampfweiber?«

»Die, die Chantal in eine Krabbe verwandelt haben. Sie hat seit dieser Sache einen richtigen Horror vor Sonnenbanken im allgemeinen. ›Heinz‹, hat sie gesagt, ›mich kriegst du nur noch unter Vollnarkose auf so ein Ding!‹ Und weißt du, was sie vorgeschlagen hat, was wir mit dir machen sollen?«

»Ich weiß nicht, wovon du sprichst«, sagte Frederic aufrichtig. »Ich möchte nur noch einmal eindringlich darauf hinweisen, daß mir jede Art von Gewaltanwendung zuwider ist. Allerdings würde ich nicht zögern, mich zur Wehr zu setzen, wenn es sein muß.«

»Soll das eine Warnung sein? Clotwig, hau ihm eins aufs Maul, damit er weiß, mit wem er es hier zu tun hat.«

»Einen Augenblick, Dumpfbacke«, sagte Kati. Sie trat mit einer dramatischen Armbewegung neben Frederic, mit dem guten Gefühl, Jaromir gleich hinter sich zu wissen. Überflüssig, zu erklären, daß sie sich mit dieser Rückendeckung geradezu unbesiegbar glaubte. »Heute gibt's hier keine Prügelei.«

Einen Augenblick lang wirkten Heinz und Clotwig gleichermaßen irritiert. Aber dann lief Heinz vor Wut puterrot an und brüllte: »Ist das etwa diese Göre mit den platten Titten?«

»Genau«, sagte Kati. »Das heißt, von platten Titten kann bei mir keine Rede sein. Nur weil ich nicht solche aufgepumpten Airbags wie deine Chantal habe, bin ich noch lange nicht platt. Komm, Frederic, wir gehen. Unser Taxi wartet.«

»Ich glaub' das einfach nicht! Ihr habt wohl vergessen, wen ihr vor euch habt! Ich bin *Heinz! Der* Heinz, vor dem die ganze Stadt bibbert.« Heinz packte Katis Arm und drehte ihn mit einem Ruck auf ihren Rücken. »So, Clotwig, und jetzt hau dem Kerlchen eins in die Schnauze.«

Das ließ Clotwig sich nicht zweimal sagen. Seine geballte Faust traf Frederic direkt aufs Auge.

»Jaromir«, schrie Kati. »Das wäre jetzt dein Einsatz.«

Aber von Jaromir war weit und breit keine Spur zu sehen.

In Kati kroch die Angst hoch. Wenn er nun doch nichts als eine Halluzination war? Heinz, soviel stand fest, war jedenfalls keine Halluzination. Sein wenig wohlriechender Atem traf ihren Nacken, und seine Hände hielten sie in einer Art Schraubstock gepackt.

Frederic hielt sich das Auge.

»Ich hatte euch gewarnt«, sagte er mit beherrschter Stimme. »Im Notfall weiß ich mich zu wehren.«

Und ehe Clotwig wußte, wie ihm geschah, flog er über Frederics linkes Knie auf den Bürgersteig.

Kati war schwer beeindruckt. Vielleicht war die Situation doch nicht so hoffnungslos, wie es zunächst ausgesehen hatte.

»Super, Frederic! Weiter so! Mach ihn fertig!« feuerte sie ihn an.

»Ich habe den schwarzen Gürtel im Judo«, fühlte sich Frederic berufen zu erklären. »Aber ich wende meine Kenntnisse nur höchst ungern an.«

»Halt dein dämliches Maul«, verlangte Heinz außer sich und drehte Katis Arm noch ein wenig mehr nach oben. »Ich knick' deiner Freundin hier das Genick um, wenn du die Klappe nicht hältst. Clotwig, jetzt zeig diesem Judoka mal, was Karate ist.«

Clotwig, der von Frederics Angriff völlig überrumpelt worden war, rappelte sich auf. In seinen Augen stand die pure Mordlust. Rambo, der Pittbullterrier, den Heinz an der Leine hielt, knurrte wütend.

Katis Mut sank wieder.

»Jaromir!« schrie sie noch einmal eindringlich. Aus den Augenwinkeln hatte sie erkennen können, daß das Taxi immerhin noch an der gleichen Stelle parkte.

Clotwig und Frederic umkreisten sich wie zwei Boxer im Ring. Kati ahnte, daß Frederics schwarzer Gürtel ihm nicht viel nutzen würde, da Clotwig sich an keine Judoregel hielt. Sein Ziel war es, Knochen zu brechen und Blut fließen zu lassen.

»Jaromir«, rief sie voller Verzweiflung, und im gleichen Augenblick ertönte ein helles, fröhliches Hundekläffen. Ein schwarzer Pudel stürzte sich mitten ins Getümmel. Clotwig ließ, aus dem Konzept gebracht, seine Fäuste sinken, und der Pittbullterrier zerrte an der Leine.

»Rambo, faß!« brüllte Heinz, aber Rambo dachte gar nicht daran. Er stieß ein freudiges Bellen aus und versuchte dem Pudel zu folgen. Da der kleine Hund immer schwanzwedelnd um Heinzens Füße herumtollte, umwickelte Rambo sein Herrchen und Kati bei der Verfolgungsaktion mehrfach mit der Hundeleine.

Heinz fluchte und brüllte seinem Pitbull abwechselnd Befehle und Drohungen entgegen, aber es half alles nichts. Der Hund führte sich auf wie ein verspielter Bernhardinerwelpe.

»Wozu habe ich dich denn jahrelang scharfmachen lassen?« schrie Heinz. »Du bist ein Kampfhund, du dumme Töle. Dein Kiefer ist dafür gemacht, Knochen zu zerbeißen.«

Der Pudel gab das Umkreisen auf und galoppierte unter schrillem Gebell davon. Der Kampfhund wollte folgen. Er zerrte mit aller Kraft an seiner Leine. Kati und Heinz verloren das Gleichgewicht und fielen auf den Asphalt. Kati kam dabei auf Heinz zu liegen.

Sekundenlang starrten Katis leuchtendblaue in Heinzens blutunterlaufene Augen, dann sprang Kati auf.

»Frederic, komm, wir machen 'ne Fliege«, schrie sie.

Das ließ Frederic sich kein zweites Mal sagen. Günstigere

Fluchtbedingungen würde es wohl nicht mehr geben. Heinz war hoffnungslos in die Hundeleine eingewickelt, an deren anderem Ende der bellende Pittbullterrier zerrte (und zwar so fest wie ein ganzes Hundeschlittengespann), und Clotwig war mit der Situation offenbar überfordert. Er hatte seine klodeckelgroßen Fäuste fallen lassen, ebenso wie seine Kinnlade, und verstand die Welt nicht mehr.

»In das Taxi da vorne«, schrie Kati. »Rein da und Knöpfchen runter.«

»Ich krieg' euch noch«, brüllte Heinz ihnen nach. »Clotwig, jetzt mach mir endlich die verdammte Hundeleine ab.«

»Gott sei Dank, daß dieser Pudel plötzlich auftauchte«, keuchte Frederic, als sie glücklich im Wagen saßen. »Rambo war völlig aus dem Häuschen.«

»Es war ja auch eine ganz besonders hübsche Pudeldame«, sagte Jaromir. Er saß auf dem Fahrersitz, als habe er sich dort während der ganzen Zeit nicht wegbewegt. »Wie sie ihr niedliches Hinterteil geschwenkt hat – entzückend!«

»Herzlichen Dank für die Hilfe«, schnauzte Kati ihn giftig an. »Wenn der Pudel nicht gekommen wäre, hätten Heinz und Clotwig uns zu Brei verarbeitet, und Rambo hätte unsere Überreste zum Abendessen verspeist. Und du hast hier seelenruhig gesessen und zugeschaut.«

»Frederic kann doch Judo«, sagte Jaromir.

»Ja, kann ich«, sagte Frederic und betastete sein Auge. »Woher kennen Sie meinen Namen?«

»Ich bin ein guter Freund von Kati«, antwortete Jaromir. »Und ich habe gesehen, wie du Clotwig aufs Kreuz gelegt hast.«

»Das war *koshi katane*«, sagte Frederic bescheiden.

»Dein koshi katane wäre Clotwig ganz egal gewesen,

noch mal hätte er sich von dir nicht auf den Boden schmeißen lassen«, sagte Kati. »Und mein Freund Jaromir hätte zugeschaut, wie er dir alle Knochen im Leib gebrochen hätte.«

»Na ja«, sagte Jaromir, während er Gas gab. »Wenn nichts Besseres im Fernsehen käme ... Aber soviel Undank lasse ich mir ungern gefallen. Hast du dich nicht gefragt, wo der Pudel plötzlich herkam?«

»Nein ... oh, du meinst: *Das* war des Pudels Kern?« Kati war beeindruckt. »Wie in Schillers *Faust?*«

»Goethe«, verbesserte Jaromir.

»Hat Heinz dir sehr weh getan?« wollte Frederic wissen.

»Es geht. Er hat mir den Arm ausgekugelt und mich mit seinem Mundgeruch gefoltert – ansonsten bin ich in Ordnung.«

»Bei mir hat Clotwig nur das Auge erwischt. Die beiden sind wirklich schrecklich brutal. Sie haben einfach nicht gelernt, ihre Konflikte mit Argumenten auszutragen. Im Grunde können sie einem leid tun.«

»Jetzt gehst du aber wirklich zu weit«, sagte Kati.

Jaromir schmunzelte vor sich hin.

Im Hausflur trafen sie auf Cosima. Sie war so in Eile, daß sie Frederics angeschwollenes Auge glatt übersah.

»Wo gehst du denn hin?« fragte Kati. »Ich dachte, du bekommst Besuch?«

»Ja, deshalb fahre ich doch zum Bahnhof. Andi meinte, es wäre gut, wenn ich ihn mit dem Auto abhole, weil er soviel Gepäck hat. Ich bin ja so gespannt! Macht bitte nichts unordentlich, während ich weg bin!«

»Moment mal! Wieso fährt der nicht mit der Straßenbahn? Ich denke, der macht eine Alternativreise!«

»Sei nicht so kleinlich. Du weißt genau, daß man einmal umsteigen muß, wenn man vom Hauptbahnhof mit der Bahn fährt. Außerdem ist das ja mein Auto, nicht seins.« Cosima rannte die Treppe hinab.

»Sie sah irgendwie ganz anders aus als sonst«, stellte Frederic fest.

»Ja, sie war geschminkt«, bestätigte Kati. »Ich glaube, sie setzt große Hoffnungen in diesen Ökoheini.«

»Inwiefern?«

»Sie hofft, er entpuppt sich als Mister Right.« Kati schloß die Wohnungstür auf.

»Mr. Right?«

»Ja, der Mann, der sie von ihrem Singledasein erlöst und für immer für sie da ist. Bis daß der Tod sie scheidet.«

»Davon träumt wohl jeder, oder?«

»Na ja, vielleicht schon«, gab Kati zu. »Aber jeder gestaltet die Wartezeit ein wenig anders. Hier, du mußt dein Auge kühlen, sonst kriegst du es morgen nicht mehr auf.«

»Das war schon seltsam vorhin«, sagte Frederic, während er das Eisfach leerte. »Ein richtiges Wunder, wenn man's genau nimmt. Ich meine, daß du genau zur richtigen Zeit dort ankamst. Und dann dieser komische Pudel. Und dein Freund, der Taxifahrer, der unseren Fluchtwagen gefahren hat – ich habe schon einen wunderbaren Schutzengel.«

Kati mußte lachen. Wenn Jaromir hören könnte, daß Frederic ihn als seinen Schutzengel bezeichnete ...

»Ja, du hattest wirklich Glück. Aber jetzt würde ich erst recht aufpassen, wohin ich meine Füße setze. Wenn die dich jemals wieder in die Finger kriegen ...«

»Das gleiche gilt doch auch für dich. Ich glaube nicht, daß Heinz Rücksicht darauf nimmt, daß du eine Frau bist.«

»Das glaube ich auch nicht«, stimmte Kati zu. »Aber wir können uns schließlich nicht ein Leben lang vor Heinz verstecken. Deshalb wird es höchste Zeit, daß wir deinen Schuldschein einlösen.«

»Ja, aber wie? Zehntausend Mark plus Zinsen – Heinz sagt, die Zinsen seien mittlerweile so hoch, daß man sie kaum noch ausrechnen könne – woher soll ich das nehmen? Anfangs hatte ich überlegt, meinen Bausparvertrag frühzeitig einzulösen, aber dann hätte ich alles meiner Mutter erklären müssen, und die hätte sich nur unnötig Sorgen gemacht.«

»Abwarten«, sagte Kati. »Mir schwebt da schon eine Lösung vor.«

Cosimas alter Schulfreund hatte sich nur zu seinem Vorteil verändert, wie sie fand. Er trug zwar immer noch die gleiche Sorte beigefarbener Rollkragenpullover aus glattgestrickter Baumwolle und mehrere kleine, flusige Bärtchen an Wangen und Kinn, aber er hielt sich gerade und sehr aufrecht, wie ein Mann, der weiß, was er wert ist.

Leider hatte er seine alternative Rundreise nicht allein angetreten. Zu Cosimas maßloser Enttäuschung stellte er seine weibliche, schwarzgelockte Begleitung als seine Freundin vor.

»Es sollte eine Überraschung sein«, sagte er, und die war ihm auch gelungen.

Während der Fahrt vom Bahnhof zurück kämpfte Cosima mit Tränen der Enttäuschung.

»Wer ist denn das überhaupt?« wollte Kati von ihr wissen, als der Besuch mit Sack und Pack in die Wohnung eingefallen und mit Tee und Plätzchen bewirtet worden war.

»Seine Freundin«, flüsterte Cosima zurück. »Sie heißt Andrea, hat er gesagt.«

»Andreas und Andrea«, sagte Kati. »Na, wenn das mal nicht geradezu unheimlich gut zueinander paßt. Und warum spricht sie kein Wort mit uns? Erst dachte ich, sie wäre stumm.«

»Ist sie nicht, nur ein bißchen schüchtern, sagt Andi.«

»Na ja, sie ist nicht unbedingt besonders offen. So gesehen paßt sie überhaupt nicht zu Andi. Wenn du mich fragst, ist er nur aus Mitleid mit ihr zusammen. Vielleicht habe ich später noch Gelegenheit, ihm das zu sagen.«

»Wenn du *mich* fragst – er ist ganz wild nach ihr«, sagte Kati. »Sie hat noch nicht ein einziges Mal gelächelt. Im Gegenteil, man wundert sich, daß sie nicht auf ihr Gesicht tritt, so lang ist es, und er bemüht sich trotzdem wahnsinnig um sie.«

»Das scheint nur so.« Cosima schluckte. »Das ist eben typisch Andi. Er würde niemals eine Frau unterdücken oder so.«

»Das würde ich auch nie tun«, versicherte Frederic, der ihnen in den Flur gefolgt war. »Aber ich muß Kati recht geben. Diese Andrea ist wirklich ziemlich unhöflich. Und dann dieses Gerede von Umweltschutz und so. Ich fand, Andi war gerade ganz schön aggressiv, und das nur, weil du die Teetassen unter fließendem Wasser ausgespült hast.«

»Genau, und dann dieses Geschwätz von seinem solarbetriebenen Auto ...«

»Psst, sie kommen«, sagte Cosima.

»Du, Cosima, Andrea sagt, sie braucht als erstes eine warme Dusche«, sagte Andi. »Ist das okay?«

»Natürlich«, erwiderte Cosima. »Das Bad ist gleich da vorne links. Ich fang' dann schon mal mit dem Abendessen an.«

»Gut«, meinte Andi. »Ich helfe dir, und dabei können wir über alte Zeiten reden.«

Andrea zupfte ihn am Ärmel und murmelte etwas.

»Andrea fragt, wo die Handtücher liegen«, übersetzte Andi.

»Ich such' ihr eins von meinen raus«, sagte Cosima, die auf Andi um jeden Preis einen guten Eindruck machen wollte, und eilte in ihr Zimmer.

»Und ihr beiden seid also auf einer alternativen Rundreise?« wandte sich Kati im Plauderton an Andrea. Die musterte sie mit mürrischer Miene und sagte nichts.

»Genau«, antwortete Andi an ihrer Stelle. »Wir wollen zeigen, daß es auch ohne Energieverschwendung und Umweltverschmutzung geht.«

»Verstehe«, sagte Frederic. »Deshalb mußte Cosima euch auch mit dem Auto vom Bahnhof abholen.«

»Ach je, Cosimas Auto!« stöhnte Andi. »Das ist vielleicht eine Dreckschleuder. Die Kiste hatte sie schon zu Schulzeiten! Ohne Katalysator. So was gehört doch aus dem Verkehr gezogen. Ich bin dafür, daß man für solche Dreckschleudern eine saftige Steuer erhebt.«

»Genau«, sagte Andrea. »Die Besitzer von solchen Autos sind für Krupp und den plötzlichen Kindstod verantwortlich.«

Cosima kam mit zwei Handtüchern zurück und verteidigte sich: »Ich brauche das Auto nur noch ganz selten. In der Stadt fahre ich immer mit dem Fahrrad.«

»Außer du holst Freunde vom Bahnhof ab, die zu faul sind, mit der Bahn zu fahren«, sagte Kati.

Andrea verschwand mit regloser Miene im Badezimmer.

»Also, wir verzichten ganz bewußt auf ein Auto«, sagte Andi. »Es geht auch ohne. Man muß sich eben nur ein bißchen umstellen und auf den egoistischen Komfort verzichten, den so ein Auto einem bietet.«

»Tja, solange man jemanden findet, der einen herumkutschiert, ist das wirklich machbar«, murmelte Frederic leise.

Laut sagte er: »Ich habe auch kein Auto, und Kati auch nicht.«

»Das ist toll!« meinte Andi lobend.

»Ja, und sicher wird uns deshalb noch ein Heiligenschein wachsen«, scherzte Kati.

Cosima zog Andi in die Küche. »Komm, wir wollten doch ein bißchen über alte Zeiten reden, während wir kochen.«

Im Badezimmer begann die Dusche zu laufen und hörte während der nächsten Dreiviertelstunde nicht mehr auf.

»Vielleicht sollte jemand deiner Freundin mal sagen, daß der Heißwassertank bald leer ist und für uns kein warmes Wasser mehr da ist«, sagte Frederic schließlich zu Andi. »Besonders umweltfreundlich ist es, davon mal abgesehen, auch nicht.«

»Außerdem ist das Essen längst fertig«, meinte Kati.

»Andrea ist eben sehr reinlich«, sagte Andi. »Allein für ihre Lockenpracht benötigt sie eine Menge Zeit. Sind ihre Haare nicht wunderschön?«

Cosima fuhr sich durch das glatte Haar und fühlte sich so häßlich und ungewaschen wie selten zuvor. Sie versuchte noch einmal, auf die guten alten Zeiten zurückzukommen. »Kannst du dich noch an den Pütz erinnern? Physikkurs?«

»Klar«, sagte Andi. »Wir haben ihn den Blitzemacher genannt, weil er immer so ulkige Experimente gemacht hat. Weißt du noch, wie er sich einmal die Haare angesengt hat? Meine Güte, was haben wir gelacht!«

Nebenan rauschten weiter die Niagarafälle durch die Dusche. Kati stand auf und drehte kurzerhand den Heißwasserhahn in der Küche an. Erfahrungsgemäß wurde das Wasser in der Dusche dann eiskalt.

Aus dem Bad ertönte ein spitzer Schrei, dann hörte das Rauschen auf.

»So, jetzt können wir essen«, sagte Kati zufrieden. Aber es dauerte noch weitere zwanzig Minuten, bis die Badezimmertür aufging und Andrea herauskam. In dieser Zeit erläuterte Andi ihnen die Technik eines mit Rapsöl betriebenen Personenwagens. Offenbar hatte er viel darüber gelesen.

»Ich glaube, ich bin gegen ihr Duschgel allergisch«, sagte Andrea zu Andi, als sie endlich in der Küche auftauchte.

»Es gibt Essen«, sagte Cosima munter. »Wir haben nur noch auf dich gewartet.«

Andrea fragte etwas, das nur Andi verstand.

»Nudeln, Gehacktes, Tomaten«, antwortete er. »Angebraten mit Zwiebeln, Paprika und Olivenöl.«

»Ich habe gar keinen Hunger«, sagte Andrea mürrisch.

»Sie sagt, sie will lieber nichts essen«, übersetzte Andi für die anderen. »Sie versucht im Augenblick, vegan zu leben.«

»Seit wann denn?« fragte Frederic interessiert.

Andrea gab keine Antwort.

»Seit heute«, sagte Andi an ihrer Stelle. »Wenn man so sieht, wie hier in Deutschland die Tiere zur Fleischgewinnung gehalten werden, da kann einem auch schon mal der Appetit vergehen. Und dann der Rinderwahnsinn und die

Schweinepest – nee, das muß man wirklich nicht noch unterstützen.«

»Vielleicht möchte sie ein Brot essen«, schlug Cosima vor.

»Möchtest du ein Brot essen?« fragte Andi.

Andrea schüttelte den Kopf.

»Ich möchte eigentlich nur noch einen Apfel essen und dann schlafen«, sagte sie. »Frag mal, wo unser Zimmer ist.«

»Mein Zimmer ist gleich gegenüber vom Bad«, erklärte Cosima. »Aber ich habe das Schlafsofa noch nicht überzogen. Äpfel haben wir leider auch nicht. Nur Bananen und Orangen.«

Andreas Gesicht wurde – wenn möglich – noch länger.

»Ich habe Kopfschmerzen«, sagte sie zu Andi. »Ich muß mich jetzt hinlegen. Sag ihr, daß sie das Bett überziehen soll.«

»Wäre es vielleicht möglich, daß du das Bett jetzt schon überziehst?« wandte sich Andi an Cosima. »Wir halten dein Essen so lange warm.«

Kati platzte der Kragen. »Deine vegane Freundin kann das Bett selber überziehen oder noch ein Weilchen warten. Jetzt wird erst mal gegessen.«

»Das finde ich auch«, meinte Frederic. »Es ist ja auch erst halb sieben.«

»Du, wenn man Kopfschmerzen hat, da will man eben manchmal nichts als seine Ruhe haben«, sagte Andi. »Außerdem wollten wir morgen früh los, damit wir was von der Stadt sehen. Andrea wollte unbedingt zu dem Filmgelände rausfahren, wo die Lindenstraße gedreht wird.«

»Toll«, sagte Cosima. »Da wollte ich auch schon immer mal hin. Aber seit Benny Beimer gestorben ist, finde ich die Sendung nicht mehr so interessant.«

»Du, komm doch einfach mit«, schlug Andi vor. »Das wäre wirklich klasse, wenn du uns fährst.«

»Ich kann leider nicht«, sagte Cosima bedauernd. »Ich muß morgen arbeiten. Aber ich würde euch mein Auto natürlich leihen.«

»Kommt gar nicht in Frage! Ich habe geschworen, mich niemals wieder hinter dem Steuer einer solchen Dreckschleuder zu versündigen.« Andi wandte sich an Kati und Frederic. »Könnte uns vielleicht einer von euch fahren?«

»Wir?« fragte Frederic verblüfft. »Also, das bleibt sich doch gleich, ob ihr euch in so einer Dreckschleuder kutschieren laßt oder ob ihr die selber steuert!«

»Wieso fahrt ihr nicht mit dem Bus?« wollte Kati wissen. »Das wäre bedeutend umweltfreundlicher.«

»Ich habe dir gleich gesagt, daß man alte Freundschaften besser nicht mehr aufwärmt«, sagte Andrea zu Andi und setzte zusammenhanglos hinzu: »In so einer Studenten-WG gibt es immer nur Streit.«

»Das ist doch kein Streit, Schatz. Wir diskutieren nur. Natürlich können wir auch mit dem Bus fahren, wenn die das unter *Gastfreundschaft* verstehen«, sagte Andi. »Wir sind da ganz autark.«

Cosima wurde rot. »Wie gesagt, ihr könnt mein Auto wirklich gerne geliehen haben.«

»So ganz allmählich vergeht mir der Appetit«, sagte Kati zu Frederic, dessen verletztes Auge trotz Kühlung blaurot angelaufen und dick geschwollen war und ihm ein verwegenes Aussehen gab, das ihm nicht übel stand, wie sie fand.

Andrea flüsterte Andi etwas ins Ohr. Andi nickte.

»Du, Cosima, du weißt, ich spreche Probleme immer direkt an, und deshalb will ich dir gleich sagen, daß ich, also daß wir beide das Gefühl haben, wir sind hier nicht richtig willkommen«, sagte er.

»Das ist doch Blödsinn«, erwiderte Cosima. »Ich hatte mich so auf dich gefreut, ehrlich.«

»Das habe ich dir doch gleich gesagt«, sagte Andrea, drehte sich auf dem Absatz um und verschwand türeknallend in Cosimas Zimmer.

Die anderen starrten ihr perplex hinterher.

»Das war Andrea gegenüber jetzt aber nicht besonders taktvoll«, sagte Andi vorwurfsvoll. »Sie kommt sich sowieso vor wie das fünfte Rad am Wagen. Keiner kümmert sich um sie, keiner interessiert sich für sie, keiner spricht mit ihr.«

Kati stieß ein albernes Lachen aus.

»Das tut mir leid«, sagte Cosima zu Andi. »Ich wollte nicht ... ich hatte einfach nur nicht damit gerechnet, daß du noch jemanden mitbringst ...«

»Na ja, und deine Mitbewohner sind auch nicht besonders höflich. Aber da müssen wir jetzt das Beste draus machen.« Andi lächelte versöhnlich. »Ich schlage vor, ich nehme meinen Teller und ein bißchen Obst mit in unser Zimmer und kümmere mich erst mal um Andrea, damit sie was in den Magen kriegt und sich nicht mehr so einsam fühlt. Sie ist so wahnsinnig sensibel. Es ist besser, wenn du heute nacht bei deiner Freundin im Zimmer schläfst, Cosima. Morgen früh fangen wir dann einfach noch mal von vorne an, okay? Vergeben und vergessen?«

Cosima schluckte schwer. »Also, so hatte ich mir deinen Besuch eigentlich nicht vorgestellt.«

Kati sah ihre mühsam zurückgehaltenen Tränen und hielt es für geboten, ins Geschehen einzugreifen.

»Also, wenn ihr das Zimmer ganz für euch wollt, wird das

aber teurer«, platzte sie heraus. »Ich weiß nicht, ob eure alternative Reisekasse das verkraftet.«

»Wie meinst du das?« fragte Andi.

»Na, wie ich's sagte«, fuhr Kati fort. »Da hätten wir jetzt schon einmal den Transfer vom Bahnhof zur Unterkunft, macht fünfzig Mark, dann warmes Abendessen – gebucht ist gebucht, für Kopfschmerzen oder Appetitlosigkeit übernehmen wir keine Haftung – also Abendessen noch einmal fünfundzwanzig pro Person, die Getränke berechnen wir mit einer Pauschale von dreißig, der kleine Imbiß am Nachmittag geht aufs Haus. Dazu kommt eine extralange Dusche, da erheben wir eine Wasserschutzgebühr von zwanzig Mark inklusive der Handtuchbenutzung, tja und dazu kommt jetzt die Übernachtung im Doppelzimmer mit Fernsehen, das macht dann insgesamt – hat jemand mitgerechnet?«

»Hundertachtzig ohne Übernachtung«, sagte Frederic.

»Soll das ein Witz sein?« fragte Andi.

»Nein, aber du darfst trotzdem lachen«, sagte Kati kalt. »Wenn dir das zu teuer ist, schlage ich vor, du greifst dir jetzt deine Klamotten und deine Freundin und suchst dir ein billigeres Plätzchen zum Übernachten.«

»Beim CVJM können junge Leute unter sechundzwanzig mit einem Jugendherbergsausweis jederzeit für ein paar Mark die Nacht unterkommen«, setzte Frederic hilfreich hinzu.

»Na also! Da könnt ihr sogar völlig schadstofffrei zu Fuß hingehen«, sagte Kati.

»Soviel ich weiß, ist das Cosimas Wohnung«, sagte Andi.

»Das stimmt«, sagte Cosima und vergrub ihr Gesicht in ihren Händen. »Aber ich wollte schon in meinem eigenen Bett schlafen.«

»Ich verstehe.« Andi erhob sich. »Das hätte ich nicht von dir gedacht, Cosima. Na ja, mit Enttäuschungen muß man eben auch umgehen lernen.«

»Ja«, pflichtete Kati ihm bei. »Oder man schmeißt die Enttäuschungen einfach raus. Mach 'ne Fliege, Bubi. Für heute hatten wir genug Ärger!«

14. Kapitel

»Ich hab's total vermasselt«, schluchzte Cosima. »Da habe ich endlich mal einen wirklich tollen Mann an der Angel, und dann passiert so was. Er und ich, wir hätten wirklich gut zusammengepaßt.«

»Cosima, ich sag' ja nicht gern was Schlechtes über einen Menschen, aber dieser Kerl war alles andere als toll«, sagte Frederic vorsichtig. »Wirklich, Kati hat das einzig Richtige getan, als sie ihn rausgeschmissen hat. Die beiden wollten dich nur als Hotel, Chauffeur und Koch mißbrauchen.«

»Ja, aber was soll er jetzt von mir denken?«

»Daß du dir eben nicht alles gefallen läßt«, sagte Kati. »Überleg doch mal: Der hat die Frechheit besessen, mit seiner gestörten Freundin aufzutauchen, und dich nicht mal vorgewarnt. Außerdem sah er beschissen aus. Beim Anblick dieser albernen Bärtchen kriegt man doch die Krätze.«

»Stimmt vielleicht, aber ich bin so furchtbar enttäuscht. Ich hatte mir solche Hoffnungen gemacht. Wenn Andi und ich zusammengekommen wären, dann hätte ich meiner Familie auf der Weihnachtsfeier ganz anders gegenübertreten können. Dann wäre es auch nicht so schlimm gewesen, Bernadettes Schwangerschaft und das Getue darum zu ertragen.

Könnt ihr euch vielleicht vorstellen, wie es ist, die letzte unbemannte Frau auf diesem Planeten zu sein?«

»Cosima! Du bist so ein nettes und hübsches Mädchen. Es gibt sicher eine Menge Männer, die dich toll finden«, sagte Frederic sanft.

Cosima hörte auf zu weinen und hob ihr tränenüberströmtes Gesicht. »Meinst du wirklich?«

»Aber ja. Wenn du dich selber nur ein bißchen mehr schätzen würdest ...«

»Meine Rede«, sagte Kati. »Anstatt eine Diät nach der anderen zu probieren solltest du eine Therapie machen und dein Selbstbewußtsein aufpolieren. Dann klappt das auch mit den Männern.«

»Aber wo lernt man heute noch Männer kennen?« fragte Cosima seufzend.

»Auf Frauenparkplätzen«, antwortete Kati spontan.

Frederic lachte. »Vielleicht solltest du deine Dreckschleuder von Auto doch öfter mal fahren, Cosima.«

Für ihr Treffen mit Oktavian Harper warf sich Kati in ihr verführerischstes Outfit (wie sie selber fand). Sie trug ihren tief ausgeschnittenen schwarzen Body aus Flock-Print-(Print-Flock?)-Material, dazu Jeans und schwarze Schuhe. Eine Spur zu sexy für eine Betriebskantine am Mittag, aber sie hatte schließlich keine leichte Aufgabe vor sich, und da mußte wenigstens die Garderobe stimmen.

Die Kantine sah allerdings nicht aus wie eine herkömmliche Kantine. Es war ein heller Raum mit hohen Fenstern, die Wände in einem warmen Gelb gestrichen, schöne geschwungene Holzmöbel, witzige Lampen und sogar Tischdecken gaben dem Besucher das Gefühl, in einem teuren, aber gemütlichen Restaurant zu sein. Kati mußte nicht auf Oktavian Harper warten, er kam ihr bereits am Eingang entgegen und begrüßte sie herzlich.

»Wir haben heute drei Menüs zur Auswahl«, teilte er ihr mit. »Zuerst für die cholesterinbewußten Vegetarier: Zucchinicreme mit fettfrei gerösteten Knoblauchcroutons, dann einen Salat mit Krabben und zum Nachtisch eine frische Mango, oder für alle, die deutsche Hausmannkost mögen ...«

Kati, die gerade erst aufgestanden war, sah es als schiere Überforderung an, ihrem Magen so früh schon ein Dreigängemenü – und sei es noch so cholesterinarm – zuzumuten. Trotzdem lächelte sie höflich und entschied sich für das Fitneßmenü, bestehend aus Salaten der Saison und gegrilltem Alaskaseelachs.

Oktavian nahm die Hausmacherkost.

»Einem richtig guten Schokoladenpudding zum Nachtisch kann ich nur schwer widerstehen«, sagte er, als sie einander endlich gegenübersaßen.

Kati griff das Stichwort auf und beugte sich so weit vor, daß man bis zu ihrem Bauchnabel sehen konnte. »Jeder hat doch so seine Schwächen. Da ist der Schokoladenpudding verglichen mit manch anderem wirklich harmlos.«

»Wenn er meine einzige Schwäche wäre, sicher«, stimmte Oktavian zu und ließ sich den Sauerbraten schmecken.

»Ich bitte Sie, ein paaar Schwächen sind doch menschlich und machen nur sympathisch«, meinte Kati in vertraulichem Tonfall. »Ein Mensch ohne Schwächen – das wäre wie ... wie ein Gemälde ohne Farben. Verraten Sie mir Ihre?«

»Meine Schwächen? Nun ja, ich mag alles Schokoladige,

ich schlafe sonntags gern lange und frühstücke am liebsten im Bett – im Grunde bin ich faul und verfressen. Aber ich arbeite daran.« Oktavian Harper lachte.

Kati lachte nicht mit.

»Wirklich, Sie müssen ein Heiliger sein«, sagte sie bewundernd. »Man hatte mich ja vorgewarnt, aber ich wollte es nicht glauben. Es geht einfach nicht in meinen Kopf, daß jemand so vollkommen sein kann wie Sie. Alle Welt lobt Ihre Großzügigkeit, Ihre Fürsorglichkeit, Ihre Wärme – und Sie selber gestehen mir, daß Ihre einzige Schwäche darin besteht, ab und zu Schokolade zu naschen und den Wunsch nach einem faulen Sonntagvormittag zu verspüren ...«

»Das hört sich ja an, als seien Sie enttäuscht?«

»Nein, ich bin im Gegenteil schwer beeindruckt. Sie können wirklich kein gewöhnlicher Sterblicher sein.«

»Aber natürlich bin ich das.«

»Nein, das sind Sie nicht. Jeder von uns kennt das Gefühl, einer Versuchung erlegen zu sein, die schwerer wiegt, als ein Stück Schokolade zu essen, oder am Sonntag den Wecker mal eine Stunde später zu stellen ... Aber Sie – Sie sind völlig frei davon.«

Oktavian Harper ließ betroffen die Gabel sinken. »Aber wie können Sie nur so etwas denken? Ich bin alles andere als frei von negativen Gefühlen. Wirklich, auch ich erliege Versuchungen, wie jeder Mensch. Ich bin, weiß Gott, kein Heiliger!«

»So?« Kati kniff begierig die Augen zusammen. »Wann sind Sie denn das letztemal einer solchen Versuchung erlegen?«

»Es wäre verrückt, wenn ich Ihnen das erzähle«, sagte Oktavian Harper. »Wir kennen uns ja gar nicht, und Sie sind so jung und unverdorben. Aber es liegt mir sehr daran, daß Sie mich nicht für unfehlbar halten.«

»Welcher Versuchung würden Sie denn gerne mal erliegen? Oder, präziser formuliert, welcher Versuchung könnten Sie nicht widerstehen?«

»Es gibt da eine Sache, die mir seit Jahren nicht aus dem Kopf will, ganz gleich, wie sehr ich dagegen angehe. Ich weiß, daß meine Gefühle völlig unangemessen sind, aber ich kann nichts dagegen tun – der Gedanke daran überfällt mich manchmal mitten in der Nacht mit einer solchen Heftigkeit, daß ich selber erschrecke.«

»Tatsächlich?« Kati hätte vor lauter Spannung beinahe eine Gräte übersehen, die in ihrem Seelachsfilet steckte. Jetzt kam sie, die große Enthüllung, auf die Jaromir gewartet hatte.

Oktavians Blick wurde glasig und verlor sich in der Tiefe des Raumes.

»Es ist wie ein Zwang«, sagte er. »Ich will es nicht, ich will nicht mal daran denken, aber etwas in mir bringt mich immer wieder dazu, davon zu träumen.«

»Manche Träume können durchaus Wirklichkeit werden«, sagte Kati schnell. »Egal, wie ausgefallen sie auch sein mögen.« Ich hoffe aber, sie sind nicht allzu ausgefallen, setzte sie in Gedanken hinzu. Ich bin schließlich nicht Chantal – meiner Erfahrung sind gewisse Grenzen gesetzt. Die meisten Sachen habe ich nur synchronisiert! Und was mache ich, wenn er davon träumt, mit zwei Frauen gleichzeitig ins Bett zu gehen? Ich kann ja wohl schlecht Cosima bitten, mir Gesellschaft zu leisten.

»Dieser Traum kann nicht in Erfüllung gehen«, sagte Oktavian. »Es sei denn, ich würde gegen das Gesetz verstoßen.«

O Klasse, das wurde ja immer besser. Kati frohlockte. Der Mann wünschte sich etwas Gesetzwidriges! Sex mit Minderjährigen, Sex mit Tieren, Sex mit illegalen Einwanderinnen ... Jaromir würde hellauf begeistert sein.

»Verraten Sie es mir?« fragte sie atemlos, da Oktavian Harper keine Anstalten mehr machte, die Sache näher auszuführen.

»Damit Sie das nachvollziehen können, muß ich schon etwas weiter ausholen.« Oktavian nahm einen Schluck Wasser. »Es begann vor mehr als zehn Jahren, da sah ich ihn das erste Mal in einer Kunstsammlung.«

Ihn. *Ihn!* Das Objekt seiner Begierde war ein *Er.*

Auch gut, dachte Kati nach dem ersten Schreck. Das entband sie von weiteren Verpflichtungen. Jaromir würde diesen Jemand schon ausfindig machen ...

»Ich habe mich auf den ersten Blick in ihn verliebt«, fuhr Oktavian mit vertrauter Stimme fort. »Seine Form, sein Ausdruck, und wie er sich anfühlt!« Er machte eine Pause, während der er ins Leere starrte.

»Sind Sie ihm je noch einmal begegnet?« fragte Kati.

»Ja, ich bin immer wieder in diese Ausstellung gegangen, um ihn mir anzuschauen, und ich war jedesmal von neuem entzückt. Er war damals noch unverkäuflich, obwohl ich Himmel und Hölle in Bewegung gesetzt hätte, um das Museum zu einem Verkauf zu übereden.«

»Wie bitte?« Jetzt konnte Kati nicht mehr ganz folgen.

»Die Jahre vergingen, und ich nutzte jeden Aufenthalt in der Stadt, um ihn mir anzuschauen. Meine Freunde und meine Frau machten sich schon lustig über meine unangemessene Leidenschaft. Und dann starb Pecay. Das war 1996.«

»Wer ist Pecay?« fragte Kati entsetzt. Wenn das Objekt von Harpers Begierde tot war, dann würde es auf jeden Fall Schwierigkeiten geben.

»Pecay ist der Künstler, der ihn modelliert hat. Ich weiß, er ist in Europa nicht so bekannt wie in den Staaten und in Japan, aber mit seinem Tod stiegen die Preise für seine Werke ins Unermeßliche. Auch mein Kopf war auf einmal so viel wert, daß das Museum sich entschloß, ihn zu verkaufen, um Geld für andere Kunstwerke zu bekommen.«

»*Ihr* Kopf war plötzlich etwas wert?«

»Oh, Entschuldigung, wahrscheinlich können Sie mir nicht ganz folgen. Das Kunstwerk, in das ich mich so heftig verliebt hatte, war eine Art Kopffüßler aus Bronze, nicht größer als eine Weinflasche, aber perfekt in Harmonie, Form und Wirkung. Als ich hörte, daß er versteigert werden sollte, war ich sofort Feuer und Flamme. Die Vorstellung, ihn jeden Tag sehen und berühren zu können, machte mich – ja wie soll ich das beschreiben? – das machte mich ganz kribbelig. Ich flog sofort zu der Versteigerung und war bereit, weit über den Listenpreis zu bieten.«

Kati hatte eine Weile gebraucht, aber jetzt verstand sie, daß hier nicht von Sex die Rede war, sondern von Kunstbesessenheit.

»Und jetzt kommt es«, sagte Oktavian mit glühenden Wangen. »Ich stand so kurz vor der Erfüllung meines Traumes, daß es mich wie ein Schlag in die Magengrube traf.«

Kati hielt den Atem an.

»Nicht ich ersteigerte den Kopf, sondern ein anderer. Und das war ausgerechnet mein bester Freund Gustl Petermann! Er wußte ganz genau, wie sehr ich diesen Kopf begehrte – und genau das war auch der Grund, warum er geschlagene vierhunderttausend Dollar dafür bot, um ihn mir vor der Nase wegzukaufen.«

»Was?« rief Kati aus. »So viel?«

»Ja.« Oktavian nickte. »Das war ein Schlag ins Gesicht. Ich war so enttäuscht, daß er überhaupt mitbot, daß ich mich richtiggehend überrumpeln ließ. Der Auktionator hatte schon zum dritten Mal zugeschlagen, ehe ich es überhaupt fassen konnte. Petermann ist jetzt der stolze Besitzer dieser Statue, und ich kann sie immer sehen, wenn ich bei ihm zu Besuch bin.«

»Er ist immer noch Ihr Freund?« fragte Kati empört.

»Sicher. Wir wissen beide, daß das nicht richtig von ihm war, aber deshalb setzt man doch keine so langjährige Freundschaft aufs Spiel. Ein Psychologe hat mir außerdem sehr plastisch erklärt, warum Petermann das getan hat. Es hat mit Minderwertigkeitskomplexen, Neidgefühlen und seiner Kindheit mit einem dominanten Vater zu tun. Ich habe hart an mir gearbeitet, um Verständnis für ihn aufzubringen, aber ich neide ihm den Besitz meines Kopfes immer noch. Ich habe Ihnen das nur erzählt, liebe Kati, weil Sie sagten, ich sei fehlerlos, ohne Schwächen. Ich versichere Ihnen, das bin ich nicht. Jede Nacht träume ich von der Statue und wünsche mir, sie zu besitzen. Und ich beneide meinen Freund Petermann so sehr darum, daß ich manchmal an diesen Gefühlen zu ersticken glaube ... Nun, halten Sie mich immer noch für einen Heiligen?«

Kati schüttelte den Kopf. Sie hielt ihn nicht für heilig, eher für ein bißchen verrückt. Wie konnte man nur so ein Theater um einen albernen Bronzekopf machen?

Oktavian legte kurz seine Hand auf ihre. »Aber da rede ich die ganze Zeit von mir, obwohl wir uns doch getroffen haben, damit *ich Ihnen* zuhöre. Verzeihen Sie mir. Was können Sie mir denn von Ihren schwarzen Künstlern zeigen?«

Kati zuckte zusammen. »Ahm, ja also, ich hatte eigentlich nicht vor, Ihnen die Polaroids, die ich in New York geschossen habe, unter die Nase zu reiben. Solche Fotos sagen doch im Grunde gar nichts aus, man kann nämlich die ... ähm ... die Wahrhaftigkeit dieser Kunst nicht auf Fotografien einfangen.«

»Ja, das leuchtet ein«, erwiderte Oktavian ernst.

»Es wäre wichtig, Künstler und Werke aus der Bronx hierher zu holen«, fuhr Kati fort. So langsam kam sie in Schwung. »Da ist zum Beispiel der junge ... ähm ... blutjunge Liam. Er ist achtzehn Jahre alt und von seinen drei Stiefvätern sowie dem weißen Kioskbesitzer von gegenüber sexuell mißbraucht worden. Mit zwölf hat er angefangen zu malen. Seine Aktionsflächen waren Hauswände und Basketballfelder, die Farben hat er geklaut. Vor ein paar Jahren hat er dann die Leinwand für sich entdeckt ... Ich sage Ihnen, die Gewalt, die sich in seinen Bildern manifestiert, ist schier atemberaubend.«

»Das klingt interessant und traurig zugleich. Wie malt er denn?«

»Sehr schön«, antwortete Kati, von ihrer erfundenen Geschichte ganz ergriffen.

Okatavian Harper lachte kurz auf. »Daran zweifle ich nicht, aber ich wollte eher wissen, in welchem Stil er malt.«

»Oh! Nun ja, das ist schwer zu beschreiben. Es ist ganz neuartig, verstehen Sie? Mehr so – existentialistisch.«

»Aha.« Oktavian machte eine kleine Pause. »Wissen Sie was, Kati, ich sag' jetzt mal so ganz spontan, das ist mir einen kleinen Scheck wert. Und wenn Sie etwas mehr Material hier haben, dann schaue ich mir das Ganze an und entscheide, ob es mir nicht auch einen großen Scheck wert ist.«

Er griff lässig in seine Jacke und holte das dicke Filofax heraus, das seine Brusttasche ausgebeult hatte. Darin befand sich ein kleiner Stapel Blankoschecks, und Kati verfolgte mit offenem Mund, wie er einen dieser Schecks ausfüllte.

»... zahlen Sie fünftausend Mark an die Jaromir-Jorgens-Stiftung oder an Überbringer«, sagte Oktavian. »Ich weiß, das ist nicht besonders viel, und Sie können natürlich selber entscheiden, was Sie damit machen. Ich denke aber, es reicht, um den jungen Künstler und ein paar seiner Werke herüberzufliegen, von dem Sie mir so nett erzählt haben.«

»Bestimmt«, sagte Kati. »Und wenn Sie ihn erst näher kennenlernen ...«

»Leider ist die Zeit viel zu schnell verflogen. Ich habe in drei Minuten ein Meeting.« Oktavian reichte ihr den Scheck und erhob sich. »Das war ein nettes Gespräch mit Ihnen. Ich hoffe, wir sehen uns bald wieder. Grüßen Sie mir Jaromir.«

»Das mache ich«, sagte Kati etwas überrumpelt. Sie verließ die Kantine mit gemischten Gefühlen. Der Scheck in ihrer Hand stimmte sie zwar fröhlich, aber das Gespräch war nicht gerade zu ihrer Zufriedenheit verlaufen. Um diesen Mann zu verführen, würde sie schon Gewalt anwenden müssen, das stand fest. Vielleicht ließ er sich ja zu einem außerehelichen Abenteuer hinreißen, wenn man ihn entführte und unter Drogen setzte – aber das galt wahrscheinlich nicht als Sünde, genausowenig wie die gleiche Tat unter dem Einfluß von Hypnose.

Draußen, im Licht der fahlen Wintersonne, lehnte Jaromir an einer Litfaßsäule, wie immer blendend aussehend.

»Wie war's? Hat er angebissen?« fragte er neugierig.

Kati schüttelte den Kopf. »Tut mir leid, der Kerl findet mich einfach nicht erotisch. Er ist in einen Bronzekopf mit Füßen verliebt.«

»Was?«

»Er hat nicht mal in mein Dekolleté geguckt.«

»Was willst du damit sagen?«

»Dieser Mann begeht keine Sünde, Jaromir. Nicht in diesem Leben. Er ist resistent gegen Versuchungen aller Art.« Kati schritt so kräftig aus, daß Jaromir Mühe hatte, mitzuhalten. »Seine Leidenschaft gilt einem Kunstwerk, das sein Freund Gustl Petermann ihm vor der Nase weggekauft hat, bei einer Versteigerung im letzten Frühjahr. Hat er mir alles haarklein erzählt. Ein Bronzekopf von einem Künstler, dessen Name so unbekannt ist, daß ich ihn schon wieder vergessen habe. Das Ding ist angeblich vierhunderttausend Dollar wert. Wer's glaubt! Und er würde es für sein Leben gern besitzen! Aber an einem flotten Dreier hat er kein Interesse.«

»Wo gehen wir eigentlich hin?« fragte Jaromir.

»Zur Bank, ich muß den Scheck einlösen. Er hat fünftausend Mark für einen Künstler namens Liam lockergemacht, den ich spontan erfunden habe.«

»Nicht doch, Kati. Du mußt nicht zur Bank, du kannst diesen Scheck bei Boris in der Stiftung abliefern.«

»Spinnst du? Das sind fünftausend Mark, damit bezahle ich Frederics Schulden bei Heinz.«

»Erstens: Frederic hat bei Heinz zehntausend Mark Schulden, soviel ich weiß. Die Zinsen dürften sich mittlerweile in ähnlichen Größenordnungen bewegen. Da kannst du also mit fünftausend Mark nicht viel ausrichten. Und zweitens ist das nicht dein Geld, es gehört meiner Stiftung.«

»Ich bin soeben dabei, es zu veruntreuen«, sagte Kati. »Das müßte dich doch eigentlich freuen.«

»Maßlos«, erwiderte Jaromir. »Ich habe nichts gegen Veruntreuung, aber diese hier ist weder besonders klug noch in meinem Interesse. Du solltest dich um Oktavian kümmern und nicht um deinen Frederic. Das ist alles nur Zeitverschwendung.«

»Nicht für mich!« Kati war in die Sparkasse eingeschwenkt und reihte sich vor dem Schalter in die Warteschlange ein. »Ich möchte uns diesen Heinz vom Hals schaffen, das ist doch wohl verständlich. Ich hatte nämlich vor, noch ein paar Jährchen zu leben. Und was Oktavian Harper angeht – auf den kann ich mich besser konzentrieren, wenn dieses Problem aus der Welt geschafft ist.«

»Also gut«, sagte Jaromir. »Ich helfe dir bei Heinz, aber dann kümmern wir uns nur noch um Oktavian – in Ordnung?«

»In Ordnung«, sagte Kati.

Wie siehst du denn aus?« fragte Kati, als sie mit dem Geld aus der Bank kam. »Seit wann trägst du eine Brille?«

»Ich finde, das gibt mir ein seriöseres Aussehen«, antwortete Jaromir. »Ein bißchen mehr wie ein Beamter. Ich schlage vor, wir nehmen ein Taxi zur Lilobar – zufälligerweise habe ich eins dort hinten geparkt.«

»Im Halteverbot«, stellte Kati fest, als sie einstieg. Sie sah auf die Uhr. »Es ist jetzt halb drei, ich hoffe nur, Heinz hängt nicht ausgerechnet jetzt in der Lilobar rum.«

»Es wäre besser, wenn er da wäre, du willst die Sache doch ein für allemal aus dem Weg schaffen«, sagte Jaromir. »Und ich helfe dir dabei.«

»Was willst du tun? Ihn in die Hölle schleifen – ich bin sicher, er hat schon genug auf dem Kerbholz.«

»Kati, ich kann nicht sagen, daß Heinz ein besonders guter Freund von mir ist. Mir persönlich ist er zu gewöhnlich und zu phantasielos – aber du kannst sicher sein, daß wir solche Menschen selten vor ihrer Zeit zu uns holen. Solange jemand wie Heinz auf der Erde weilt, stirbt das Böse garantiert nicht aus.«

»Was machen wir dann mit ihm? Das letztemal wollte er mir die Haut bei lebendigem Leib abziehen, hast du das vergessen? Und das einzige, was du dagegen getan hast, war, dich als Pudel zu verkleiden und albern zu bellen!«

»Es hat gewirkt«, sagte Jaromir.

»Ja, aber diesmal mußt du dir schon was anderes einfallen lassen. Fahr nicht so schnell, das Fitneßmenü kommt mir sonst wieder hoch.«

Vor der Lilobar parkte tatsächlich der rote Ferrari, und Kati stöhnte. »Das wird nicht einfach werden, hier wieder lebend rauszukommen. Aber da muß ich jetzt durch. Frederic zuliebe.«

Sie stieg aus und sah sich zu Jaromir um. »Bitte zeig keine falschen Hemmungen, wenn es darum geht, übersinnliche Kräfte anzuwenden. Ich hätte nichts dagegen, wenn du Heinz und Clotwig in, sagen wir mal, Stubenfliegen verwandeln würdest. Stubenfliegen mit Schlagringen an den Beinchen.«

Die Lilobar war tagsüber geschlossen, aber es gab eine Klingel für Lieferanten, die Kati betätigte.

»Was gibt's?« fragte Clotwig, als er die Tür aufriß.

Bei Katis Anblick wurden seine Augen rund wie Untertassen.

»Du?«

»Ja, ich. Laß mich rein, ich muß mit Heinz sprechen.«

»Bist du lebensmüde?« Clotwig trat einen Schritt zur Seite. »Heinz, die Blonde mit den platten Titten ist hier!«

Kati schaute beleidigt an sich herunter. Also, wer ihren Busen in diesem Body immer noch für platt hielt, dem war wirklich nicht mehr zu helfen.

»Wer?« Heinz kam aus dem Hinterzimmer geschlürft, wie immer in Trainingshose und mit einem Muskelshirt bekleidet. »Wenn du gekommen bist, weil du um Gnade winseln möchtest, vergiß es. Chantal will dich allemachen, und ich will das auch. Wer ist denn der Pinsel da hinter dir?«

»Jorgens vom Gesundheitsamt«, sagte Jaromir und rückte seine Brille gerade. »Man hat mich über diverse Verstöße gegen die Hygieneverordnung informiert. Hier ist mein Ausweis.«

»Da hört doch alles auf«, brüllte Heinz. »Man kann mir ja viel nachsagen, aber was die Hyäne angeht, ist bei uns alles einwandfrei. Da können Sie vom Boden essen. Nicht wahr, Clotwig? Sag dem Herrn, wie gründlich unsere Putzfrauen sind! Wenn Ihnen diese Schlampe hier was anderes erzählt hat, dann hat sie gelogen.«

»Der Tip stammt von einem Herrn, der hier mal gearbeitet hat«, stellte Jaromir richtig. »Die junge Dame und ich, wir kamen rein zufällig gleichzeitig hier an.«

»Ach so«, sagte Heinz. »Na dann ... hier ist jedenfalls alles tipptopp«.

»Daran habe ich keine Zweifel«, sagte Jaromir lächelnd. »Ich müßte auch nur kurz Ihre Räumlichkeiten besichtigen und diverse Proben nehmen. In der Zwischenzeit können Sie sich um die junge Dame kümmern.«

»Ich habe nichts zu verbergen«, sagte Heinz. »Also, bewegen Sie sich völlig ungehemmt, fühlen Sie sich wie zu Hause. Und was die *junge Dame* angeht ...«, er ließ seine Finger knacken, »was willst du?«

»Den Schuldschein«, antwortete Kati. Jaromir begann durch den Raum zu wandern und mit einem kleinen Spatel über die Oberflächen zu schaben. Ab und zu steckte er etwas in Reagenzgläser, die er mit Kunststoffdeckeln verschloß. Es sah sehr professionell aus. Täuschend echt.

Heinz stieß ein blechernes Lachen aus. »Dir hat man wohl ins Hirn geschissen! Das ist ein Dokument. Das bleibt im Safe, bis ich das Geld gesehen habe.«

Kati holte die zusammengerollten Tausender aus ihrer Hosentasche. »Hier! Ich hatte keinesfalls vor, die Schulden nicht zu bezahlen.«

Heinz brauchte eine Weile, um sich von seinem Staunen zu erholen. Dann nahm er das Geld und sagte: »Das ist viel zu wenig. Dein kleiner Freund schuldet mir zehn Riesen plus Zinsen.«

»Zehntausend, ich bitte dich, Heinz! Wir beide kennen Chantal und müssen uns nichts vormachen. Die hat ihre besten Zeiten längst hinter sich.« Sie machte eine kurze Kunstpause. »Oder anders ausgedrückt: Mit Chantal kann man keinen Scheich mehr unterm Kamel hervorlocken, das ist doch wohl klar. Und zehntausend Mark könntest du bei der heutigen Wirtschaftslage nicht mal für so erstklassige Ware wie mich verlangen! Aber gut, der arme Frederic hat sich nun mal sieben Nächte mit dem Auslaufmodell Chantal um die Ohren geschlagen, und selbst wenn es wirklich Champagner war, den er da getrunken hat, wären tausend Mark noch zuviel. Allerdings habe ich deine mörderischen

Zinsen berechnet und biete dir hiermit fünftausend Mark – ein sehr faires Angebot, wie ich finde.«

»Und wenn ich das Geld nehme, dich verprügle und in die Gosse schmeiße?« fragte Heinz. »Hast du da mal dran gedacht.«

»Was sehe ich denn da?« Jaromir war wieder näher gekommen. »Ist das etwa ein Kakerlak?«

»Hier gibt es keine Kakerlaken«, sagte Heinz abgelenkt.

Jaromir hielt ihm ein Glas vor die Nase. »Das ist aber einer, ein ausgewachsener Kakerlak, das können Sie mir glauben. Und wo einer ist, sind auch noch mehr.«

»Ausgeschlossen«, rief Heinz.

»Ich will Ihnen nichts vormachen. Es sieht nicht gut aus für Sie«, sagte Jaromir. »Ich kann das zwar noch nicht ohne Laboruntersuchungsergebnis sagen, aber die Bakterienkolonien, die hier wachsen, scheinen die Weiche auf *Für immer geschlossen* zu stellen. Haben Sie noch andere Etablissements in der Stadt?«

»Hören Sie mal, was sagen Sie denn da? Das ist meine Existenz hier. Und wir putzen nur mit antibakteriellen Mitteln. Hier ist nicht eine einzige Bakterie zu finden.«

»Typhus, Cholera, Pest«, listete Jaromir genüßlich auf. »Keine Seltenheit heutzutage. Wenn unser Labor welche von diesen Erregern findet, können Sie den Laden hier dichtmachen.«

»Zeigen Sie mir erst mal Ihren Ausweis«, verlangte Heinz. »Ich kann nicht glauben, was ich da höre.«

»Was ist denn das? Etwa eine Ratte?« rief Jaromir aus.

Kati setzte sich blitzschnell auf einen Barhocker und zog die Beine hoch.

»Tatsächlich«, rief Heinz. »Das ist doch nicht zu fassen.

Clotwig! Wie kommt der Ratz hier rein? Das hatten wir wirklich noch nie, ich schwör's.«

Jaromir zückte einen Kugelschreiber. »Also, wie das aussieht, müssen Sie zu allererst mal die Kammerjäger kommen lassen. Und dann beten Sie, daß unser Labor nichts findet. Allerdings – das ist sehr unwahrscheinlich, die haben bisher noch immer was gefunden.«

»Hören Sie mal!« Heinz gab den Ausweis nach gründlicher Überprüfung zurück. »Man kann doch sicher mit Ihnen reden. Sie verdienen bestimmt nicht übermäßig viel beim Amt, oder? Es gibt da, nehme ich an, sicher ein paar Dinge, die Sie sich leisten wollen, aber nicht können. Hm?«

»Heinz, ich hätte jetzt gern den Schuldschein und das Versprechen, daß du mich und Frederic in Ruhe läßt«, sagte Kati. »Ich hab' nicht ewig Zeit.«

»Halt den Mund, Schneewittchen«, sagte Heinz. »Das hier ist ein Gespräch unter Erwachsenen. Herr ... ähm ... Jorgens, wie wäre es denn, wenn ich Ihnen einen ganz tollen Urlaub organisiere? Malediven, erste Klasse, Drinks ohne Ende, schöne Mädchen ...«

»Tuberkulose«, sagte Jaromir. »Das wird auch sehr gerne gefunden. Dann können Sie den Laden hier für immer schließen. Und Ihre Konzession bekommen Sie auch nicht wieder. Jedenfalls nicht, solange Sie leben.«

»Ich gebe Ihnen eine Menge Geld«, schlug Heinz vor. Jetzt konnte Kati so etwas wie Panik in seinen Augen erkennen. »Wenn Sie die Ratte und den Kakerlak vergessen und die Proben einfach hierlassen ... Sagen wir, fünftausend Mark?«

»Das ist mein Geld, Heinz«, erinnerte ihn Kati und legte die Hand auf die Scheine. »Noch!«

»Zehntausend?« fragte Heinz und schenkte Kati keine Beachtung. »Und kostenlose Behandlung in unserem Nagelstudio?«

Jaromir schüttelte den Kopf. »Ich bitte Sie, ich bin Beamter. Was meinen Sie, wie günstig allein meine Krankenversicherung ist, verglichen mit Ihrer.«

»Einen Augenblick.« Heinz schob ein paar Flaschen im Regal hinter sich beiseite, und der Safe kam zum Vorschein. »Wenn Ihnen zehntausend zu wenig sind – wollen wir doch mal sehen, was wir Ihnen so bieten können. Clotwig, mach dem Herrn doch mal einen Drink.«

»Danke, nein! Es sei denn, Sie hätten einen Dom Perignon ...«

»Eine Flasche Dom Perignon für den Herrn«, bestimmte Heinz. Er hatte die Kombination eingegeben und den Safe geöffnet. Mit feierlicher Geste nahm er einen Packen Hundertmarkscheine heraus und legte sie vor Jaromir auf den Tresen.

»Na?«

»Ich sehe, es liegt Ihnen wirklich eine Menge an Ihrem Geschäft«, sagte Jaromir langsam. »So was sieht man ja an und für sich gern. Leute wie Sie sind die Stützen unserer Wirtschaft. Und da heißt es immer: Wer nichts wird, wird Wirt. Nur schade, daß Sie hier Kakerlaken haben.«

»Eine!« sagte Heinz. »Eine einzige! Die hat sich sicher vom Chinarestaurant nebenan hierher verirrt. Hören Sie, ich würde Ihnen halt gern einen Gefallen tun. Davon mal ganz unabhängig, das hier sind fünfzehn Riesen – also, dafür kann man doch mal ein Auge zudrücken.«

»Ich weiß nicht«, sagte Jaromir und betrachtete den Kakerlak in seiner Hand. »Hier müßte man schon beide Augen zudrücken. Und da wäre ja noch die Laboruntersuchung. So was kann man ja nicht einfach unter den Tisch fallen lassen. Wir haben unsere Vorschriften. Und wir werden selber kontrolliert.«

Heinz verlegte sich aufs Betteln. »Hören Sie, ich flehe Sie an, machen Sie einmal eine Ausnahme! Sie werden es nicht bereuen. Ich kann auch noch mal fünftausend drauflegen.«

Jaromir schüttelte den Kopf. »Ich habe Frau und Kinder.«

»Zehntausend?«

»Also, ich weiß nicht ...«

»Zwanzigtausend?«

»Da ist schon wieder diese Ratte? Sie sieht ziemlich schwanger aus, wenn Sie mich fragen. Nein, ich würde Ihr Geld ja gerne nehmen, aber mein Gewissen würde mich nicht mehr ruhig schlafen lassen.«

»Fünfzigtausend, mein letztes Angebot«, sagte Heinz. Er sah aus, als würde er gleich losheulen.

»Also gut«, gab Jaromir nach. »Geben Sie mir, was Sie an Bargeld haben, den Rest hole ich mir bei Gelegenheit. Dafür verschweige ich die Ratte und den Kakerlak.«

»Danke!« rief Heinz. Kati hätte sich nicht gewundert, wenn er sich als nächstes über Jaromirs Hand gebeugt und sie mit Küssen bedeckt hätte.

»Ich tausche die Proben um, damit man keine Bakterienkulturen nachweisen kann«, fuhr Jaromir fort. »Aber lassen Sie trotzdem einen Kammerjäger kommen. Mit Ratten und Kakerlaken ist nicht zu spaßen«

»Mein Wort drauf!« Heinz schob Jaromir den Geldscheinhaufen zu, riß Kati ihre Tausender aus der Hand und legte sie obendrauf.

»Und jetzt noch den Schuldschein«, sagte Kati. »Dann verrate ich auch niemandem, was ich gerade gehört habe.«

»Dich mach' ich platt, du Wanze«, sagte Heinz.

»Ich bitte Sie, wir sollten diese junge Dame höflich behandeln«, sagte Jaromir. »Geben Sie ihr, was sie möchte.«

»Der gehört das Maul gestopft«, sagte Heinz. »Allein schon, damit sie nicht petzen kann.«

»Aber, aber! Wer wird denn gleich so überreagieren? Geben Sie ihr diesen Schuldschein, und die Angelegenheit ist erledigt. Keine Ratte, keine Kakerlaken, keine Bakterien, keine Schulden – alles im Lot.«

Heinz reichte Kati einen mehrfach zusammengefalteten Zettel. »Aber du kommst mir besser nicht mehr in die Quere«, zischte er dabei.

»Ich werde mich bemühen«, sagte Kati. Sie prüfte den Zettel und steckte ihn dann zufrieden in ihre Hosentasche.

»Ich geh' dann mal! Auf Wiedersehen alle zusammen. Und grüßt mir Chantal! Ist sie immer noch rot?«

Clotwig hielt sie an der Tür fest. »Hör mal, Alwine – oder wie du nun heißt. Könntest du mir einen Gefallen tun?«

»Dir?« fragte Kati mißtrauisch.

»Na ja, wegen Fredi. Du kennst ihn doch etwas näher. Würdest du ihm sagen, daß es mir leid tut, daß ich ihn geschlagen habe? Hier ist meine Telefonnummer, sag ihm, ich steh' immer noch auf ihn, und wenn er mir verzeihen kann ...«

»Jetzt heul' ich aber gleich«, spottete Kati. »Na gut, ich sag's ihm, aber ich hab' das sichere Gefühl, du bist nicht sein Typ ... Trotzdem, alles Gute, Clotwig.«

Glücklich draußen, setzte Kati sich ins Taxi und wartete auf Jaromir. Ihr war nach einer großen Flasche Sekt zumute.

Das war doch hervorragend gelaufen. Frederic war schuldenfrei, und Heinz würde sie in Zukunft in Ruhe lassen. Jetzt blieb nur noch diese Sache mit Oktavian übrig.

Jaromir öffnete die Fahrertür und ließ sich in den Wagen fallen.

»Und wo soll es jetzt hingehen?«

»Nach Hause«, sagte Kati. »Aber vorher kaufe ich eine Magnumflasche Champagner. Gibst du mir das Geld, das du Heinz abgeluchst hast? Du kannst ja doch nichts damit anfangen.«

»Wie kommst du denn darauf? Merk dir, Geld kann man niemals genug haben, meine Liebe.«

»Hey, du Geizkragen! Du kannst mir doch wenigstens ein bißchen davon abgeben. Zumindest die fünftausend Mark, die ich Heinz gegeben habe.«

»Kommt gar nicht in Frage«, sagte Jaromir. »Das Geld hast du hinterzogen, vergessen? Es gehört der Stiftung. Boris wird dir deswegen die Hölle heiß machen!«

»Du bist gemein«, beschwerte sich Kati.

»Kein bißchen Dankbarkeit. Ich habe soeben dir und deinem Fredi-Baby den Hintern gerettet, das ist dir doch hoffentlich klar. Von mir siehst du keinen Pfennig, bevor du nicht deinen Teil unserer Abmachung erfüllt hast.«

Kati zuckte mit den Schultern. »Fahr schon los!«

15. Kapitel

Als Kati mit einer Flasche Sekt nach Hause kam, war nur Frederic da.

»Cosima ist bei den Weight Watchers«, sagte er. »Ich habe sie dazu überredet, es noch einmal mit einer anderen Gruppe zu versuchen.«

»Auch gut, dann trinken wir beide den Sekt eben allein. Er hat sowieso viel zu viele rote Punkte für Cosima.«

»Was gibt es denn zu feiern?«

Kati holte den Schuldschein aus ihrer Hosentasche und legte ihn vor Frederic auf den Küchentisch. »Das hier!«

Frederic wurde blaß. »Wo hast du denn den her?«

»Woher wohl? Ich habe ihn Heinz abgekauft. Er hat fest versprochen, uns ab jetzt in Ruhe zu lassen, und ich denke, das können wir ihm getrost glauben.«

»Aber woher hast du zehntausend Mark?«

»Wer sagt, daß ich zehntausend Mark bezahlt habe?« fragte Kati zurück. Sie nahm zwei Sektgläser aus dem Schrank und den Schuldschein wieder an sich. »Ich finde wirklich nicht, daß Chantal soviel wert ist, selbst nicht, wenn du ihre Dienste ein halbes Jahr in Anspruch genommen hättest.«

Frederic wurde rot. »Ich habe überhaupt nichts mit ihr gehabt ...«

»Weiß ich doch. Und ihre Gesellschaft und ein bißchen Champagner kosten nun wirklich keine zehntausend Mark. Meiner Meinung nach hättest du dafür noch Geld *kriegen* müssen, aber da ist Heinz nun mal anderer Ansicht. Wie dem auch sei, ich habe deinen Schuldschein freigekauft und uns Heinz ein für allemal vom Hals geschafft. Prost!«

»Moment mal! Wer hat dich denn darum gebeten? Wieso mischst du dich überhaupt in meine Angelegenheiten?«

»Na hör mal, das klingt aber nicht besonders dankbar.«

»Das ist es auch nicht! Ich kann nicht sagen, daß ich mit Heinz gut klargekommen wäre, aber er ist erst gewalttätig geworden, seit du in der Sache mitmischst.«

»Das stimmt doch gar nicht«, rief Kati empört. »Und Heinz wäre sowieso früher oder später gewalttätig geworden. Das liegt in seinen verdammten Genen. Ich finde, du solltest dich freuen, daß du deinen Hintern wieder frei durch die Stadt bewegen kannst. Prost, Frederic! Auf ein neues Leben!«

Aber Frederic rührte sein Glas nicht an. »Ich soll mich freuen, daß jemand meinetwegen kriminell geworden ist?«

»Von wem sprichst du? Heinz war schon immer kriminell! Und Clotwig ist wahrscheinlich schon im Sandkasten straffällig geworden. Ich soll dir übrigens seine Telefonnummer geben und dir ausrichten, es täte ihm leid, daß er dir ein blaues Auge geschlagen hat.«

»Ich spreche nicht von Heinz oder Clotwig, sondern von dir! Woher hast du das viele Geld?«

»Das ist meine Sache!« Kati zerriß den Schuldschein in kleine Fetzen.

»Das ist es nicht! Wenn du mit diesem Geld meine Schulden eingelöst hast, ist das ganz und gar meine Sache! Und ich bin jetzt dafür verantwortlich, daß du das Geld wieder zurückzahlst. Wo hast du es her?«

»Was glaubst du denn, wo ich es herhabe?« Kati schüttelte ärgerlich den Kopf. »Ich habe ja mit allem gerechnet, aber daß du so undankbar bist, hätte ich mir nicht träumen lassen.«

»Woher hast du das Geld?« fragte Frederic hartnäckig.

»Sagen wir, ich habe es mir geliehen. Es fehlt im Augenblick niemandem.«

»Das glaube ich dir nicht!«

Das Telefon klingelte.

»Geh du dran«, sagte Kati und leerte ihr Sektglas in einem Zug. »Das ist sicher deine Mutter!«

»Nein, das ist nicht meine Mutter, wir haben heute schon miteinander telefoniert.«

»Brav, brav«, sagte Kati.

»Hör schon auf«, sagte Frederic und hob den Hörer ab. »Hallo? Einen Augenblick. Für dich, Kati. Ein Boris Soundso.«

»O nein! Der will wissen, ob ich schon Geld von Harper bekommen habe. Sag, ich bin nicht da.«

»Geld von Harper? Ich verstehe! Du hast das Geld, das du für diese Stiftung gesammelt hast, für meinen Schuldschein ausgegeben! Wie konntest du nur!«

»Ich fand eben, du hättest es nötiger, als ein paar mittellose Künstler aus der Bronx« (die es ohnehin sowieso nicht gab), sagte Kati.

Frederic seufzte abgrundtief. »O nein! Da sieht man mal, wohin so was führt. Diese verdammte Sache hat schon zuviele Opfer gekostet. Jetzt bist selbst du mit da reingezogen und meinetwegen kriminell geworden. Du mußt das sofort wieder rückgängig machen.«

»Daß ich nicht lache: Soll ich vielleicht zu Heinz gehen und ihm den Schuldschein zurückbringen? Abgesehen davon, daß das total bescheuert wäre, geht es auch nicht. Ich habe den Schuldschein vernichtet. Sag diesem Boris, er kann mich mal. Ich rufe ihn bei Gelegenheit zurück.«

»Nein, ich werde nicht für dich lügen.« Frederic hielt ihr den Hörer hin. »Sag es ihm selbst! Und ich gebe dir den einen Rat: Bleib bei der Wahrheit, dann kannst du nichts falsch machen. Glaub mir, ich spreche aus Erfahrung. Eine Lüge zieht tausend andere nach sich.«

Kati riß ihm wütend den Hörer aus der Hand. »Was gibt's, Boris?«

»Ich wollte Ihnen nur sagen, daß ich Sie durchschaut habe«, sagte Boris am anderen Ende der Leitung mit eisiger Stimme. »Ich habe Sie heute beobachtet und weiß, daß Sie sich mit Harper getroffen haben. Und Sie haben auch bereits Geld von ihm erhalten. Ich möchte, daß Sie dieses Geld auf der Stelle der Stiftung zukommen lassen.«

»Boris, jetzt pinkel dir mal nicht in die Hose. Du bekommst dein Geld schon. Freu dich lieber, daß ich überhaupt welches aufgetrieben habe.«

»Ich freue mich erst, wenn ich das Geld auf unserem Konto sehe«, sagte Boris. »Denken Sie daran, ich behalte Sie im Auge. Herrn Jorgens habe ich auch schon über meinen Verdacht informiert.«

»Huh, jetzt krieg' ich aber Angst«, sagte Kati und legte den Hörer auf.

Frederic lehnte an der Wand und sah sie bekümmert an. »Ich hab's langsam satt. Diese Geschichte zieht Kreise, mit denen ich niemals gerechnet habe. Jetzt weiß ich auch, was dieser Bibelspruch bedeutet: Wer Wind säht, wird Sturm ernten! Genau das habe ich getan! Ich wollte dich da nicht reinziehen, und ich habe jetzt ein wahnsinnig schlechtes Gewissen, daß du meinetwegen Schwierigkeiten hast.«

Kati griff nach dem zweiten Sektglas. So wie es aussah, war Frederic nicht nach Trinken zumute.

»Wieso Schwierigkeiten? Sieh es doch einfach so, Frederic. Du hast jetzt keine Schulden mehr bei Heinz, sondern bei mir. Das heißt, du mußt nicht mehr in Frauenkleidern kellnern und dir von einer schlechten Marlene-Dietrich-Imitation blaue Augen schlagen lassen. Kein bissiger Pittbullterrier verfolgt dich quer durch die Stadt, und du mußt auch nicht befürchten, von Chantal, der Schreckschraube, in einer Sonnenbank eingesperrt und zu Tode gegrillt zu werden – ich finde, das ist wirklich ein Gewinn und verdient, daß du nicht so sauertöpfisch dreinschaust.«

»Kannst du dir denn nicht vorstellen, daß es für mich kein gutes Gefühl ist, daß du meinetwegen kriminell geworden bist? Du kannst das Geld dieser Stiftung nicht einfach unterschlagen, weil *ich* einen Fehler gemacht habe!«

»Ich werde es zurückzahlen«, sagte Kati, am Ende ihrer Geduld. »Und du schuldest mir jetzt fünf ... ähm ... zehntausend Mark. Ohne Zinsen, da bin ich großzügiger als Heinz. Na ja, sagen wir, ich nehme fünf Prozent. Das würde die Bank auch nehmen.«

Frederic sah sie kopfschüttelnd an. »Du bist ein komisches Mädchen. Ich weiß, daß du's nur gut meinst, aber manchmal kann man glauben ...« Er seufzte und griff nach seiner Jacke. »Ich weiß wirklich nicht mehr weiter.«

»Wohin gehst du?« fragte Kati.

»In die Kirche«, antwortete Frederic und schenkte ihr keinen weiteren Blick mehr.

»Weg ist er«, sagte Jaromir. Er stand neben der Garderobe und hatte ein besonders süffisantes Lächeln aufgesetzt.

»Zur Beichte«, sagte Kati ärgerlich. »Und wahrscheinlich beichtet er gleich für mich mit! Fürsorglich wie er nun mal ist. Ich hatte wirklich nicht erwartet, daß er mir um den Hals fällt, aber ein kleines Dankeschön wäre schon angebracht gewesen. Möchtest du ein Glas Sekt? Ich trinke ihn sonst ganz allein.«

»Ja, Undank ist der Welten Lohn. Wem sagst du das? Aber denk dran, was du versprochen hast: Wir kümmern uns jetzt um Oktavian. Wo waren wir denn vorhin stehengeblieben?«

»Bei der bedauerlichen Tatsache, daß dieser Oktavian eine Bronzestatuette erotischer findet als mich. Das muß man sich mal vorstellen. Wo er mich doch zum Nulltarif bekäme.«

»So etwas hatte ich mir fast gedacht«, sagte Jaromir. »Es gibt vielleicht noch ein paar Frauen, die schöner, erotischer und verführerischer sind als du, aber ich glaube, auch die können ihn nicht knacken.«

»Danke«, sagte Kati, die Komplimente von seiner Seite nicht gewohnt war. Vermutlich war das auch nicht als Kompliment gedacht gewesen.

»Diese Bronzestatue dagegen – ich wünschte, du hättest sie mal gesehen. Sie ist plump, unförmig, häßlich! Ich weiß nicht, was er an der findet.«

»Er würde sie am liebsten Tag und Nacht um sich haben«, sagte Kati, »Du hättest seine Augen sehen sollen, als er von ihr sprach. Ich kann mir nicht vorstellen, daß er für seine Frau genausoviel übrig hat.«

»Unglaublich!« Jaromir schüttelte den Kopf. »Schokoladekrokant und diese Statue sind wirklich seine einzigen Schwächen. Er soll geweint haben an dem Abend, als Petermann sie ihm vor der Nase weggesteigert hat.«

»Das glaube ich. Wenn er seine Tassy mit diesem Ding betrügen könnte – er würde es tun. Schade, daß sie kein Loch hat ...«

»Kati! Nicht wieder diese geschmacklosen Bemerkungen. Allerdings – da ist was dran. Ich meine, natürlich kann man mit einer Statue keinen Sex haben, aber vielleicht liegt hier trotzdem des Rätsels Lösung! Für dieses Kunstwerk würde Oktavian vielleicht wirklich eine Sünde begehen!«

»Ja, da bin ich mir sogar sicher! Wenn man sie für ihn klauen würde ...«

»Das ist es!« rief Jaromir aus. »Du wirst diese verdammte Bronzeskulptur bei Petermann abholen und sie Oktavian anbieten. Für eine Menge Geld. Dieser Versuchung wird er nicht widerstehen können.«

»Aber sicher. Kein Problem«, sagte Kati ironisch. »Ich werde bei Petermann klingeln und sagen: Guten Tag, ich möchte gerne Ihre vierhunderttausend Mark schwere Statue abholen. Bitte seien Sie so lieb und packen Sie sie mir ein bißchen ein ... Sag mal, spinnst du jetzt total?«

»Nein, ich spinne nicht die Spur! Genauso machen wir es Oktavian würde niemals soweit gehen, einen Einbruch zu verüben, aber sich gestohlenes Gut anzueignen ist Sünde genug. Für den Anfang wenigstens!«

»Du meinst, es reicht, um aus Frederic einen Hetero zu machen?«

»Ja! Oktavian muß nur anbeißen, und dein Wunsch geht endlich in Erfüllung.«

»Und vorher müssen wir diesen Bronzeklumpen klauen,

was natürlich eine Kleinigkeit für Profis wie uns ist!« meinte Kati sarkastisch.

Es klingelte an der Tür.

»Das ist sicher Cosima, sie ist immer zu faul, ihren Hausschlüssel aus dem Versteck in ihrer Handtasche zu holen.« Kati drückte auf den automatischen Türöffner. »Also ein Einbruch bei diesem Petermann. Das bedeutet, daß ich kriminell werden soll, hm?«

»Was heißt denn schon *kriminell?*« fragte Jaromir gedehnt.

»Na ja, kriminell ist, wenn man einen vierhunderttausend Mark werten Kunstgegenstand aus Privatbesitz entwendet und unter der Hand weiterverhökert«, führte Kati aus. »Ich kenne mich da nicht so genau aus, aber ein paar Jahre Gefängnis dürften da schon draufstehen.«

Es klopfte von außen an die Wohnungstür.

»Ich komme schon, Cosima.«

»Und ich verschwinde dann mal«, sagte Jaromir. »Vielleicht kann ich Frederic noch vor der Kirche abfangen. Ich habe es nicht gern, wenn die Menschen ihre Zeit dort verbringen ...«

Kati öffnete die Tür und fuhr erschrocken zurück.

»Boris! Was machst du hier? Du hast doch gerade erst angerufen!«

»Ich wüßte nicht, daß wir im Sandkasten zusammen gespielt hätten, Frau Gluboschinski«, sagte Boris kalt. »Also nennen Sie mich nicht immer beim Vornamen.«

»Ich nenne Sie beim Vornamen, weil ich Ihren Nachnamen nicht kenne«, erwiderte Kati gereizt. »Und Sie haben verdammt recht: Im Sandkasten haben *wir* beide sicher nicht zusammen gespielt! Das wüßten Sie nämlich noch, denn ich hätte Ihnen die Schaufel so heftig über den Schädel gezogen, daß Sie heute noch häßlicher wären, als Sie sowieso schon sind.«

»Ich bin nicht gekommen, um Beleidigungen auszutauschen.« Boris schob sich an Kati vorbei in den Flur. »Ich will wissen, was mit dem Geld von Herrn Harper passiert ist. Ich weiß aus erster Hand, daß er der Stiftung einen Scheck ausgestellt hat, und ich frage mich, was aus diesem Scheck geworden ist. Fünftausend Mark lösen sich nicht einfach in Luft auf.«

»Ihr Informant hat, was die Summe betrifft, vielleicht etwas übertrieben, lieber Boris«, sagte Kati cool. »Da werden aus zwei Nullen schnell mal drei.«

»Mein Informant ist Herr Harper höchstpersönlich«, erklärte Boris sehr laut. »Ich habe ihn unter einem dummen Vorwand danach gefragt, damit er nicht merkt, daß in unserer Stiftung die eine Hand nicht weiß, was die andere tut. Ich meine, was wirft das denn für ein Licht auf uns, wenn unsere Mitarbeiter einen Scheck einfach so hinterziehen? Ich habe Jaromir gleich gewarnt, daß mit Ihnen was nicht stimmt, aber er wollte ja nicht auf mich hören. Diesmal wird das nicht unter den Teppich gekehrt. Diesmal schalte ich die Staatsanwaltschaft ein.«

»Damit die Stiftung in die Schlagzeilen kommt?« fragte Kati. »Aber Boris, Sie tun doch immer so, als läge Ihnen die Organisation am Herzen. Wenn Sie mich anzeigen, verlieren Sie Ihre Arbeitsstelle – bestenfalls. Was diesen Scheck angeht – wer sagt, daß ich ihn für mich behalten will? Ich hatte nicht im Traum daran gedacht. Nächste Woche bekommen Sie das Geld.«

»Nächste Woche sind Sie vielleicht schon über alle Berge«, schnappte Boris. »Nein, nein, diesmal lasse ich mich auf nichts ein. Ich will diesen Scheck, und zwar auf der Stelle!«

»Das geht nicht. Das Geld wurde vorübergehend ... hm ... einer anderen Verwendung zugeführt. Aber ich verspreche hiermit hoch und heilig, daß Sie die fünftausend Mark spätestens nächste Woche erhalten. Ehrenwort!«

»Ich glaube Ihnen nicht«, zischte Boris. »Und ich traue Ihnen nicht. Ihr Ehrenwort ist nichts wert. Wo ist das Geld, Sie impertinente Person?«

Kati hörte Schritte im Treppenhaus und bemühte sich, ihren ungebetenen Besuch wieder zur Wohnungstür hinauszudrängen. »Ich sagte doch, das Geld ist augenblicklich einer anderen Verwendung zugeführt. Einer nützlichen Verwendung, soviel kann ich Ihnen verraten. Aber es wird wieder frei, und dann bekommt die Stiftung, was ihr zusteht.«

»Ich gebe Ihnen Zeit bis spätestens übermorgen«, sagte Boris. »Wenn ich dann nicht die volle Summe erhalte, gehe ich zur Polizei, Arbeitsplatz hin, Arbeitsplatz her.«

»Guten Abend«, sagte Cosima, deren Schritte Kati im Treppenhaus gehört hatte. Sie streckte Boris die Hand hin. »Freut mich, Sie kennenzulernen.«

»Wir sehen uns«, zischte Boris und übersah Cosimas Hand. »Und versuchen Sie nicht, mich übers Ohr zu hauen. Das ist mir nur einmal passiert.«

»Ein Freund von dir, Kati?« fragte Cosima. »Nicht sehr höflich.«

»Nein.« Kati warf die Tür hinter Boris ins Schloß. »Keine Manieren, der Kerl.«

»Er sah aber nicht übel aus. Was weißt du von ihm?«

»Er ist nichts für dich, Cosima. Er hat Weib und Kind und üblen Mundgeruch.«

»Na dann!« Cosima seufzte schwer. »In der Weight-Watchers-Gruppe waren wieder nur Frauen. Der einzige Mann, der da war, wog hundertfünfundfünfzig Kilo.«

»Noch«, sagte Kati. Sie fühlte sich seltsam erschöpft. »In einem halben Jahr sieht er sicher schon ganz anders aus.«

»Trotzdem – der ist nichts für mich! Vielleicht hast du ja recht, und man lernt Männer heutzutage wirklich nur noch auf Frauenparkplätzen kennen.«

Vor der Kirche traf Frederic auf einen Pater, der gerade dabei war, die Tür abzuschließen. Es war ein fremder Pater, noch relativ jung. Sein Gesicht kam Frederic irgendwie bekannt vor, er wußte nur nicht, wo er es schon einmal gesehen hatte.

»Wolltest du noch was da drin?« erkundigte sich der Pater bei Frederic.

»Ja, ich wollte eigentlich zu Pfarrer Lehnhart«, antwortete Frederic.

»Das tut mir leid«, sagte der Pater. »Pfarrer Lehnhart ist schon nach Hause gegangen. Kann ich dir vielleicht weiterhelfen?«

»Wenn Sie mir die Beichte abnehmen könnten? Na ja, eigentlich suche ich nur jemanden, mit dem ich reden kann.«

»Natürlich, mein Sohn«, sagte der Pater. »Komm, wir gehen ein bißchen spazieren, und du erzählst mir, was du auf dem Herzen hast.«

»Das ist eine lange Geschichte«, sagte Frederic. »Pfarrer Lehnhart kennt sie schon – bis auf die neusten Entwicklungen. Ich habe mich auf eine dumme Sache eingelassen, und sie ufert immer mehr aus. Ich habe einfach keine Kontrolle mehr darüber.«

»Das klingt ja schlimm«, sagte der junge Pater.

»Ist es auch. Ich versuche, es Ihnen kurz transparent zu machen. Ich habe mich in bester Absicht mit einer Frau getroffen, von der ich nicht wußte, daß sie eine ... nun ja, eine Prostituierte ist. Wir haben nur geredet, in aller Freundschaft, aber sie und ihr ... ähm ... Freund, haben am Ende behauptet, daß ich ihnen dafür Geld schulde. Können Sie mir bis hierher folgen, Pater?«

»Vollkommen«, sagte der Pater.

»Weil man mich körperlich bedrohte, habe ich einen Schuldschein über zehntausend Mark unterschrieben. Ja, ich weiß, das war viel zuviel, aber man hatte mich furchtbar eingeschüchtert, das können Sie mir glauben. Dieser Freund, nennen wir ihn Heinz, hat mir dann angeboten, die Schulden in seiner Bar abzuarbeiten, wofür ich mich als Frau verkleiden mußte. Es war sehr erniedrigend, aber ich habe es getan, in der Hoffnung, meinen guten Willen zu beweisen und damit aus der Sache herauszukommen. Aber Heinz hat mein Entgegenkommen überhaupt nicht zu würdigen gewußt, anders kann ich es nicht ausdrücken. Er hat die Zinsen im Gegenteil ständig angehoben und verlangt, daß ich täglich in seiner Bar arbeitete. Außerdem ist mir auf seine Veranlassung meine Wohnung gekündigt worden, und ich stand sozusagen auf der Straße.«

»Eine verzwickte Situation«, sagte der Pater ernst.

»Das kann man wohl sagen«, meinte Frederic. »Aber es kommt noch schlimmer. Nur um eine Wohnung zu bekommen, behauptete ich, schwul zu sein.«

»Oha«, meinte der Pater lachend. Frederic fiel auf, daß er eine gewisse Ähnlichkeit mit Pierce Brosnan hatte, als er noch Remington Steele spielte. Wahrscheinlich war er ihm deshalb so bekannt vorgekommen.

»Pfarrer Lehnhart konnte darüber nicht lachen«, sagte er traurig. »Und ich auch nicht. Denn ich habe damit Menschen hintergangen, die mir vertrauen. Meine zwei Mitbewohnerinnen haben es einfach nicht verdient, daß man sie so belügt. Die eine, Kati, hat sich meinetwegen schon fürchterlichen Ärger eingehandelt. Sie hat sich für mich geprügelt und sogar Geld unterschlagen, um meine Schulden zu begleichen.«

»Du solltest froh sein, daß du solche Freunde hast«, versuchte der Pater ihn aufzurichten.

»Das bin ich auch. Aber es belastet mein Gewissen, daß sie sich meinetwegen in solche Schwierigkeiten bringt. Ich habe sie deswegen ziemlich grob behandelt – ich weiß, damit habe ich ihr weh getan, aber … Pater, was soll ich denn jetzt tun?«

»Nun, wie sich das anhört, hattest du eine Menge Probleme, und deine Freundin Kati hat die meisten davon für dich gelöst. Anstatt dich nun damit noch zusätzlich zu quälen, solltest du dich lieber freuen und deiner Freundin helfen, ihre Probleme aus der Welt zu schaffen.«

»Aber sie ist meinetwegen kriminell geworden, Pater! Das kann mich doch nicht freuen.«

»Doch, das kann dich freuen, mein Sohn. Wenn du stets alles so kleinlich bewertest, dann wirst du in deinem Leben herzlich wenig Grund zur Freude haben. Und was diese Lüge, dein Schwulsein betreffend, angeht – du hast doch wohl nicht vor, ausgerechnet jetzt mit der Wahrheit herauszuplatzen, oder?«

»Um ehrlich zu sein, genau das wollte ich von Ihnen wissen. Pfarrer Lehnhart hat mir empfohlen, reinen Tisch zu machen, und zwar so bald wie möglich. Er sagt, jede Stunde, die ich mit dieser schrecklichen Lüge lebe, ist eine weitere Lüge, die meine Seele beschmutzt.«

»Schreckliche Lüge! Mein lieber Junge, ich hoffe, du hast nicht auf diesen senilen Pfaffen gehört«, rief der Pater so lebhaft aus, daß Frederic zusammenzuckte. Dieser Pater schien einem besonders weltoffenen, kritischen Orden anzugehören.

»Wenn ich das schon höre!« ereiferte er sich. »Jede Stunde, die du damit lebst ... blablabla. Erstens, mein Sohn, diese Lüge war eindeutig eine Notlüge, oder? Du warst obdachlos und brauchtest dringend ein Dach über dem Kopf, so war es doch! Ist das denn so verwerflich, unter diesen Umständen zu lügen? Ich sage nein! Der Zweck heiligt die Mittel, das steht schon in der Bibel. Außerdem ist die Wahrheit für manche Menschen oft weit schmerzlicher als eine Lüge, hat Pfarrer Lehnhart dir das auch gesagt? – Nein? Das kann ich mir denken. Mal ganz unter uns: Pfarrer Lehnhart hat sich nur deshalb so über dieses Thema entsetzt, weil er selber homosexuell ist – das ist seine Achillesferse. Schwul wie eine Natter, der Gute. Er hält – und das macht die Sache kompliziert – seine eigene Homosexualität für eine Todsünde. Ich sage ja, solange er die Ministranten in Ruhe läßt ... aber lassen wir das.«

»Wie bitte?« fragte Frederic völlig verwirrt.

»Ah, das war nur ... vergiß es, mein Sohn! Vergiß alles, was ich gesagt habe, jedenfalls das meiste! Hauptsache ist, daß du jetzt nach Hause gehst und dich nicht mehr mit diesen albernen Selbstvorwürfen quälst. Und was diese Lüge angeht – noch ist der Augenblick nicht gekommen, deinen Mitbewohnerinnen reinen Wein einzuschenken.«

»Vielleicht haben Sie recht«, sagte Frederic. »Ich sollte wirklich mehr Vertrauen haben.«

»Vertrauen?«

»In *Ihn* und seine Wege«, sagte Frederic und hob seine Augen zum Himmel.

»Ah, ja«, sagte der Pater und hatte es plötzlich sehr eilig. »Natürlich. Seine Wege sind – dings – wie heißt es noch gleich? Unermeßlich? Es tut mir leid, daß ich jetzt keine Zeit mehr habe, aber ich treffe mich mit dem Frauenzirkel, um die gehäkelten Deckchen zu begutachten, die sie für den diesjährigen Weihnachtsbazar genäht haben. Gehe hin in Krieg und Frieden und so weiter und so fort.«

»Danke Pater«, sagte Frederic. »Das Gespräch mit Ihnen hat mir wirklich gutgetan. Es war so – unkonventionell. Und grüßen Sie mir Pfarrer Lehnhart.«

»Das werde ich, mein Sohn«, sagte der Pater und entblößte beim Lachen seine Eckzähne.

16. Kapitel

»Das mach' ich auf keinen Fall«, sagte Frederic energisch.

Kati sah ihn kopfschüttelnd an. »Du willst also, daß ich es ganz allein mache?«

»Ich will überhaupt nicht, daß du das machst. Es ist – zu gefährlich! Völlig überflüssig! Illegal! Ich weiß auch gar nicht, warum du es überhaupt machen willst. Das ist Diebstahl! Erpressung! Was ist nur in dich gefahren?«

»Hast du vielleicht vergessen, daß du mir zehntausend Mark schuldest?« rief Kati. »Deinetwegen habe ich die Stiftung um exakt diese Summe *betrogen* und diesen Boris auf dem Hals.«

»Das habe ich nicht vergessen. Es ist schlimm genug, daß du meinetwegen so etwas getan hast. Du hättest es nicht tun dürfen, verstehst du? Es war unrecht!«

»Hätte ich zulassen sollen, daß Heinz dich häutet, in deine Einzelteile zerlegt und Chantal dein Herz zum Abendessen serviert?« fragte Kati. »Wußtest du übrigens, daß sie mit bürgerlichem Namen Radburg heißt?«

»Ja, das hat sie mir gesagt. Das ist eines der vielen Traumata, die sie mit sich herumschleppt. Aber das hat nichts mit dem zu tun, was du vorhast.«

»Frederic, jetzt hör mir mal zu: Dieser Boris sitzt mir auf

der Pelle, er will das Geld, oder er geht zur Polizei. Und dann wird man mich – also, man wird mich einsperren, das ist doch wohl klar. Willst du das?«

»Kati, siehst du denn nicht, daß hier ein Übel zum nächsten führt? Es muß endlich Schluß mit diesen illegalen Operationen sein. Am besten, du kommst diesem Boris zuvor. Wir beide gehen zusammen zur Polizei und sagen, wie's gewesen ist. Daß Heinz mich unter Druck gesetzt hat und du mir nur helfen wolltest.«

»Frederic! Das ist eine blöde Idee! Dann sperren sie uns alle beide ein! Kannst du mir sagen, wem es etwas nutzen soll, wenn wir im Gefängnis sitzen?« Kati griff nach seiner Hand. »Hör zu, mein Plan ist völlig wasserdicht. Vertrau mir einfach! Oktavian Harper wünscht sich diese blöde Statue sehnlicher als alles andere auf dieser Welt. Genaugenommen gehört sie ihm auch. Dieser Petermann hat sie ihm quasi gestohlen. Wenn wir sie zurückstehlen und Harper anbieten, begehen wir sogar eine gute Tat. Petermann wird für seine Gemeinheit bestraft, Oktavian Harper bekommt, was ihm, moralisch betrachtet, ohnehin zusteht, und wir bekommen Geld, um Boris und die Stiftung zu beruhigen. Und vielleicht noch ein kleines bißchen mehr. So quasi als Weihnachtszuschuß. Das einzige, was wir tun müssen, ist, diesen Kopf aus Petermanns Haus zu holen. Ich habe die Adresse, ich habe die Idee, ich weiß sogar, wo er steht – alles, was mir fehlt, ist ein Assistent.«

»Ein Komplize, meinst du. Nein«, sagte Frederic verbohrt. »Das kann ich einfach nicht zulassen.«

»Verdammt«, fuhr Kati auf. »Ich habe deinetwegen jetzt wirklich schon genug Ärger gehabt. Ich habe Prügel bezogen, meinen Job verloren und Geld veruntreut. Wieso kannst du nicht auch mal was für mich tun?«

»Weil es einfach nicht recht wäre, Kati. Versteh doch, man kann den Teufel nicht mit dem Beelzebub austreiben. Ich würde dir in jeder erdenklichen Art und Weise helfen, aber nicht auf diese linke Tour. Damit schade ich dir mehr, als daß ich dir helfe.«

»Frederic, bitte, bitte, bitte, laß mich nicht im Stich!« bettelte Kati.

Frederic schüttelte nur den Kopf.

»Ich möchte dich nur ungern daran erinnern, daß du mit zehntausend Mark bei mir in der Kreide stehst«, zog Kati plötzlich andere Seiten auf. »Es ist verdammt undankbar von dir, wenn du mich mit diesem Problem allein läßt.«

»Schon gut! Wenn ich es mache – wer garantiert mir, daß es danach wirklich vorbei ist?«

»Ich!« rief Kati. »Ich schwöre dir, danach haben wir uns allen Ärger vom Hals geschafft. Wirklich allen!«

»Und du bist sicher, es ist kein Diebstahl im herkömmlichen Sinne? Mehr eine Art Warentransfer?«

»Ganz sicher! Petermann hat den Kopf vor Jahren ersteigert, obwohl er wußte, daß sein Freund Harper ihn haben wollte. Er hat es nur gemacht, um ihn zu ärgern. Die tieferen Zusammenhänge kenne ich nicht, aber es hat wohl etwas mit Petermanns dominantem Vater zu tun. Harper würde niemals von selbst auf die Idee kommen, sein gutes Recht zu fordern, aber wenn wir etwas nachhelfen, schlagen wir drei Fliegen mit einer Klappe. Du mußt zugeben, daß es weder in Petermanns noch in Harpers Fall einen Armen trifft.«

»Jedenfalls nicht nach deiner Auslegung.« Frederic seufzte. »In Ordnung, ich bin dabei. Ich habe dich in diesen Schlamassel hineingezogen, jetzt muß ich dir auch wieder heraushelfen.«

»Oh, das ist wunderbar! Du bist wahnsinnig – mutig. Und ein echter Freund.« Kati fiel Frederic um den Hals und küßte ihn auf beide Wangen.

Er errötete leicht und schob sie verlegen von sich. »Nicht doch! Laß uns lieber aufbrechen, bevor ich es mir anders überlege!«

Gustl Petermann bewohnte mit seiner Familie eine Villa im vornehmen Stadtteil Marienburg, nicht weit vom Anwesen der Familie Harper entfernt. Er hatte eine Frau und zwei Kinder und beschäftigte ein Kindermädchen, einen Gärtner, einen Mann, der sich um den Swimmingpool kümmerte, eine Haushälterin und ein Mädchen, das die Hunde spazierenführte. Er war ein vielbeschäftigter Mann mit einem Zwölfstundenarbeitstag und einem ausgefüllten Freizeitprogramm, das vom Golfspielen mit Geschäftspartnern über den Elternabend in der Schule bis hin zur Party bei Freunden reichte. Seine Frau leitete einen Englischkonversationskurs, spielte Tennis, saß im Elternbeirat der Schule und war erste Vorsitzende der Still-Liga e.V. Marienburg. Die Kinder, ein Junge und ein Mädchen, beschäftigten sich außerhalb der Schulzeit mit Ballett, Fechten, Pfadfinderei, Kanufahren, biologischem Gärtnern, Schwarzlichttheater, Gitarrespielen, Töpfern, Schwimmen und Aurafotografie. Das Kindermädchen fuhr sie von einer Veranstaltung zur nächsten, betreute ihre Hausaufgaben und sorgte dafür, daß sie sich regelmäßig die Zähne putzten und mineralstoff- und vitaminreiche Kost zu sich nahmen.

Kurz, alle Mitglieder dieses Haushalts bewältigten täglich ein erstaunliches Arbeitspensum, und die Haushälterin Dorothea Junge, eine Dame um die Vierzig, die unter anderem dafür sorgte, daß das Essen pünktlich auf dem Tisch stand, pflegte zu sagen, daß bei Petermanns die eine Hand oft nicht wußte, was die andere tat.

Als an diesem Tag nach Einbruch der Dämmerung zwei junge Leute vor der Tür standen und behaupteten, mit der Dame des Hauses einen Termin für die Vorführung eines Universaldampfreinigers vereinbart zu haben, glaubte Dorothea Junge ihnen aufs Wort.

»Nur leider ist die Dame des Hauses nicht zu Hause«, sagte sie bedauernd. »Sie hat einen Vortrag bei der Still-Liga zu halten. Sicher hat sie das vergessen, als sie diesen Termin vereinbart hat. Es tut mir leid. Da sind Sie wohl umsonst gekommen.«

»Oh, das darf doch nicht wahr sein«, sagte die junge, blondgelockte Frau von der Dampfreinigungsfirma. »Wir kommen eigens aus Kassel! Ist denn wenigstens der Hausherr zugegen?«

»Ja, aber er zieht sich gerade für eine Wohltätigkeitsveranstaltung um, bei der er eine Medaille verliehen bekommt«, erklärte Frau Junge. »Es tut mit leid, aber Sie müssen ein anderes Mal wiederkommen.«

»Sind Sie die Haushälterin?« fragte der junge Mann.

Dorothea Junge nickte.

»Na, dann sind Sie wahrscheinlich sowieso die Person, die es am meisten angeht«, sagte er. »Wie wäre es, wenn *Sie* sich unsere Vorführung anschauen und der Dame des Hauses anschließend Bericht erstatten würden?«

»Das wäre schon in Ordnung, aber ich habe noch zu tun! Ich bin heute zu rein gar nichts gekommen, weil ich sage und schreibe sechs Torten backen mußte. Eine für jedes Kind für den morgigen Schulbazar, eine für den Herrn Doktor zugunsten rumänischer Waisenkinder, eine für das Kindermädchen, das heute Geburtstag hat, und eine, die die Frau Doktor mit zur Still-Liga genommen hat. Dazwischen mußte ich noch Mittag- und Abendessen zubereiten und den Einkauf für morgen erledigen. Die Küche sieht aus, als habe eine Bombe eingeschlagen.«

»Dann kommen wir ja gerade recht«, sagte der junge Mann. »Sie können in aller Ruhe in der Küche wirken, und wir machen das Wohnzimmer tipptopp. Anschließend sagen Sie uns Ihre fachkundige Meinung. Die wird wahrscheinlich sowieso für einen Kauf ausschlaggebend sein, oder?«

»Das stimmt vielleicht«, meinte die Haushälterin geschmeichelt.

»Ich entscheide praktisch alles, was für den Haushalt angeschafft wird.«

»Dann wird Sie unser praktisches Allzweckdampfreinigungssystem sicher überzeugen«, versicherte die junge Frau und schritt zielstrebig an ihr vorbei ins Wohnzimmer. »Es gibt nämlich nichts, was es nicht kann: Es reinigt Teppiche, Polster, Vorhänge, Marmorböden, Parkett, Fenster, Spiegel, Decken, Rauhfasertapeten und Fliesen im Handumdrehen. Es putzt, wischt, poliert, saugt, bügelt, pflegt, glättet und fegt alles blitzblank. Es gibt nichts, was Sie damit nicht behandeln können, Möbel, Bilderrahmen, Nadelstreifenanzüge, Schuhe, Haustiere – unser Dampffix macht alles wie neu.«

Dorothea Junge schaute auf die Uhr. »Na ja, wenn's schnell geht, dann werde ich mich nicht sträuben. In einer halben Stunde habe ich aber Feierabend.«

»Es geht viel schneller«, beteuerte der junge Mann. »Unser Dampffix macht das Wohnzimmer so sauber, daß Sie morgen dort schon mal keinen Handschlag mehr tun müssen. Wo ist es? Hier entlang?«

Die jungen Leute packten jeweils ein Gerät aus einer Kiste und krempelten sich die Ärmel hoch.

»Also, wenn ich's nicht besser wüßte, dann würde ich sagen, die Dinger sehen aus wie gewöhnliche Staubsauger«, sagte die Haushälterin.

»Das ist ja das Geheimnis unseres Dampffix'. Er ist so handlich und leicht wie ein Staubsauger und dabei so leistungsfähig wie ein Roboter.«

»Na gut, dann machen Sie mal«, sagte die Haushälterin. »Der Perserteppich hat es nötig, und da drüben auf der Couch haben die Hunde geschlafen, was man leider sieht. Ich bin heute noch nicht dazu gekommen, weil ich, wie gesagt, die Torten backen mußte. Die letzte ist jetzt noch im Ofen, deshalb entschuldigen Sie mich bitte. Ich bin nebenan, wenn Sie mich brauchen.«

»Das war ja einfach«, sagte Kati, als die Haushälterin weg war. Sie war beinahe enttäuscht.

»Allerdings! Was haben diese Leute denn für Sicherheitsvorkehrungen!« erwiderte Frederic empört. »Da kann ja jeder mit zwei Staubsaugern hereinmarschieren und die Gauguins von den Wänden holen.« Er stöpselte seinen Staubsauger in eine Steckdose. »Da hinten auf dem Kamin – das muß diese Statue sein. Meinst du, sie paßt in deinen Staubsaugerbeutel?«

»Ich hoffe es. Los, fangen wir an«, sagte Kati leise. »Diese Hundehaare müssen verschwinden. Und vergiß nicht die Sprühflasche, damit man auch glaubt, daß hier Dampf im

Spiel ist. Sie dürfen vor morgen nicht merken, daß das Ding überhaupt weg ist.«

Es war so einfach, daß es schon fast unheimlich war«, meinte Kati zu Jaromir, als sie mit ihrer Beute wieder zu Hause eintrafen. »Ich könnte mich glatt auf derartige Diebstähle spezialisieren. Frederic hat recht, die Leute sind total gutgläubig! Da gab es wirklich keinerlei Sicherheitsvorkehrungen. Ich dachte, ich müßte mich durch tückische Infrarotstrahlen und Bewegungsmelder kämpfen – aber nein, das Ding stand einfach auf dem Kaminsims herum, zwischen ein paar Pferdeskulpturen und anderem Krimskrams. Es hatte sogar Staub angesetzt. Ich bitte dich! Ich hätte das ganze Haus ausräumen können, einschließlich der Kinder!«

»Wo ist Frederic denn jetzt?« wollte Jaromir wissen.

»Keine Ahnung – er hat mich und die Staubsauger hier abgesetzt und ist wieder gegangen. Ich vermute, in die Kirche. Die Beichte ist für ihn eine Art Fitneßtraining.«

»Dies ist also der kleine Liebling«, sagte Jaromir und nahm die Bronzestatue in die Hand. »Kaum zu glauben, daß so ein häßliches Ding Oktavian den Heiligenschein nehmen wird. Aber so wie es aussieht, haben wir ihn von der *stairway to heaven* geschubst. Ich habe ihn vorhin über Handy erreicht und gesagt, daß sein Freund Petermann seinen geliebten Schatz nicht eben gut gehütet hätte. Wenn ihm etwas an dem Kopf läge, könne er ihn morgen in Besitz nehmen. Allerdings dürfe er Petermann gegenüber kein Wort davon verlauten lassen, sonst sähe keiner von ihnen das Ding jemals wieder. Er hat geschluckt, gehustet und gesagt, er sei mit allem einverstanden.«

»Das ist klasse. Hoffentlich hat er deine Stimme nicht erkannt.«

»Wofür hältst du mich, für einen Anfänger? Das war beileibe nicht mein erster anonymer Erpresseranruf!«

»Und wieviel Geld hast du verlangt? Ich meine, das ist wichtig, es ist schließlich meines.«

»Ich habe gesagt, für hunderttausend kann er das Bronzebaby in seine Arme schließen«, erklärte Jaromir.

»Hunderttausend? Bist du blöd? Du weißt ganz genau, daß es schon vor Jahren das Vierfache wert war! Und das in Dollars! Du bringst mich um einen Haufen Geld, verdammt noch mal. Ruf sofort noch mal bei ihm an und sag ihm, daß sich der Preis geändert hat.«

»Kati, Kati, du mußt noch sehr viel lernen. Unter der Hand verkauft sich gestohlene Ware nicht zum Listenpreis. Da bekommt man sogar einen Picasso bedeutend günstiger. Außerdem sind einhunderttausend Mark mehr als genug.«

»Das sagst *du!* Dir kommt es ja auch nicht aufs Geld an, sondern nur darauf, daß Oktavian bei der Sache überhaupt mitmacht! Was bekommst du eigentlich dafür? Ein goldenes Horn?«

»Das sind Interna, die dich nun wirklich nichts angehen«, erwiderte Jaromir kühl. »Allerdings werde ich kein Auge zumachen, bevor der Deal nicht unter Dach und Fach ist. Bei Menschen wie diesem Harper kann man nie sicher sein, ob das Gewissen einem nicht in allerletzter Minute noch einen Strich durch die Rechnung macht.«

»Jedem anderen würde ich sagen, da hilft nur noch beten«, sagte Kati sarkastisch. »Ich werde ebenfalls kein Auge zutun, bevor ich nicht die hunderttausend Mark in der Hand halte, wenn dich das tröstet. Und dann wirst du hoffentlich nicht vergessen, was du mir versprochen hast ...«

»Ich vergesse niemals etwas«, sagte Jaromir. »Sobald Oktavian die Statue in Händen hält und ich die Gier in seinen Augen funkeln sehe, werde ich mein Versprechen, Frederic betreffend, einlösen. Falls du es überhaupt noch willst.«

»Was für eine Frage«, rief Kati aus. »Was meinst du denn, wofür ich diesen ganzen Mist auf mich genommen habe? Bin ich vielleicht eine Masochistin?«

»Nein. Du bist eine Verblendete«, seufzte Jaromir. »Diese Amorpfeile – es ist schade, daß immer noch kein Kraut dagegen gewachsen ist.«

Und wenn er nun doch die Polizei eingeschaltet hat?« fragte Frederic mit banger Stimme. Er und Kati saßen in Cosimas Auto vor dem Gebäude der Harper GmbH. Die Statue stand, in mehrere Handtücher gewickelt und in eine Plastiktüte gepackt, zwischen Frederics Füßen.

»Dann sagst du, man habe dich auf der Straße angesprochen und dir einen Hunderter geboten, wenn du diese Tasche abstellst und die andere dafür mitnimmst«, sagte Kati zum hundertsten Mal. »Niemand kann dich dafür belangen!«

»Ich habe kein gutes Gefühl bei der Sache«, sorgte sich Frederic. »Ich habe die ganze Nacht nicht geschlafen.«

»Ich auch nicht«, beruhigte ihn Kati. »Ich habe die ganze Zeit über die beste Möglichkeit nachgedacht, Geld und Ware auszutauschen. Es hat sich allerdings gelohnt. Ich finde, Harpers Betriebskantine ist der geeignete Ort, und du bist die geeignete Person. Selbst wenn du geschnappt werden solltest, käme niemand auf die Idee, zu glauben, daß du in illegale Geschäfte verwickelt bist.«

»Es ist wie eine Mutprobe. Ich mach's nur, weil ich hoffe, daß es danach endgültig vorbei ist. Und weil du mich davon überzeugt hast, daß wir im Grunde nur allen Beteiligten zu ihrem Glück verhelfen, uns eingeschlossen. Oktavian bekommt seine geliebte Statue ... Wieviel soll er überhaupt zahlen?«

»Vierzigtausend«, log Kati. »Das kann der mal eben aus der Portokasse nehmen.«

»Das ist viel zuviel!« rief Frederic. »Es hätte völlig ausgereicht wenn du zehntausend verlangt hättest, genausoviel, wie du der Stiftung schuldest.«

»Vielleicht. Aber Frederic, betrachte es doch mal von der guten Seite. Wir beide, wir teilen uns das Geld. Es ist bald Weihnachten, da sind zwanzigtausend ein nettes Taschengeld – hast du denn gar keine offenen Wünsche?« Katis Reisewecker klingelte im Handschuhfach. »Es ist eine Minute vor zwölf, du mußt los. Und denk dran, wenn sie dich erwischen – man hat dich vor dem Gebäude angesprochen. Zwei dunkel aussehende Männer ...«

»Schon gut. Ich hoffe nur, ich erkenne die Jutetasche mit dem Geld. Unvorstellbar, wenn sie jemand anders mitgenommen hätte.« Frederic stieg aus dem Auto.

»Viel Glück«, sagte Kati. »Und mach dich bloß nicht mit dem Lösegeld aus dem Staub.«

Frederic machte ein empörtes Gesicht. »Also wirklich! Traust du mir das zu?«

»Nein, das war nur ein Scherz. Ich warte hier auf dich und lasse schon mal den Motor warmlaufen.«

Kati zählte die Sekunden bis zu Frederics Rückkehr. Jetzt würde er die Kantine erreicht haben, er würde sich verstohlen umsehen und dann die Plastiktüte in die vereinbarte Ecke stellen. Beim Rausgehen würde er nach der Jutetasche greifen, die neben schmutzigen Tabletts stand. Möge der Teufel verhüten, daß Oktavian sie mit Zeitungspapier oder ähnlichem gefüllt hatte.

Zwei Minuten waren vergangen.

Jetzt würde Frederic wieder im Aufzug stehen, die Tasche eng an sich gedrückt. Hoffentlich kam er nicht auf die glorreiche Idee, hineinzugucken und das Geld zu zählen. Kati hatte nicht vor, ihm mehr als zwanzigtausend Mark davon abzugeben, schließlich war das ihr Deal mit dem Teufel, nicht seiner. Aber das mußte er ja auch nicht unbedingt wissen.

Sie sah wieder auf die Uhr. Fünf Minuten. Wenn alles glatt lief, müßte er jetzt durch die Drehtür kommen – ah, da kam er ja auch schon. Halleluja!

Ein paar Meter vor dem Auto begann er zu rennen.

»Fahr los«, rief er, während er sich auf den Beifahrersitz fallen ließ.

Kati gab Gas.

»Irgendwas Verdächtiges?« fragte sie.

Frederic schüttelte den Kopf. »Ich glaube nicht. Aber ich habe vor Angst so stark geschwitzt, daß mir ständig Schweiß in die Augen gelaufen ist. Ich habe nicht mal in die Tasche geguckt, ob auch wirklich Geld drin ist. Ich könnte genausogut die Einkaufstasche einer Angestellten mitgenommen haben.«

»Gib her!«

Mit ihrer freien Hand griff Kati nach dem Beutel.

»Das fühlt sich aber ganz nach Geld an«, meinte sie erleichtert. »Es fühlt sich herrlich an, Frederic! Wir sind reich!«

»Ja«, sagte Frederic freudlos.

»Hey, Kopf hoch! Es ist vorbei! Wir haben es geschafft! Wir sind Heinz los, wir sind Boris los, und wir haben genug Geld, um uns selber etwas Schönes zu Weihnachten zu schenken. Das ist genial!«

»Das ist kriminell«, verbesserte Frederic humorlos.

»Sei nicht so ein Spielverderber«, sagte Kati, steuerte an den Straßenrand und stellte den Motor aus. »Eins, zwei, drei ... Hier, das sind zwanzigtausend Mark. In echten, nicht gekennzeichneten, nicht durchnumerierten Scheinen. Na, fühlt man sich da nicht gleich viel besser?«

»Nein«, sagte Frederic niedergeschlagen. Er nahm das Geld in Empfang, als handle es sich um eine bösartige Viper. »Am besten, du läßt mich gleich hier raus.«

»Wo willst du hin? Ich dachte, wir beide, wir begießen den guten Ausgang der Geschichte mit einer Flasche Sekt. Und heute abend könnten wir Cosima zum Essen einladen und uns mal so richtig verwöhnen lassen. Natürlich sagen wir ihr nicht, wie wir an das Geld gekommen sind, sie würde sonst den Glauben an ihren Chef völlig verlieren. Vielleicht sagen wir, wir hätten im Lotto gewonnen. Vier Richtige mit Zusatzzahl – kommt das in etwa hin?«

»Lügen, Lügen, nichts als Lügen«, sagte Frederic bitter. »Wir hatten doch gesagt, daß damit ab jetzt Schluß ist. Ich komme später nach. Ich muß mir erst über einige Dinge klarwerden.«

»Na gut. Dann trinke ich die erste Flasche Champagner eben ohne dich.« Kati zuckte mit den Achseln, wartete bis Frederic ausgestiegen war, und reihte sich wieder in den

Verkehr ein. Der Kerl konnte einem schon ganz schön die Stimmung vermiesen.

Er hat es tatsächlich getan!« rief Jaromir und wirbelte Kati herum. »Oktavian hat seinen besten Freund bestohlen! Jedenfalls so gut wie. Ich könnte dich küssen!«

»Da sag' ich nicht nein«, sagte Kati und griff in die Tüte mit dem Geld. »Sieh nur! Das sind achtzigtausend Mark! Damit werde ich als erstes an der Börse spekulieren, das wollte ich schon immer mal.«

»Ja, das ist also der eine Teil unserer Abmachung«, sagte Jaromir. »Den Koffer voll Geld hast du jetzt! Wie wär's mit einem Dankeschön?«

»Ich bitte dich, den habe ich mir ganz allein verdient ... ähm ... erpreßt!«

»Ja, aber mit meiner Hilfe. Es war mein genialer Plan, dem du dieses Geld zu verdanken hast. Ich liebe es, wenn ein Plan funktioniert. Oktavian hat nun einen dicken Fleck auf seiner weißen Weste. Gier, Konkurrenzgefühle und Neid ziehen immer noch besser als Sex. Wer hätte das gedacht? Ich will ehrlich sein, ich hatte bis zuletzt Zweifel, ob Oktavian es wirklich tun würde – aber jetzt steht meiner Beförderung nichts mehr im Weg. Ehe ich's vergesse, fünftausend Mark von dem Geld gehören der Stiftung.« Jaromir griff in die Jutetasche.

»Viertausendfünfhundert« verbesserte Kati und nahm ihm fünf Hunderter wieder weg. »Ich bekomme zehn Prozent, schon vergessen? Außerdem hätte ich gern eine Quittung, damit mir dieser blöde Boris nicht noch einmal lästig wird.«

»Du bist wirklich ziemlich mißtrauisch, kleine Kati«, sagte Jaromir.

»Je näher ich dich kenne, desto mißtrauischer werde ich«, gab Kati zurück. »Das Geld ist nur der eine Teil unserer Abmachung, ich hoffe, du erfüllst auch den anderen.«

»Aber klar doch!« Jaromir grinste breit und feierlich. »Ich versichere dir hiermit, daß dein Frederic absolut und uneingeschränkt heterosexuell ist, wenn er gleich wieder auftaucht.«

»Wenn du das geschafft hast, dann verdienst du wirklich ein Dankeschön«, sagte Kati.

»Schade, daß ich das nicht mehr hören werde«, sagte Jaromir und wurde ernst. »Tja, Kati, das war's dann wohl mit uns beiden. Oktavian Harper ist mir ins Netz gegangen – meine Aufgabe in dieser Stadt ist erfüllt. Es war sehr unterhaltsam, mit dir zusammenzuarbeiten.«

»Das fand ich auch«, stimmte Kati zu. »Das heißt jetzt wohl Abschied nehmen, oder?«

»Ja, das heißt es wohl. Mach's gut, Kleines. Oder besser, mach einfach weiter wie bisher.«

»Ich werde mir Mühe geben«, sagte Kati und ärgerte sich über den Kloß in ihrer Kehle. Sie sollte uneingeschränkt froh sein, daß sie ihn endlich los wurde. Auch wenn er ausgerechnet in diesem Augenblick geradezu unterirdisch schön aussah. Sie verspürte Lust, über die kleinen Hörner zwischen seinen Locken zu streicheln.

»Sehen wir uns mal wieder, was meinst du?«

»Da bin ich mir fast sicher.« Jaromir lachte. »Bis irgendwann, Kati.«

»Bis irgendwann«, wiederholte sie und streckte die Hand nach ihm aus, aber da war er auch schon verschwunden. Im

Zimmer blieb nur ein leichter Duft nach Schwefel und »Egoiste« zurück.

Kati zwinkerte heftig mit den Augen. Sie waren feucht geworden, ohne daß sie wußte, warum.

»Tja«, sagte sie zu sich selbst. »Den wären wir los. Und sonst ist auch keiner hier. Da bleibt uns nichts anderes übrig, als ganz allein die Flasche Sekt zu leeren, Katarina Gluboschinski. Schließlich sollte man es gebührend feiern, wenn man Besitzerin einer Jutetasche mit achtzigtausend Mark geworden ist.«

Sie prostete dem Frosch zu. »Zum Wohl, Kleiner. Wenigstens du bist mir geblieben. Und das Geld natürlich. Und die Erinnerung. Vielleicht schreibe ich mal einen Roman darüber.«

Gedankenvoll streichelte sie über die Geldscheine. Wollüstig grub sie ihre Finger hinein, fächerte es auf, stapelte es übereinander, ließ es durch die Hände gleiten wie ein Kartenspiel. Dabei wurde ihre Laune zusehends besser. Vorsichtshalber schob sie schließlich die Geldscheine unter ihr Bett. Bei der Gelegenheit fand sie einen Ohrring wieder, den sie schon vor Wochen verloren hatte.

»Sieh mal einer an«, sagte sie. »Heute ist wirklich mein Glückstag.«

»Meiner auch«, sagte jemand von der Türschwelle her. Es war Frederic. Er sah irgendwie verändert aus. Sämtliche Spuren von Sorge, Skrupel und Zweifel schienen aus seinem Gesicht getilgt zu sein. Was immer er in der Zwischenzeit gemacht hatte – es hatte ihm gutgetan. »Hast du noch ein Glas Sekt für mich übrig?«

Kati lächelte ihn glücklich an.

»Da bist du ja endlich«, sagte sie. »Wo kommst du her?«

»Ich war in der Kirche.«

»Oh! Na klar. Und was sagt der Pfarrer?«

»Er sagt, wir können das Geld auf keinen Fall behalten.«

»Was? Das kann er ja meinetwegen von dir sagen, aber nicht von mir! Ich bin evangelisch.«

»Du kannst das Geld trotzdem nicht behalten. Es wäre unmoralisch.«

»Du kannst es aber auch nicht zurückgeben. Das weißt du selbst.«

»Ja, leider. Und ich und der Pfarrer, wir dachten, es trifft mit Oktavian ja auch keinen Armen. Vielleicht könnten wir das Geld in seinem Sinne verwenden. Ich hätte da mehrere Projekte, in die zu investieren sich lohnen würde.«

»Ich hätte da auch ein Projekt, in das zu investieren sich lohnt«, sagte Kati. »Und zwar das Projekt Kati!«

Frederic lächelte sie nachsichtig an. »Ich verstehe, daß es dir schwerfällt, aber ich werde dir Zeit lassen, dich an den Gedanken zu gewöhnen. Geld macht nicht glücklich, aber die Freude, die wir schenken, kehrt ins eigne Herz zurück.«

»Mich macht Geld ungemein glücklich«, widersprach Kati. »Mir fällt nur auf Anhieb kein Reim dazu ein. Aber laß uns bloß nicht wieder streiten! Was machen wir jetzt mit dem angebrochenen Nachmittag?«

»Ich weiß, was wir tun: Wir leihen uns den Mutter-Teresa-Film mit Geraldine Chaplin aus und machen es uns dazu richtig gemütlich. Wie wär das? Da ist nämlich noch etwas, was ich dir und Cosima sagen muß.«

»So?«

Jetzt kam es. Das einzige, was noch besser war, als eine Tasche voll Geld.

Endlich war es soweit! Der Mann ihrer Träume war nicht mehr schwul. Er hatte soeben bemerkt, daß er Frauen viel anziehender fand.

Jaaaa!

»Ich bin nicht schwul«, sagte Frederic ernst.

»Das ist – erstaunlich«, erwiderte Kati beherrscht. Danke, Jaromir, danke! Du hast wirklich ein Wunder vollbracht.

»Ich bin ein Lügner«, fuhr Frederic fort. »Um dieses Zimmer zu bekommen, habe ich gelogen. Ich wußte von Alwin ... ähm ... also von dir, daß ihr euch einen schwulen Mitbewohner wünscht, und da ich so viele Probleme am Hals hatte und unbedingt ein Dach über dem Kopf brauchte, habe ich einfach gesagt, ich wäre schwul.«

»Was?« Unter Kati gaben die Beine nach. Es war gut, daß sie schon auf dem Boden kniete.

»Kati! Was ist denn los? Du bist schneebleich im Gesicht.«

»Heißt das, du bist nie schwul gewesen?« flüsterte Kati.

»Natürlich nicht«

»Natürlich nicht«, widerholte Kati perplex.

»Ich habe gelogen«, sagte Frederic. »Es tut mir sehr leid. Es ist in diesen letzten Wochen eine Menge passiert, was niemals hätte passieren dürfen. Diese ganze schäbige Geschichte mit Heinz und Chantal, meine Lügen, das Kellnern in der Lilobar, der Einbruch, der Diebstahl, das Geld – ich schäme mich ehrlich dafür. Aber noch ist es nicht zu spät. Ab heute keine Lügen mehr und keine falschen Rechtfertigungen ... Kati, was machst du denn da?«

»Ich schlage mit dem Kopf gegen die Wand«, sagte Kati. »Das sieht man doch!«

»Und warum tust du das?«

»Weil ich ein Idiot bin«, sagte Kati.

Also, Tatsache ist, daß ich reingelegt worden bin. Es hat sich herausgestellt, daß Frederic nicht schwul ist. Er ist auch niemals nur eine Minute seines Lebens schwul gewesen, er hat es nur behauptet, um das Zimmer in unserer WG zu bekommen. Unglaublich einfach, oder? Aber darauf hätte ich ja auch von selber kommen können.

Mein Deal mit dem Teufel war daher von Anfang an ausgemachter Schwindel. Jaromir hat genau gewußt, daß Frederic nicht schwul ist. Er hat mich wirklich billig eingekauft.

Na ja, was soll's. Wer sich mit dem Teufel einläßt, muß damit rechnen, daß er übers Ohr gehauen wird. Die Hauptsache ist doch, daß Frederic nicht schwul ist.

Trotzdem kann ich Ihnen keine positive Mitteilung machen. Das große Happy-End ist bisher ausgeblieben.

Sehen Sie – dieser Mann ist wirklich schwer zu knacken. Es sieht so aus, als reichten mein Charme und meine Schönheit, mein Witz und meine unbestreitbare Klugheit, meine Vielseitigkeit und ... na jedenfalls, um es kurz zu machen, es sieht so aus, als reichten all meine Vorzüge nicht aus, um ihn so richtig in mich verliebt zu machen. Manchmal glaube ich sogar, er findet Cosima irgendwie toller als mich. Menschen mit so offenkundigen Problemen ziehen ihn an. Neulich hörte ich, wie er ein Treffen zwischen Cosima und Godzilla – pardon, seiner Mutter arrangierte, zwecks Erfahrungsaustausch und besseren Kennenlernens.

Cosima findet Frederic auch nicht übel. Sie hat sich auf jeden Fall noch kein einziges Mal darüber beschwert, daß er nicht mehr schwul ist. Im Grunde würden die beiden wohl nicht mal schlecht zusammenpassen – wenn ich ganz ehrlich bin.

Ohne Zweifel hat er auch Interesse an mir, aber sein Interesse ist irgendwie andersgeartet. Er will aus mir einen besseren Menschen machen. Er will, daß ich seine alten Leute liebe. Er will, daß ich Weihnachten mit ihm im Obdachlosenheim feiere.

Es ist zum Mäusemelken!

Seinen Anteil an der Beute hat er übrigens gespendet. Er hat zweihundert Schlafsäcke gekauft und an die Obdachlosen unter den Brücken verteilt. Es stand sogar in der Zeitung.

Ach ja, apropos. Einen *kleinen* Triumph hatte ich doch noch wegen Jaromir. Über unseren Raub stand nämlich nichts in der Zeitung.

Gar nichts, nicht mal die allerkleinste Notiz!

Und das kam so: Nachdem Oktavian uns das Geld übergeben und die alberne Statue mit nach Hause geschleppt hatte, überkamen ihn Gewissensbisse. Vielleicht hat er sich seiner Tassy anvertraut, vielleicht kam er auch von ganz allein auf die dämlichste Idee des Jahrtausends. Er rief nämlich seinen Freund Petermann an und gab die Statue zurück.

Ja, Sie haben richtig gelesen. Er gab sie zurück! Dieser Mann ist wirklich zu gut für diese Welt.

Weiß der Himmel, was er Petermann erklärte, wahrscheinlich: »Ich habe nur mal deine Sicherheitsvorkehrungen auf die Probe gestellt, und ich muß sagen, daß sich da doch einige Lücken auftun. Bitte paß nächstens besser auf unseren kleinen Liebling auf. Ich schicke jetzt meinen Chauffeur mit dem Kerlchen vorbei.«

Andererseits: Wahrscheinlich hat Oktavian seinem Freund sogar die Wahrheit gesagt – es ist ihm durchaus zuzutrauen. Jedenfalls bekam Petermann seinen blöden Bronzekopf zurück, und Oktavian hatte hunderttausend Kröten umsonst geblecht.

Jaromir muß vor Wut geplatzt sein, als er das erfahren hat. Ich kann mir gut vorstellen, was für ein Gesicht er gemacht hat. Und dabei war er sich so sicher, Oktavian schon in der Tasche zu haben.

Ich war mir da auch ganz sicher gewesen. Ich meine, wer zahlt schon hunderttausend Mark für nichts?

Obwohl, ganz umsonst war es nicht.

Ich muß Ihnen wohl nicht extra sagen, daß *ich* keinerlei Skrupel hatte (und habe), meinen Anteil der Beute auszugeben. Es scheint tatsächlich so zu sein, wie es immer heißt: Die Reichen werden nur noch reicher. Ich habe nämlich, pfiffig, wie ich nun mal bin, an der Börse spekuliert und einen Reingewinn von sage und schreibe elftausend Mark gemacht.

Über Weihnachten geht's statt mit Frederic ins Obdachlosenasyl mit Cosima nach New York, die Stadt, die niemals schläft.

Frederic schwankt noch zwischen seinen Schlafsackkumpanen, seiner Godzilla-Mama und dem Nachtleben von Manhattan – und das, obwohl ich ihn eingeladen habe. Er meint, ich solle das Geld besser spenden. (Manchmal erinnert er mich an eine stehengebliebene Schallplatte: »Also für das Geld könntest du siebzehn tibetanische Waisenkinder mehrere Jahre lang ...« Blablabla ...)

Es ist wirklich unfaßbar, daß jemand so entsetzlich tugendhaft und trotzdem so sexy sein kann. Leider!

Egal, in New York werden wir unseren Spaß haben, ob mit oder ohne Frederic. Ich möchte schon seit Jahren ein Frühstück bei Tiffany abhalten, und sei es mit Cosima.

Wenigstens materiell betrachtet hat mein Deal mit dem Teufel ganz schön was eingebracht. Ich denke, ich kann guten Gewissens behaupten, ich würde es immer wieder tun. Und was Frederic angeht – den knacke ich auch noch. Früher oder später kriege ich ihn schon, da bin ich wie Danonejoghurt.

Ach ja, Sie wollen sicher wissen, was aus unserem Frosch geworden ist? Es geht ihm gut, wirklich, danke der Nachfrage. Mittlerweile bewohnt er ein Terrarium von der Größe eines Kinderbetts, die Salatschüssel hat bereits ausgedient. Sein Spezialfutter verschlingt monatlich Unsummen, aber Cosima weigert sich nach wie vor, ihn im Zoo abzugeben.

Ich denke, wir wissen alle, warum. Was soll's, einen Versuch ist es durchaus wert. Bis jetzt hat Cosima ihn allerdings noch nicht geküßt. Ich bin mir aber sicher, es wird nicht mehr lange dauern, bis sie auch dazu bereit ist.

Und wenn dann plötzlich ein Prinz in unserer Küche steht, wäre ich die letzte, die sich wundert. Ich würde höchstens weglaufen. Für Cosima müßte der Prinz nämlich eine genaue Kopie von Christian Karmann, dem verstorbenen Benny aus der Lindenstraße, sein. Cosimas Männergeschmack schreit wirklich zum Himmel!

Eines habe ich nämlich aus der Geschichte gelernt: Möglich ist alles.

Falls sich der Frosch also jemals in einen Prinz verwandelt, hören Sie wieder von mir, das verspreche ich.

Manchmal – ganz selten – wenn ich Sehnsucht nach Jaromir bekomme, muß ich an seine rätselhaften letzten Worte denken: »Bis irgendwann.«

Was soll ich Ihnen sagen? Ich hätte eigentlich gar nichts dagegen, ihm noch einmal zu begegnen. Ein bißchen fehlt er mir nämlich, und manchmal muß ich an den Kuß denken, den er mir gab. Irgendwann werden wir uns schon wiedersehen.

Und bis dahin halte ich mich an das berühmte Sprichwort: »Man darf das Glück wohl wie eine Gans rupfen, ihm aber nicht wie einem Geier den Hals umdrehen.«

Macho
verzweifelt gesucht
12858
12827
Morgens beißen Männer besser
12851
Coole Frauen
küssen besser
Hexen fliegen nicht alleine
Roman
12821
Lügen haben schöne Beine
Roman
12843
GIGOLO im Handgepäck
12832
BASTEI
LÜBBE